鬥而不破

北京與華府的後金融危機關係

後金融危機關係

陳奕儒
林中斌
——著

推薦序

　　撰寫序言的此刻（2012 年 2 月），正值中國國家副主席習近平赴美訪問，在白宮所舉行的正式晤談中，即將成為中國新領導人的習近平對於美國總統歐巴馬表示，中美關係既無先例可循，亦無經驗可鑒，僅能「摸著石頭過河」，或是「逢山開路，遇水搭橋」。至於歐巴馬則指出，美國歡迎中國的和平崛起，穩定的美中關係將有利於全球的繁榮與安定，他也強調一個實力更加強大的中國，必須承擔更重大的國際責任，美國期待與中國在各項領域強化溝通、協調與合作。

　　事實上，美中關係在解決全球金融經濟危機、反恐、反擴散、全球暖化以及解決北韓等區域問題方面，均是「合則兩利、分則兩害」，可用「休戚與共」加以形容。但在過去數年當中，兩國互動歷經波動起伏，雖然雙方擁有合作的利基與動機，然而彼此的互動，卻經常因新舊矛盾交織而遭致干擾，也就是諸如人權、對台軍售、南海、貿易摩擦或是人民幣匯率議題，均可能成為針鋒相對的根源。

　　重點在於，美中兩強目前正處於微妙的戰略適應與調整過程，由於雙方交往與接觸的構面，均遠較以往更為廣泛、複雜與深入，再加上彼此利益與矛盾犬牙交錯，牽一髮而動全身，

故磨擦與雜音在所難免。但基本上兩國關係仍呈現競合互見的態勢，隨著中國綜合國力的提升以及民族自信的上揚，兩國競合關係中的競逐成份的確較昔日更為顯著，然而合作仍為主流，意即雙方仍自我克制，避免將彼此在特定議題上的衝突，無限上綱，或蔓延或外溢至其他領域，進而對雙邊關係造成結構性破壞。換言之，在可預見的未來，美中兩國仍將著眼於大局，因為雙方均深刻體認到，在雙邊、區域與全球重大議題上，沒有放棄合作的本錢。

本書的主要重點，在於探討全球金融危機於中美關係所造成的深遠影響，並分就中美國內、中美雙邊關係、中美區域關係以及全球關係等四大面向，進行系統性與有層次的整理與分析，進而得出極具洞見的觀察心得與預測。除嚴謹的分析架構與獨到的研究創見之外，本書的另一大特色，在於收錄相當豐富的統計數據與參考圖表，使讀者對於美中關係諸多課題與其背後意涵，更為一目瞭然。

本書的作者為淡江大學國際事務與戰略研究所的優秀畢業生陳奕儒，在其碩士論文指導教授、也是本人所尊敬之林中斌老師的悉心點撥與鼓勵下，此書得以順利出版。有幸一睹為快，謹此為序。

淡江大學國際事務與戰略研究所副教授

自序

　　2012 年農曆新年後，開春最值得開心的事莫過於得知本書獲得秀威出版社允諾出版。猶記得小時候曾在作文簿上天真的寫上「我的志願——作家」，此刻居然成真了。回顧出書的歷程，恍若昨日歷歷在目。爬梳金融危機後的中美關係，猶如觀賞由多部微電影組成一部饒富趣味的大電影。

　　2008 年秋，全球金融危機肆虐，影響甚大且廣。依循這條線索，作者開始追蹤金融危機對全球的影響。其中作者最好奇的是美國與中國如何應對金融危機。此外，在《大國政治的悲劇》一書中，作者米爾斯海默教授對大國政治持悲觀論點——免不了一戰。因此，作者亦開始關注金融危機之後中美兩大國的互動。本書心得為中美關係未來並非僅有一戰的選項。中美將持「鬥而不破」的原則繼續保持合作大於對抗。

　　本書完書時間在 2011 年中旬。2011 年中旬迄今，華府與北京之間持續有許多的合作，同時也有不少的衝突。2012 年對華府與北京皆意義非凡：美國總統大選將在年底登場；中共第十八次全國代表大會（十八大）也將於秋天揭幕。故華府與北京共同面對的最大壓力來自於國內而非彼此。誠如林中斌教授所

言：「對外強硬是對內表態」。從人權議題、經貿摩擦、對台軍售甚至南海衝突等都可以看到這句話的影子。

　　然而，華府與北京皆深諳合作才能創造並延續雙方最大的利益。從 2012 年 2 月，中國國家副主席習近平訪美可窺見一斑。習近平訪美亦揭示北京為十八大接班人鋪路的意義。此外，2012 年 3 月 26 日南韓首爾的核峰會，已是美國總統歐巴馬與中國國家主席胡錦濤兩國元首的第 11 次會晤。不僅元首會晤頻繁，總理、部長乃至國會議員皆屬如此（請參見本書第五章及附錄一）。在金融危機後，振興經濟成為華府與北京的最大共同利益，趨使雙方在雙邊、區域乃至全球更多的合作。

　　金融危機後的中美關係突破過往的迴圈，向前邁進了一大步。也許讀者會質疑作者憑什麼對兩國關係樂觀看待？這正是作者寫作的初衷——中美關係的未來是像媒體輿論所說的悲觀論調，抑或別有其他？也許待讀者閱讀完本書後，會有與原先不同的看法。然而，學而不進則退。本書中仍有許多不足且須修正之處。在此，懇請學界先進、各位讀者朋友不吝賜教。

　　最後，本書得到許多人的幫助方能順利付梓。此刻的心情恰如已逝作家陳之藩所言：「感謝之情，無由表達，還是謝天罷。」**感謝指導教授林中斌老師**。能夠成為恩師的學生，實為三生有幸。感謝老師總是傾囊相授及寬厚包容。沒有老師積極的鼓勵，本書絕對無法呈現在讀者面前。師恩浩蕩，千言萬語訴之難盡。**感謝曾復生老師與李大中老師**。謝謝曾復生老師的鼓勵、寬容及給予諸多寶貴建議，學生刻骨銘心。謝謝李大中老師提出許多珍貴意見，並慨然允諾寫序，學生銘感五內。**感**

謝淡江戰略所大家庭。謝謝所長翁明賢老師、張京育老師及其他所上的老師、所辦秀真姐。謝謝學長姊們：引珊學姊、柏彥學長、穎佑學長、光宇學長、奕帆學長、曉雲學姊等。謝謝同學們：雅雯、書聆、柏丞、志豪、昌恩、士茂、亞君、詩涵、昭廷、翼均等。謝謝學弟妹們：怡君、冠群、英志等。謝謝以上諸位師長同學於學術無私分享、於生活真心相待。**感謝輔大謝邦昌老師、姊妹們**。謝謝老師在我畢業後仍默默的照顧與支持。謝謝姊妹們：郁雯、詠琳、玠俞、俐几、慈儀、婉君、士萱、緯華，謝謝你們總是一路相挺。**感謝兩位永遠的知心：佳菱與筑尹**。不論分隔何地，謝謝你們總是隨時加油打氣。因為你們，我才能常常「加滿油」繼續堅持下去。**感謝最辛苦、最可愛的家人**。謝謝我的父親陳品喬與母親林秀美、弟弟陳竑宇、舅舅林振農。我有一對最偉大的父母，謝謝你們總是無怨無悔的全心付出，栽培我和弟弟不遺餘力。寫作期間，老爸在工作之餘常幫忙掃瞄資料。媽媽更是我得力的大助理，剪報、掃瞄、建檔一手包辦。謝謝可愛的胖弟及坤儀幫忙找報紙、建檔，你們對我的信心及支持是我寫作不可或缺的原動力。希望胖姊能讓胖弟引以為傲。更感謝家人在我畢業後仍全力支持，讓我毫無後顧之憂專注出書。

最後，感謝秀威出版社及編輯鄭伊庭小姐。謝謝秀威出版社慨然應允出版本書。謝謝鄭編輯對於本書煞費苦心、力求完美。沒有您們，本書無法順利出版。在此謹獻上最大的感謝。

本書得以順利完成，要感謝的人真的太多。這一站的旅程抵達終點，也是下一站的起點。謝謝所有關心奕儒的人，我會

帶著您們的鼓勵與建議在下一段人生旅程中繼續努力以實現夢想。祁願所有的師長、同學、朋友及我最愛的家人：

　　身體健康、平安喜樂、心想事成、築夢踏實。

陳奕儒　謹誌於台北，永和　2012 年 3 月

自序

　　中國在 2002 年決定中國對美國政策是合作大於對抗，直到今天仍是以此為基調，原則並未被打破。1982 年鄧小平提出中美關係應「鬥而不破」，2003 年江澤民再次重申，北京並未改變這項合作原則。這背後的思考則是因為中國在軍事上若與美國正面衝突，目前是打不過美國的，但北京相信，時間對他們有利，遲早在經濟和軍事上會超越美國。2001 年當時中國副總理錢其琛也曾說，「我們在發展與美國關係時，僅有鬥爭一手還不夠，發展合作一手同樣重要。合作才是對美反華勢力重要的箝制。」北京對華政策的基調至今沒有改變。

　　美國對中國政策以前面臨「交往」（engagement）和「圍堵」（containment）兩選項。「交往」表面雖軟，目的卻是藉接觸把中國變質成像西方國家，以減少中國對美國威脅。這是北京最忌諱的「和平演變」。此詞老布希總統在紐約公開講過一次，之後美官方不再提了。「圍堵」是藉美國盟友聯合的力量在中國周遭豎立軍事的藩籬，限制中國力量向外擴展。隨了中國崛起，中美共同利益增加，北京對美以合作為主，逐漸兩項政策皆不敷華府所需。柯林頓第二任時，混合體「交往圍堵」（congagement）出現，且被小布希沿用。進入 2010 後新的十年，美國對中國政

策在「交往」、「圍堵」、「交往圍堵」之外另有「調適」選項。這是我用的名稱和觀念,美方尚未樂見。他們問:「調適與交往有何不同?」在美國設計的「交往」和「圍堵」的劇本裡,華府是主角,中國處於被動。但是在「調適」的劇本裡,美國認為它和中國任雙主角。可是實際上,美國滑向次要角色的可能潛伏待發。

當崛起的中國和一等強權美國在東亞互別苗頭時,其他國家都在兩面下注。投資人叫這種作法為「避險」(hedging)。如果太依賴美國得罪中國,不利自己經濟。因為經濟上,美國衰退中國旺盛。如果太依賴中國得罪美國,不利自己安全。因為今日唯有美國軍力可抗衡中國。各國避險的影響為何?東亞不會爆發戰爭,雖然有人曾如是憂心。尚有三個因素阻止戰爭爆發。

一、對外強硬是對內表態。各國領袖都有內部觀眾,必須不時在國際上展現「勇氣」維護國家「尊嚴和利益」,否則國內對手批評他軟弱,不利他的政權。美國歐巴馬總統 2012 年 11 月將競選連任。1 月 5 日他宣布加強東亞軍事部署,就是要抵銷國內反對黨可能對他大幅刪減軍費的批評。偶爾對外強硬的北京、東京、新德里、河內何嘗不如此?

二、中美內部問題多。美國經濟疲軟債臺高築,憤怒人民佔領運動此起彼落,兩黨國會惡鬥令政府癱瘓。中國政府雖有作為,但基層民怨日升各處抗議愈演愈烈。中美戰爭兩國都打不起。

三、中國持「鬥而不破」原則。這是 1982 年鄧小平立下的方針，靈活運用了孫子兵法的「虛實並用奇正相生」。卅年來，北京未嘗違背。為何明天會放棄？

對台灣的意義為何？

一、各國為自己利益在中美之間採取避險策略。台灣比日本印度更強大嗎？怎能例外？

二、美國高姿態提升東亞軍事部署是兩手策略之一面。另一面是長期軍力消滅。台灣若只看表面而興沖沖唱和，難免不會誤踩流沙，陷身困境。

感謝秀威出版社慨然應允出版，並感謝編輯鄭伊庭小姐勞心勞力編排本書。我在此由衷致謝。

林中斌　謹誌　2012 年 3 月

目次

推薦序／李大中   *i*

自序／陳奕儒   *iii*

自序／林中斌   *vii*

第壹章　緒論   *1*

第一節　動機與目的..*2*
第二節　概念界定..*7*
第三節　全書架構與邏輯流程.......................................*15*

第貳章　金融危機的背景   *19*

第一節　金融危機對全球的影響.................................*20*
第二節　金融危機對美國的影響.................................*28*
第三節　金融危機對中國的影響.................................*31*
第四節　金融危機對中美經濟的衝擊..........................*32*
第五節　小結..*38*

第參章　應變危機的對策　　39

第一節　華府的對策..39

第二節　北京的對策..50

第三節　華府與北京的共同應對..............................56

第四節　小結...61

第肆章　應變對策的實效　　65

第一節　華府的實效..66

第二節　北京的實效..85

第三節　評估...109

第四節　小結...118

第伍章　雙邊關係　　119

第一節　擴大合作...120

第二節　利益交鋒...139

第三節　權力消長...151

第四節　小結...154

第陸章　區域關係　　　　　　　　　　　　　　155

第一節　北韓議題 158
第二節　南海爭議 159
第三節　權力消長 165
第四節　小結 179

第柒章　全球關係　　　　　　　　　　　　　　181

第一節　國際金融體系改革 183
第二節　氣候變遷議題 191
第三節　權力消長 198
第四節　小結 205

第捌章　結論　　　　　　　　　　　　　　　207

附錄一　北京與華府高層互訪　　　　　　　　221
附錄二　北京與華府大事紀　　　　　　　　　229
附錄三　中美聯合聲明（2009 年 11 月）　　　239
附錄四　中美聯合聲明（2011 年 1 月）　　　259

參考書目　　　　　　　　　　　　　　　279

圖次

圖 1-1　「經濟大衰退」一詞使用頻率.................................14

圖 1-2　全書架構圖...17

圖 1-3　邏輯流程圖...18

圖 2-1　美國金融界「滅頂記」.......................................23

圖 2-2　金融危機連鎖反應圖解.......................................24

圖 2-3　全球金融危機衝擊之蔓延途徑.................................26

圖 2-4　美國經濟成長率（GDP）：2007 年第一季-2009 年第二季.....29

圖 2-5　美國失業率：2007 年 1 月-2009 年 6 月....................30

圖 2-6　中國經濟成長率（GDP）：2007 年第一季-2009 年第二季.....31

圖 2-7　美中經濟成長率（GDP）：2007 年第一季-2009 年第二季.....32

圖 2-8　中國出口到美國總額：2007 年 1 月-2009 年 6 月.............33

圖 2-9　中國從美國進口總額：2007 年 1 月-2009 年 6 月.............34

圖 2-10　中國持有美債金額：2007 年 1 月-2009 年 6 月..............36

圖 2-11　美元兌人民幣匯率走勢圖：
　　　　 2007 年 1 月 2 日-2009 年 6 月 30 日......................37

圖 3-1　美國振興經濟方案內容......................................46

圖 3-2　人民幣 4 兆元經濟振興大餅重分配...........................50

圖 3-3　中國對外投資圖..55

圖 4-1　美國經濟成長率（GDP）：2009 年第三季-2011 年第二季.....67

圖 4-2　美國失業率：2009 年 7 月-2011 年 7 月....................70

圖 4-3　美國國債：2007 年 1 月-2011 年 8 月......................73

圖 4-4　美國政府預算大戰...80

圖 4-5　美國軍費支出為全球其他國家總和.................................. *81*

圖 4-6　中國經濟成長率（GDP）：2009 年第三季-2011 年第二季..... *86*

圖 4-7　中國外匯存底：2007 年 1 月-2011 年 6 月 *89*

圖 4-8　中國消費者物價指數（CPI）：2007 年 1 月-2011 年 8 月 *100*

圖 4-9　美中經濟成長率（GDP）：2009 年第三季-2011 年第二季....*109*

圖 4-10　2030 年中國 GDP 規模將是美國的兩倍？ *114*

圖 4-11　IMF 預估中國經濟規模 2016 年將超越美國.................. *114*

圖 4-12　預估 2025 年全球最繁榮的 25 個都會區 *115*

圖 4-13　全球測驗能力...*117*

圖 4-14　中美科學論文出版比較... *118*

圖 5-1　2011 年 1 月胡錦濤訪美後，貓熊續留華府 *130*

圖 5-2　中國出口到美國總額：2009 年 7 月-2011 年 7 月 *133*

圖 5-3　中國從美國進口總額：2009 年 7 月-2011 年 7 月 *134*

圖 5-4　美國非農業就業人口：2009 年 1 月-2011 年 4 月 *138*

圖 5-5　中國持有美債金額：2009 年 7 月-2011 年 7 月 *142*

圖 5-6　美元兌人民幣匯率走勢圖：

　　　　2009 年 7 月 1 日-2011 年 6 月 24 日 *145*

圖 5-7　中美貿易差額：2007 年 1 月-2011 年 7 月 *147*

圖 5-8　美售台武器小檔案...*148*

圖 6-1　南海島鏈主權爭端 *161*

圖 6-2　中國未來的區域影響力...*166*

圖 6-3　中國與其他亞洲國家經濟互賴增加................................*168*

圖 6-4　南新走廊示意圖...*172*

圖 6-5　泛亞高鐵路線和小檔案..*175*

圖 7-1　氣候變遷警訊 192

圖 7-2　全球主要國家在哥本哈根會議期間減碳承諾 196

圖 7-3　2009 年各主要國家出口到中國 198

表次

表 2-1　金融危機重要事紀...25

表 3-1　美國金融紓困方案要點...45

表 3-2　美國眾議院金融監管法案重點..................................47

表 3-3　美國參議院金融改革法案要點..................................48

表 3-4　美國參議院金融改革法案要點..................................49

表 3-5　大陸振興經濟十大措施...51

表 3-6　北京應對金融危機相關措施......................................53

表 4-1　金融危機之後，中國經濟的突破..............................91

表 4-2　金融危機之後，中國科技的突破..............................97

表 4-3　金融危機之後，中國軟實力的突破..........................98

表 4-4　美中實力此消彼長...110

表 5-1　2009 年與 2011 年兩份《中美聯合聲明》
　　　　提及主題與次數之比較...121

表 5-2　北京與華府元首會晤...127

表 5-3　胡錦濤訪美時採購訂單...136

表 5-4　中國對美國軍售台灣的反應....................................149

表 6-1　中美在區域問題上的態度.......................................157

表 6-2　中美與亞洲各大貿易夥伴.......................................169

表 7-1　哥本哈根協定要點...197

表 7-2　中美與各主要國家貿易情形....................................199

表 7-3　中美對世界經濟成長貢獻率....................................201

緒論

　　2009 年 12 月 7 日，聯合國氣候變遷會議在丹麥首都哥本哈根如火如荼的登場。峰會前與會各國及主流媒體多數抱持悲觀、觀望態度。峰會甫舉行，已開發國家與開發中國家便一言不和吵得不可開交。其中已開發國家的代表美國與開發中國家的代表中國更是互相指責、激烈交鋒。

　　峰會最後一天，美國總統歐巴馬（Barack Obama）苦於峰會協議陷入膠著，囑咐下屬先行邀請以中國為首的其他開發中國家領袖會談。稍後下屬回覆印度總理辛赫（Manmohan Singh）已前往機場，巴西總統魯拉（Lula da Silva）及南非總統朱瑪（Jacob Gedleyihlekisa Zuma）則表示，辛赫不在場他們不便與歐巴馬談。

　　爾後中方通知美方，總理溫家寶已準備好與歐巴馬會談。不料，美方先遣人員前往會議室準備卻發現不得其門而入。原因竟是溫家寶與辛赫、魯拉、朱瑪正在該會議室中閉室密談。歐巴馬獲悉隨即登堂敲門大聲問道：「總理先生，你準備好見我了嗎？你準備好了嗎？」

待歐巴馬踏入會議室，赫然發現方才婉拒與他會談的眾領袖正與溫家寶齊聚一堂。會議室內並無歐巴馬的座位，顯然與會者並未預期他出席。歐巴馬走到巴西總統魯拉旁說：「我要坐在我的朋友魯拉旁邊」。此時巴西助理只好起身讓位。歐巴馬與溫家寶等人會談完畢，宣稱與中國、印度、巴西、南非達成協議。中國亦發布聲明稱此次會談達到「正面」結果[1]。

上述故事透露：美國歷經 2007 年次貸風暴與 2008 年全球金融危機後，經濟受創嚴重導致國力由盛而衰；反觀中國經濟雖亦遭創傷，卻乘機逆勢超越多個已開發國家取得多項突破。美國與中國國力此消彼長之際，反映在國際政治上即如前述的哥本哈根故事。究竟金融危機之後，北京與華府實力此長彼消之際，對中美關係的影響為何？本書帶您一探究竟。

第一節　動機與目的

> 未來八到十年，極有可能是美國戰略擴張勢頭由盛而衰，國際格局調整由美國的戰略進攻轉入戰略相持的階段。故我戰略機遇期與美戰略擴張期的持續進程會同期不同步，二者消長的時間差值得重視和利用[2]。
>
> ——《中共內參文件》，2003 年 6 月。

---

[1] 相關報導請見尹德瀚，「溫家寶退席歐巴馬發飆 峰會鬧劇險破局」，《中國時報》，2009 年 12 月 20 日，第 A2 版。編譯張沛元，「歐巴馬急折衝 溫家寶賞閉門羹」，《自由時報》，2009 年 12 月 20 日，第 A16 版。「硬見溫家寶 歐巴馬搶坐助理席」，《聯合報》，2009 年 12 月 22 日，第 A13 版。

[2] 中共外交部智庫析論，「我國戰略機遇期的成因、特點與潛在問題」，《中共內參文件》，2003 年 6 月。參見林中斌編著，《以智取勝：國防兩岸事務》（台北市：全球防衛雜誌社，2005 年），附件 2。

　　承前引言，2003 年中共內部即推估美國將在 2011 年至 2013 年開始由盛而衰。如今進入 2012 年，縱觀美國歷經 2007 年次貸風暴與 2008 年金融危機後，元氣大傷不若往昔叱吒風雲。現況與前述北京的看法不謀而合。金融危機成為美國由盛而衰的轉捩點。前述哥本哈根的故事與北京的看法皆引起作者的好奇：金融危機對北京與華府在不同層面的影響為何？以下分別簡述北京與華府在金融危機之際，國內、雙邊、全球三個不同層面的情況。

一、國內：內政不穩，對外積極尋求合作

　　北京：2008 年汶川大地震、全球金融危機引發的失業潮、藏獨、疆獨問題等，動搖國家主席胡錦濤與總理溫家寶的領導地位。因此，北京對外積極尋求合作。

　　華府：歐巴馬總統甫上任，一方面臨國債破表、財政赤字、失業率屢創歷史新高等經濟問題；另一方須面對推動競選時的政策——健保改革、阿富汗、伊拉克戰爭等難題。因此，歐巴馬積極尋求國際尤其北京的合作。

二、雙邊：延續 911 事件後的合作關係

　　歷經 2001 年 911 事件之後的北京與華府，暫時擱置既往的歧見，開啟一波合作的新頁。中斌曾提出北京與華府之間官方高層對話的特徵為：「華府北京雙方高層的來往，達到史無前例

的規模，且出現四個特徵：一是高層官員見面的頻率增加；二是見面的方式制度化；三是見面官員層級下降到實質工作階層；四是見面官員種類增加，由經貿，而外交，甚至到最後一塊——五角大廈和解放軍。」其頻率的增加、會晤制度化、官員層級的延伸與種類的增加[3]，無不顯示北京與華府合作的持續與擴展。

然而，北京與華府日益增加的合作幕後，卻也潛藏著雙方不同的國家利益拉鋸戰。隨著中國改革開放後經濟發展的成果漸趨豐碩，北京與華府的經貿合作及摩擦也同步與日俱增。2007年始，美國發生次級房貸風暴並引發全球金融危機。此際的華府只能暫且放下以往與北京的恩怨情仇，加緊並加深與北京全方位合作的腳步。

緣此，作者將「911事件」與「金融危機」視為北京與華府關係中嶄新及深化合作的兩個關鍵轉捩點。試圖理解911事件後，尤其將重點放在全球金融危機後的北京與華府關係。雖然雙方的合作關係加深加廣，其國家利益本質上的不同，使得彼此總在合作的理想與衝突的現實中來回擺盪。此外，北京與華府在金融危機後的國際地位彼長此消更成為耐人尋味的課題。

三、全球：共識與合作置於分歧與衝突之前

金融危機之後，全球金融體系面臨調整與重塑。例如2009年4月2日倫敦G20高峰會中，與會領袖發表「倫敦峰會領袖

3　參見林中斌，「美國中國出現重大新動向——台灣應打三張牌：民主、戰略、經貿」，《偶爾言中——林中斌前瞻短評》（台北市：黎明文化出版，2008年），頁23。

宣言」（London Summit-Leaders' Statement）廿九點共識，分別針對恢復經濟成長與創造就業、加強金融監督與規範、強化國際金融治理機制、防止貿易保護主義並促進全球貿易暨投資，以及顧及較落後及貧窮國家的經濟復甦等五大領域提出政策願景或具體作為[4]。911 事件、氣候變遷、全球磁變等非傳統安全議題使各國更趨於攜手合作。例如 2009 年 12 月 7 日舉行的聯合國氣候變遷高峰會——「哥本哈根會議」。

　　綜上所述，從國內、雙邊、全球觀察北京與華府關係，三者聚焦於「合作」面上。雖然矛盾與分歧仍存在，然雙方在面對全球金融危機之後迫切的經濟復甦問題、非急迫卻必要的非傳統安全議題，合作是否大於分歧引起作者的好奇。

四、金融危機對中美關係四層面的考驗

　　承前所述，金融危機對華府、北京的衝擊，對美中形勢的重塑，這些課題成為作者研究問題的緣起。

　　本書分別針對華府與北京關係中——「國內」、「雙邊」、「區域」、「全球」提出問題，試圖透過這些問題了解金融危機對華府與北京關係造成的影響。

4　蘇宏達，「20 國集團（G20）高峰會之成果與展望」，外交部研究設計委員會第250 次「國際現勢新聞研析座談」會議。

- **國內**

  金融危機分別對美國與中國造成的衝擊？兩國如何應對金融危機？危機過後，兩國各自取得的實效是？

- **雙邊**

  金融危機對北京與華府關係的影響？金融危機過後，中國取得的實效顯示金融危機對中國的衝擊較小，因此美國急需與中國合作力圖一振國內復甦緩慢的經濟。故金融危機是否改變了中美關係中北京多處於被動的狀況？

- **區域**

  當美國仍深受金融危機之害，中國已悄然擺脫陰霾。亞太各國為脫離金融危機陰影，紛紛加大加快與中國經貿往來。北京在亞太區域的地位顯然有逐步上升的趨勢，反之華府影響力是否下降？

- **全球**

  金融風暴席捲而至，美國老大哥自顧不暇。在許多國際重大議題上，中國逐步嶄露頭角。這是否意味北京與華府國際地位的消長？

  往昔論及中美關係經常無法突破迴圈，結論大多以「待觀察」為句點。因此，本書目的試圖破除前述觀點，闡述今日中

美關係密切、頻繁的合作與衝突雙雙超越以往。且合作與共識多置於衝突與分歧之前。

第二節　概念界定

進入正題之前，本節向讀者簡述中美關係前緣，並釐清本書中重要概念。茲整理如下。

一、歷史脈絡

北京與華府合作和衝突兼而有之、時而有之。在 2001 年 911 事件發生之前，北京與華府曾經歷四次較大的衝突。分別是 1989 年美國對中國制裁、1995 年美國允許李登輝訪美、1999 年美國炸中國駐南使館以及 2001 年中美撞機事件[5]。這幾次衝突一度使北京與華府關係緊張、交惡。

然而，911 事件卻使雙方合作關係重現曙光甚至開啟前所未有的新氣象。從當時中共中央政治局委員、國務院副總理錢其琛接受《學習時報》的訪問中可以窺知一二。

冷戰結束以來，美國政府一直在討論冷戰後的主要敵人在哪裡的問題。9‧11 事件之後，這個問題明朗了。敵人不是遠在天邊，而是在家門口，甚至就在蕭牆之內。這

---

[5]　李玉梅，「9.11 事件後的國際形勢和中美關係」，《學習時報》，2002 年 10 月 15 日。

就引起人們安全觀念的變化。擁有強大的武力，可以應付高科技戰爭的國家，並不能防止恐怖分子運用最簡單的手段造成巨大災難。對這種威脅，無論是導彈還是導彈防禦系統都無濟於事。9‧11 事件打破了美國『絕對安全』的神話，恐怖分子以極小的代價對美國造成了重大傷害。正是在這種背景下，今年以來，大國關係緩和趨勢明顯。以美俄、俄──北約關係調整及中美關係的改善為標誌，主要大國間形成了『大戰要避免，和平需維持』的共識，並嘗試進行新的對話與合作，以對付新的挑戰[6]。

錢其琛提到「冷戰結束以來，美國政府一直在討論冷戰後的主要敵人在哪裡的問題。」言下之意，美國一度將中國視為冷戰後的主要敵人。911 事件可能反使北京鬆了一口氣，華府將原本假定中的主要敵人──北京轉移到恐怖分子身上。如此一來，力主反恐及和平的國際環境與氛圍將更有益於中國經濟的發展。換言之，當中國內部愈趨穩定，愈有利於中共政權的持續與鞏固。

另外，錢其琛說「9‧11 事件打破了美國『絕對安全』的神話，……，主要大國間形成了『大戰要避免，和平需維持』的共識，並嘗試進行新的對話與合作，以對付新的挑戰」。筆者認為他意有所指的是，華府開始積極尋求北京的支援與合作。北京在其內參文件中明確表示：「美在反恐方面對我仍有需求[7]。」

6　李玉梅，「9.11 事件後的國際形勢和中美關係」。
7　中共中聯部對外交政策評估。參見林中斌編著，《以智取勝》，頁 496。

當華府對北京有所求，意味著北京手上握有更多主動權及籌碼。包括政治的主權問題（台灣、西藏、新疆三獨問題）、軍事的解放軍現代化問題、經濟的商貿摩擦問題、社會的人權問題等。上述北京與華府長期以來的爭執點，因為華府需要北京共同合作反恐而被刻意壓抑的可能增大許多。

二、共識與分歧

北京與華府，彼此各有相異甚至矛盾的國家利益。對於北京而言，根本的利益是中共政權命脈的延續與鞏固。中國領導層首要工作是壓制快速的政治、經濟、社會變動，才能保住共黨專政[8]。而反恐和確保本土安全成為美國當前的首要任務[9]。

雖然兩者國家利益各有不同，但仍可看出其利益交匯點在於訴求塑造一個「和平與穩定的國際環境」。另一方面，中共鞏固政權延伸出來的是追求經濟成長與持續發展；美國政府則為爭取民心、拉攏選票而必須保障國內跨國企業的貿易利潤。尤其在 2007 年次級房貸風暴引起全球金融危機後，「經濟發展」更成為北京與華府第二個利益交匯點。因此，北京與華府訴諸「和平」與「經濟」成為兩者間的默契和共識。

錢其琛在回答《學習時報》記者的訪談中亦談到中美關係不變的面向。

8　戰略暨國際研究中心（CSIS）與國際經濟研究院（IIE）著，樂為良、黃裕美譯，《重估中國崛起：世界不能不知的中國強權》（台北市：聯經出版，2006 年），頁 7。
9　李玉梅，「9.11 事件後的國際形勢和中美關係」。

一是中美之間合作的基礎沒有變。中國和美國都是世界
上的大國。美國從自己的經濟和安全利益考慮，需要借
重中國巨大的市場潛力和在國際上的重要戰略地位。中
國的崛起是美國不得不面對的客觀現實。在民間，大部
分美國人也不希望美中對抗。中美之間可以合作的領域
很廣泛：經貿、科技、反恐、防擴散、世界和平、亞太
安全，等等。美需要與中國接觸，在許多雙邊和國際問
題上雙方有共同利益。二是中美之間存在的基本矛盾沒
有變。美國要把它的社會制度、經濟模式、意識形態和
價值觀念推廣到全球。但是中國呢？我們不把自己的東
西強加於人，也不能允許外國干涉中國的內政。有什麼
先進的文化，先進的技術，我們都願意學。派學生去學，
請老師來教，都可以。但中國不會全盤西化，照搬照抄
別人的一套，對中國要搞干涉、搞滲透，那是不行的。
三是美國對華政策的兩面性不會變。正是因為中美之間
既有合作的一面，又有矛盾的一面，所以尼克松以來的
美國歷屆總統，無論是共和黨，還是民主黨，都奉行合
作加防範，接觸加遏制的對華政策。這是由美國壟斷資
產階級的本性及它的國家利益決定的。結果就是大家所
看到的：儘管中美關係麻煩不斷，但不致於破裂；而當
中美關係取得進展的時候，又往往會出現新的問題[10]。

---

[10] 李玉梅，「9.11事件後的國際形勢和中美關係」。

　　根據錢其琛的說法，北京與華府的共識與分歧同時存在。除了在國際政治與經濟層面有共同利益外，他提到的分歧包括政治制度、經濟模式等彼此本質的不同；而干涉言外之意包括台灣問題、西藏問題、人權問題等。然而，就當前國際政治現勢與 911 事件後北京與華府合作的紀實而言，兩者的合作與共識逐步大於衝突與分歧。

三、大國政治的悲劇？

　　金融危機後，美國將日漸衰退而中國將日益茁壯甚至取代美國的國際輿論四起。中美之間權力消長是否將導致衝突一直是學者爭辯的焦點。其中，國際關係理論「攻勢現實主義」學者米爾斯海默（John J. Mearsheimer）在 2001 年出版的鉅著《大國政治的悲劇》中文版前言提到中美關係如下：

> 　　我稱之為「進攻性現實主義」的這一國際政治理論，對未來的中美關係有著重要的啟示。特別是，如果中國在未來數十年內仍然保持其令人矚目的經濟增長，它也可能會建立起龐大的軍事力量，像美國支配西半球一樣支配亞洲。中國將會尋求地區霸權，因為優勢地位是生存的最好保證。如果說美國的戰略利益在於不讓遠處大國插手西半球的事務（這正是門羅主義所表明的），那麼中國的利益所在無疑是將美國軍隊趕出亞洲。當然，美國將竭力阻止中國獲得地區霸權，因為美國不能容忍世

界舞台上存在與之匹敵的競爭對手。其結果便是中美之間激烈而危險的安全競爭，這種競爭類似於美蘇在冷戰期間的那種對抗[11]。

美國面對的外交政策的一個關鍵問題是，如果中國經濟快速增長下去，變成一個巨大的香港，那麼它可能採取什麼樣的行動。許多美國人相信，倘若中國實行民主制並融入全球資本主義體系，它就不會好鬥，而會對東北亞的現狀感到滿足。按照這一邏輯，美國應該接觸中國，加快後者進入世界經濟一體化的進程，這是一項鼓勵中國像民主過渡的政策。倘若接觸政策獲得成功，那麼美國就能與一個富裕民主的中國協同努力，推進世界和平。不幸的是，接觸政策注定要失敗。如果中國成為一個經濟增長中心，它必然會把經濟實力轉化為軍事能力並主宰東北亞。無論中國實行民主並深深融入全球經濟體系還是成為專制和自給自足的國家，這都無礙於它的行為表現，因為民主國家與非民主國家一樣在乎安全，況且霸權是任何國家確保自己生存的最佳手段。當然，當中國不斷增加權力時，中國的鄰國和美國誰也不會袖手旁觀，而會採取行動遏制它，很可能通過組建一個均勢聯盟的方式達到此目的。結果是中國與其對手進行激烈的安全競爭，大國戰爭的危險常常環繞在它們頭

---

11 王義桅、唐小松譯，John J. Mearsheimer 著，《大國政治的悲劇》（上海：上海人民出版社，2008 年），中文版前言，頁 34。

上。簡單地說，當中國權力增長後，美國與中國勢必成為對手[12]。

學者米爾斯海默教授清楚並堅定的提出「當中國權力增長後，美國與中國勢必成為對手」，並將「大國政治的悲劇」一說應用在中美關係上。然而事實卻有待商榷。本書即以此論述為主要檢視對象，試圖釐清北京與華府權力此長彼消之際，中美關係的未來未必只有一戰的選擇。

四、經濟大衰退

根據美國全球語言研究所（The Global Language Monitor）分析預測，「大衰退（Great Recession）」為 2011 年第三大辭彙[13]。以下針對「經濟大衰退」一詞用語來源做一探討。

紐約時報記者 Catherine Rampell 曾針對「經濟大衰退（The Great Recession）」一詞來源為文。文中提到許多分析者、經濟學者、歷史學者、研究者、專欄作者、評論者甚至國際貨幣基金（IMF）等人都使用此詞彙，通常他們會說：「所謂的『經濟大衰退』（*what some are calling 'The Great Recession'*）」[14]。

---

[12] Mearsheimer 著，《大國政治的悲劇》，頁 3。

[13] Paul J. J. Payack, "Top Words of 2011, yes 2011," **The Global Language Monitor**, December 6, 2010, <http://www.languagemonitor.com/top-words/top-words-of-2011-yes-2011/> (Accessed December 31, 2010).

[14] Catherine Rampell, "'Great Recession': A Brief Etymology," **The New York Times**, March 11, 2009, <http://economix.blogs.nytimes.com/2009/03/11/great-recession -a-brief-etymology/> (Accessed February 21, 2011).

為追溯源頭，他做了粗略的統計圖表如下：

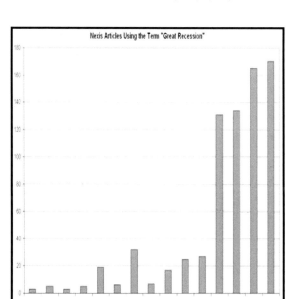

圖 1-1 「經濟大衰退」一詞使用頻率

■ 資料來源：Catherine Rampell, "'Great Recession': A Brief Etymology," The New York Times, March 11, 2009, <http://economix.blogs.nytimes.com/2009/03/11/great-recession-a-brief-etymology/> (Accessed February 21, 2011).

從圖 1-1 可看出，2008 年 12 月使用頻率明顯增加。然而沒有人能保證「經濟大衰退」一詞就是在此時創造的。因為「2008年經濟大衰退」並非初次使用。例如，有些經濟學者認為 2001年的經濟衰退可稱為「大衰退」；富比士、新聞週刊、紐約時報專欄皆宣稱 1974-1975 年為「大衰退」[15]。

---

[15] Rampell, "'Great Recession': A Brief Etymology," **The New York Times**.

　　2010 年 9 月 20 日，判定美國景氣循環的權威機構「全國經濟研究所」（National Bureau of Economic Research, NBER）宣布，美國始於 2007 年 12 月的這波經濟衰退，已於 2009 年 6 月畫上句點，歷時十八個月，為 1930 年代經濟大蕭條以來美國經歷的最長衰退期[16]。

　　為何要特別說明「經濟大衰退」，因為 2008 年 9 月金融危機發生之前，美國在 2007 年 3 月曾發生次級房貸危機，兩者之間相關連。因此若僅討論 2008 年 9 月以後的情勢，恐怕不完整。再者，至今未見此波「金融危機」結束時間點的討論。故作者依據上述美國權威機構 NBER 訂定的經濟衰退期間：2007 年 12 月至 2009 年 6 月為時間軸，幫助本書在議題處理上能夠更清晰。在下一節有進一步敘述。

第三節　全書架構與邏輯流程

　　本書以全球金融危機造成的衝擊為範圍。時間以 2007 年迄今為主軸。主要以美國與中國為主體，並以官方為主要行為者，其中探討其國內政策與外交政策。議題以雙邊、區域、全球為分析層次，從共識與合作、分歧與衝突觀點來檢視，並歸納在政治、經濟等層面上的影響。請參見圖 1-2 全書架構圖。

　　作者在此要特別說明的是，本書以「經濟大衰退」的時間：2007 年 12 月至 2009 年 6 月為切點。前半部為第二章到第四章，

---

[16] 王嘉源，「NBER：美經濟衰退 去年 6 月結束」，《中國時報》，2010 年 9 月 22 日，第 A15 版。

探討北京與華府在金融危機期間國內與雙邊受到的衝擊、對策、實效。後半部為第五章至第七章，探討金融危機之後即 2009 年 7 月迄今北京與華府在雙邊、區域、全球的關係。

　　本書共計八章。第一章為緒論，敘述動機與目的、文獻回顧、全書架構與邏輯流程，以建立本書骨架。第二章為背景，描述金融危機對全球、美國、中國及中美關係的衝擊。第三章為應變，探討華府與北京各自的對策、彼此的應對。第四章為實效，討論華府與北京對策的成效，並評估雙方實力的消長。第五章為雙邊，探討北京與華府雙方擴大合作、利益交鋒的實際情況。第六章為區域，討論北京與華府在亞太區域的競合。第七章為全球，探討北京與華府在全球議題上的互動。第八章為結論，敘述本書的發現與心得。請參見圖 1-3 邏輯流程圖。

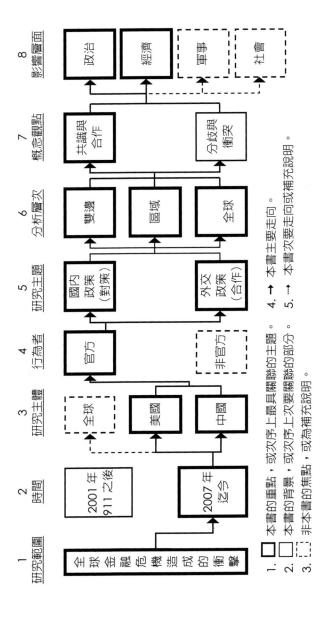

圖 1-2　全書架構圖

1. □ 本書的重點，或次序上最具關聯的主題。
2. □ 本書的背景，或次序上次要關聯的部分。
3. ┌┈┐ 非本書的焦點，或為補充說明。
4. → 本書主要走向。
5. ┈▶ 本書次要走向或補充說明。

構思：林中斌，2011 年 4 月 6 日。
製圖：陳英僑，2011 年 4 月 6 日。

壹、緒論	向讀者釐清本書動機與目的、概念界定、架構與邏輯流程,以建立本書脈絡。
貳、背景	首先,需先理解金融危機造成的衝擊:
	金融危機對全球、美國、中國及中美關係的衝擊,顯示經濟全球化使中美關係同舟共濟。
參、對策	因此,美國與中國紛紛祭出刺激經濟方案:
	華府的對策為金融紓困、振興復甦、金融改革;
	北京的對策為金融紓困、擴大內需、對外投資。
	雙方共同對抗金融危機,建立全面合作夥伴關係。
肆、實效	一系列的解決方案阻止經濟繼續崩盤,中美各收正反成效:
	華府止血國內經濟,但外債累累、財政赤字嚴重;
	北京順利渡過危機並有多項新突破,但通膨、貧富差距擴大社會矛盾。整體而言,金融危機使美國實力弱化、中國實力強化。
伍、雙邊	據此,中美關係出現此長彼消的微妙變化。
	在雙邊關係上:
	擴大外交互訪、經貿合作推動中美關係前進;
	然而人權議題、經貿摩擦、對台軍售的分歧仍存在。
	透過日益機制化的對話平台,中美處理分歧且增加協調。
陸、區域	在區域關係上:
	擴大共識、建立對話機制,
	然而北韓問題、南海爭議使中美關係產生矛盾。
	亞太國家受益於中國實力增加,使中國在亞太影響力漸增;
	反之,美國實力減弱,長期而言其影響力漸減。
柒、全球	在全球關係上:
	中美在國際金融體系改革、氣候變遷議題上既有合作亦有分歧;
	但就整體而言,中美在全球議題上合作符合共同利益。
捌、結論	綜上所述:
	金融危機之後,中美關係共同利益大於分歧,加以雙邊實力消長,使北京與華府皆深諳合作才是雙方利之所歸。

圖 1-3　邏輯流程圖*

---

*　構思:林中斌,2011 年 4 月 6 日。製圖:陳奕儒,2011 年 4 月 6 日。

金融危機的背景

我們處在一個毫無疑問地將成為 1930 年代以來最惡性的
全球危機之中[1]。
——美國前聯準會主席葛林斯潘（Alan Greenspan），2009 年。

自 2007 年 3 月美國次級房貸風暴，至 2008 年 9 月雷曼兄弟
（Lehman Brothers Holdings Inc.）宣布破產後引發的全球金融危
機，使得葛林斯潘亦承認此波金融危機僅次於 1930 年代的經濟
大蕭條（The Great Depression）。兩次危機形成經濟大衰退（The
Great Recession），重創美國連帶衝擊全球、中國，並影響中美關
係。本章茲就金融危機對全球、美國、中國乃至中美關係的影
響逐一探討。

---

[1] 原句如下：*"We are in the midst of a global crisis that will unquestionably
   rank as the most virulent since the 1930s."* 參見 Alan Greenspan, "The Fed
   Didn't Cause the Housing Bubble," **The Wall Street Journal**, March 11, 2009,
   <http://online.wsj.com/article/SB123672965066989281.html?mod=article-
   outset-box> (Accessed November 1, 2010).

第一節　金融危機對全球的影響

一、成因

根據美國金融危機調查委員會（The Financial Crisis Inquiry Commission, 簡稱 FCIC）的調查報告指出共有十大因素導致金融危機，如下所示[2]：

1. 信貸泡沫（Credit bubble）
2. 房市泡沫（Housing bubble）
3. 非典型抵押貸款（Nontraditional mortgages）
4. 信用評等與證券化（Credit rating and securitization）
5. 金融機構集中相關風險（Financial institutions concentrated correlated risks）
6. 槓桿化與流動性風險（Leverage and liquidity risks）
7. 風險蔓延（Risks of contagion）
8. 共同衝擊（Common shock）
9. 金融衝擊與恐慌（Financial shock and panic）
10. 金融危機導致經濟危機（Financial crisis causes economic crisis）

---

[2] The Financial Crisis Inquiry Commission, "The Financial Crisis Inquiry Report," January 27, 2011, <http://cybercemetery.unt.edu/archive/fcic/20110310172443/http://c0186234.cdn1.cloudfiles.rackspacecloud.com/2011-0127-fcic-releases-report.pdf> (Accessed July 2, 2011).

　　除了上述委員會的調查報告外，來自各界的調查發現，大型銀行設計出許多複雜的金融衍生商品例如 CDO、CDS。這些金融商品連美國前聯準會主席葛林斯潘都不懂。他在退任聯準會主席兩年之後說：「我有深厚的數學根底，但很多擔保債券憑證的複雜程度也令我摸不著頭腦。我壓根兒不明白他們在做什麼、也算不出他們透過這重重疊疊的買買賣賣獲得的實際報酬，又或者他們怎樣分辨擔保債券憑證的種類。我想，我的團隊裏包含數以百計的博士為我服務，但若連我也無法理解這些產品，那世上其他的人又如何弄清楚這當中的虛實？這實在令我費解[3]。」，更不用說芸芸大眾。但這些銀行為了牟取暴利，將風險高的抵押債券設計包裝後推銷，並且向外推銷到全球各地。普羅大眾在不瞭解的情況下大量購買這些金融衍生商品，當金融危機引爆，畢生心血也跟著灰飛煙滅。

3　Andrew Ross Sorkin 著；潘山卓譯，《大到不能倒：金融海嘯內幕真相始末》（台北市：經濟新潮出版社，2010 年），頁 125。

債務抵押債券（Collateralized debt obligations, CDOs）

也有人譯成擔保債務權證，簡稱 CDO，是資產證券化家族中重要的組成部份。它的標的資產通常是信貸資產或債券。這也是衍生出它按資產分類的重要兩個分支：CLO（Collateralized Loan Obligation）和 CBO（Collateralized Bond Obligation）。前者指的是信貸資產的證券化，後者指的是市場流通債券的再證券化，但他們都統稱為 CDO[4]。CDO 是金融資產證券化的產品之一，是一種債權擔保憑證，為固定收益債權的債券組合。發行機構將一組固定收益債權重新包裝成證券商品後，再依不同信用品質區分各系列證券，銷售給投資人，債券產生的現金流量就依照證券發行條件付息給投資人。因各類證券承擔風險程度，提供不同的投資報酬，投資人有更多元的投資選擇。CDO 可分為高級（Senior）、中級（Mezzanine），和次順位／股本（Subordinated/Equity Tranche）三類，報酬率與風險也依順序提高[5]。

2008 年 9 月 15 日，美國第四大投資銀行雷曼兄弟（Lehman Brothers Holdings Inc.）正式宣布破產，全球頓時陷入一陣混亂。下圖 2-1 為不動產市場泡沫連鎖反應，圖 2-2 為金融危機連鎖反應。藉由這兩圖可以比較清楚了解金融危機的前因後果。

---

[4] 辛喬利、孫兆東著，《次貸風暴：撼動世界經濟的金融危機，剖析次貸風暴的前因後果》（台北市：梅霖文化，2008 年），頁 168。

[5] 編譯盧永山，「CDO」，《自由時報》，2010 年 4 月 19 日，第 A8 版。

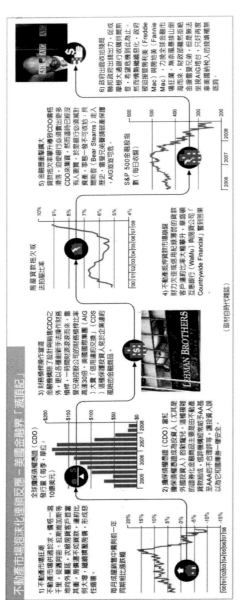

圖 2-1　美國金融界「滅頂記」

■ 資料來源：「不動產市場泡沫化連鎖反應——美國金融界『滅頂記』」，《中國時報》，2008 年 9 月 24 日，第 A2 版。

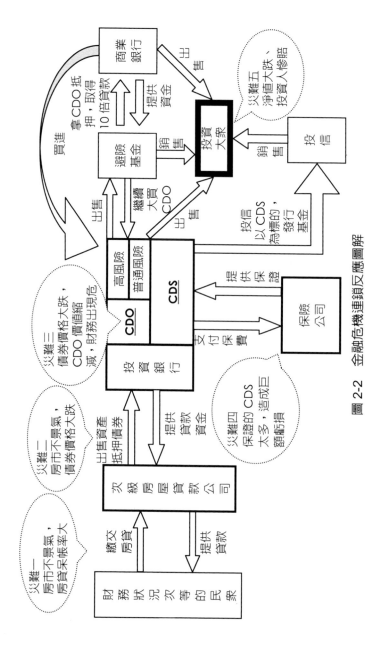

圖 2-2　金融危機連鎖反應圖解

資料來源：《非凡新聞周刊》，2008 年 9 月 28 日，頁 26-27。

下表 2-1 為金融危機期間重要大事。

表 2-1　金融危機重要事紀

第一波（2007/03-2008/03）	
風暴中心：美國第五大投資銀行貝爾斯登（The Bear Stearns Companies, Inc.）	
時間點	重要事件
2007/03/09	美國第二大次貸公司 New Century Financial Corp，因涉及違法放貸，股價重挫，被迫下市，造成新興市場股市大跌。
2007/08/01	貝爾斯登宣布旗下兩檔次貸機金倒閉，損失達 15 億美元。
2007/08/09	法國最大銀行 BNP Paribas SA 旗下三檔基金因投資人贖回，信用市場緊縮、籌資困難。
2008/03/06	貝爾斯登面臨破產，最終以每股 2 元轉賣摩根大通，美國五大投銀變四大。
第二波（2008/07-2008/09）	
風暴中心：美國兩大房貸公司房利美（Fannie Mae）、房地美（Freddie Mac）	
時間點	重要事件
2008/07/07	雷曼兄弟看空二房，點燃二房財務危機引信，次貸為機再起，亞洲股市重挫。
2008/09/07	美國政府宣布接管二房。
第三波（2008/09-）	
風暴中心：美國第四大投資銀行雷曼兄弟（Lehman Brothers Holdings Inc.）	
時間點	重要事件
2008/09/15	雷曼兄弟破產、美國銀行以 500 億美元代價，收購美林證券。
2008/09/16	AIG 陷入清償危機，FED 最終提供 850 億美元金援，並取得 79.9%股權。
2008/09/21	高盛證券、摩根史坦利宣布轉型為商業銀行，接受政府監管，以利籌資。
2009/09/25	全美最大存貸銀行華盛頓互惠銀行被接管，多數資產轉移給摩根大通銀行。

2009/09/28	荷比盧三國聯手注資富通（Fortis）金融集團，並收購部份資產為國有。
2009/10/06	冰島瀕臨破產，冰島克朗重貶三成，冰島三大銀行被政府接管。
2009/10/08	英國北岩銀行收歸國有。

■ 資料來源：黃琮淵，「金融海嘯一波波，一次比一次震撼！」，《中國時報》，2009 年 9 月 6 日，第 A5 版。楊少強，「金融海嘯：雷曼兄弟破產啟示錄」，《商業周刊》第 1087 期，2008 年 9 月 22 日，<http://www.businessweekly. com.tw/webarticle.php?id=34382&p=9>（檢索日期：2010 年 11 月 14 日）。
■ 製表：陳奕儒，2010 年 11 月 15 日。

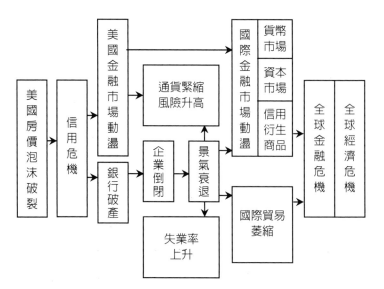

圖 2-3　全球金融危機衝擊之蔓延途徑

■ 資料來源：蔡曜如，「金融危機對金融體系與總體經濟之影響」，《全球金融危機專輯》，中央銀行編印（台北市：中央銀行，2009 年），頁 27。

　　由上表 2-1 及圖 2-3 可看出金融危機蔓延速度之快，擴散範圍之廣。

二、衝擊

2008 年全球金融危機爆發後，台灣亦受到衝擊。每天新聞總是不斷的播放又有多少人可能被裁員。這波金融危機中首當其衝的美國，關閉的銀行數與破產的企業數更是不斷刷新經濟大恐慌後的紀錄。因此，有人將這波金融危機喻為經濟大恐慌後最嚴重的「經濟大衰退」。

● 經濟大衰退（*The Great Recession*）

美國始於 2007 年 12 月的這波經濟衰退，已於 2009 年 6 月畫上句點，歷時 18 個月，為 1930 年代經濟大蕭條以來美國經歷的最長衰退期。美國景氣循環的權威機構「全國經濟研究所」（National Bureau of Economic Research，NBER）指出，2009 年 6 月這波衰退結束後，今後若再出現任何經濟反轉，都將被視為新一波衰退，而不是這場衰退的延續。這點頗重要，因為如果美國經濟再度萎縮，將代表「雙底衰退」（或稱二次衰退，double-dip）的開始。很多經濟學家早就認為這波經濟衰退已於 2009 年 6 月結束，NBER 的宣布為此說拍板定案。但無論如何，當前美國失業率仍高達 9.6%，將近一千五百萬人失業，感受不到經濟復甦[6]。

6　王嘉源，「NBER：美經濟衰退 去年 6 月結束」，《中國時報》，2010 年 9 月 22 日，第 A15 版。

● 金融危機餘波洶湧

雖然美國 NBER 宣布經濟大衰退已經結束，但全球經濟復甦遲緩、景氣低靡，導致消費欲振乏力。此外，債務危機更是蠢蠢欲動。紐約時報統計，從 2012 年起，三年內總計有超過 7,000 億美元的垃圾債券將陸續到期。由於全球企業與政府同時間都準備大舉發債，光是美國政府 2012 年就準備發債近 2 兆美元支應預算赤字並再融資現有貸款，因此，債信評級較低的企業可能難以取得再融資，這將導致違約大增，甚至破產潮。2012 年到期的債務總額為 1,550 億美元、2013 年增加到 2,120 億美元，2014 年更增加到 3,380 億美元[7]。例如 2011 年希臘債務危機延燒成為歐債危機，時至 2012 年中仍未見好轉。

第二節　金融危機對美國的影響

美國總統歐巴馬仍為總統當選人時，在每週例行廣播中說：「就在此際，有數以百萬計為人父母者夜不成眠，不知道下周的薪水夠不夠付下月的帳單[8]。」他要求經濟顧問提出經濟復甦計畫，救經濟刻不容緩。

---

[7] 謝璦竹，「2012 金融末日？22.4 兆垃圾債　恐爆倒閉潮」，《聯合報》，2010 年 3 月 17 日，第 A13 版。

[8] 原文為："Right now, there are millions of mothers and fathers who are lying awake at night wondering if next week's paycheck will cover next month's bills." 參見「時人牙慧」，《聯合報》，2008 年 11 月 23 日，第 AA1 版。

● 經濟成長率

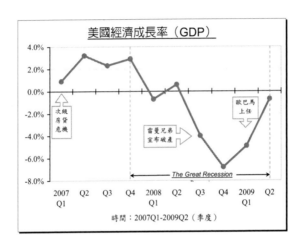

圖 2-4　美國經濟成長率（GDP）：2007 年第一季-2009 年第二季

■資料來源：Bureau of Economic Analysis (BEA), U.S. Department of Commerce, <http://www.bea.gov/national/txt/dpga.txt> (Accessed February 18, 2011).
■製圖：陳奕儒，2011 年 3 月 2 日。

　　美國經濟成長率在經濟大衰退期間大幅下滑。2008 年雷曼兄弟宣布破產後，第四季甚至負成長 5%以上。雖然 2009 年第一季開始止跌回升，卻仍停留在負成長。顯示美國經濟在大衰退期間受創嚴重而停滯不前。而 2009 年第三季以後請見第四章，圖 4-1。

● **失業率**

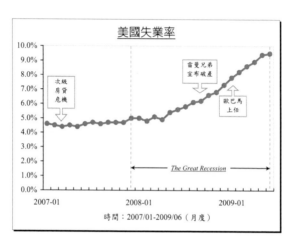

図 2-5　美國失業率：2007 年 1 月-2009 年 6 月

■ 資料來源：Bureau of Labor Statistics, United States Department of Labor, <http://data.bls.gov/pdq/SurveyOutputServlet> (Accessed December 10, 2010).
■ 製圖：陳奕儒，2011 年 3 月 7 日。

　　美國失業率受經濟成長率停滯不前的影響，在經濟大衰退期間持續飆升。甚至逼近 10%。這表示每 10 個人當中就有 1 個人失業。不包括兼職、失業不久的人。2009 年第三季以後請見第四章，圖 4-2。美國經濟受低經濟成長率與高失業率雙重衝擊下，無疑雪上加霜。本書第肆章針對金融危機對美國的影響有更詳盡的探討。讀者可參閱第肆章第一節。

第三節　金融危機對中國的影響

- 經濟成長率

圖 2-6　中國經濟成長率（GDP）：2007 年第一季-2009 年第二季

■ 資料來源："Trading Economics," <http://www.tradingeconomics.com/Economics/ GDP-Growth.aspx?Symbol=CNY> (Accessed March 8, 2011).
■ 製圖：陳奕儒，2011 年 3 月 8 日。

　　中國經濟成長率亦受金融危機衝擊。在經濟大衰退期間連續五季下滑，但卻迅速在 2009 年第一季開始止跌回升。顯示中國經濟受全球金融危機的影響程度不像歐美國家深。自 2009 年本書第肆章針對金融危機對中國的影響有更詳盡的探討。讀者可參閱第肆章第二節。第三季以後迄今請見第四章，圖 4-6。

第四節　金融危機對中美經濟的衝擊

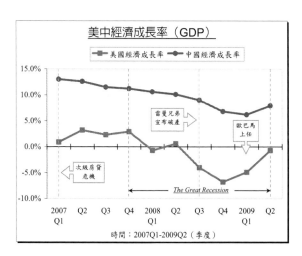

圖 2-7　美中經濟成長率（GDP）：2007 年第一季-2009 年第二季

■ 資料來源：美國經濟成長率：Bureau of Economic Analysis (BEA), U.S. Department of Commerce, <http://www.bea.gov/national/txt/dpga.txt> (Accessed February 18, 2011). 中國經濟成長率："Trading Economics", <http://www.tradingeconomics.com/Economics/GDP-Growth.aspx?Symbol=CNY> (Accessed March 8, 2011).
■ 製圖：陳奕儒，2011 年 4 月 15 日。

　　比對美中經濟成長率可以發現兩者之間有相關聯，因此後續討論中美經濟關係的貿易、國債、匯率。從中可知中美經濟的高度互賴關係。自 2009 年第三季以後迄今請見第四章，圖 4-8。

一、貿易

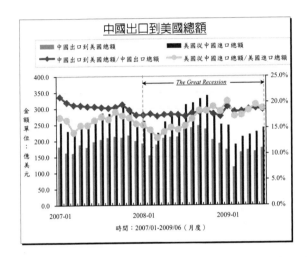

圖 2-8　中國出口到美國總額：2007 年 1 月-2009 年 6 月

- 資料來源：中國出口到美國總額與中國出口總額：「中國海關統計資訊網」，
  <http://www.chinacustomsstat.com/aspx/1/Index.aspx>（檢索日期：2011 年 4
  月 11 日）。美國從中國進口總額與美國進口總額：U.S. Census Bureau,
  <http://www.census.gov/foreign-trade/statistics/historical/exhibit_history.prn>
  (Accessed April 12, 2011). 中出口到美／中國出口總額、美從中進口／美國
  進口總額為作者自行計算。
- 製圖：陳奕儒，2011 年 4 月 12 日。

　　上圖 2-8 為 2007 年 1 月至 2009 年 6 月中國出口到美國總額。
由於中美兩國海關統計方式有差異，故作者將其分成「中國出
口到美國總額」（即中方統計）及「美國從中國進口總額」（即
美方統計）。兩者數量差距雖大，但趨勢卻屬一致。由圖可知，

2008 年 9 月即發生金融危機的當月，中國出口到美國總額達到最高峰後開始下滑。直到 2009 年 3 月才開始回升。足見金融危機對中美貿易亦產生衝擊。此外，由圖亦可知，金融危機後，中國出口到美國總額佔中國出口總額的比例下降。顯示中國將出口轉向其他國家以避險。反觀美國從中國進口總額佔美國進口總額的比例卻上升。顯示美國從中國進口仍持續增加。2009 年第三季以後請見第五章，圖 5-1。

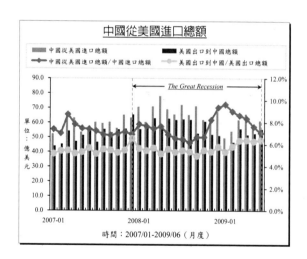

圖 2-9　中國從美國進口總額：2007 年 1 月-2009 年 6 月

- 資料來源：中國從美國進口總額與中國進口總額：「中國海關統計資訊網」，<http://www.chinacustomsstat.com/aspx/1/Index.aspx>（檢索日期：2011 年 4 月 11 日）。美國出口到中國總額與美國出口總額：U.S. Census Bureau, <http://www.census.gov/foreign-trade/statistics/historical/exhibit_history.prn> (Accessed April 12, 2011). 中從美進口／中國進口總額、美出口到中／美國出口總額為作者自行計算。
- 製圖：陳奕儒，2011 年 4 月 13 日。

　　上圖 2-9 為 2007 年 1 月至 2009 年 6 月中國從美國進口總額。與圖 2-8 相同，由於統計方式的差異而分成「中國從美國進口總額」及「美國出口到中國總額」。由圖可知，金融危機之後，中國從美國進口總額漸緩，但降幅小並不像出口大。顯示中國雖受危機影響，但影響不大。另可說是中國「擴大內需」政策奏效。此外，由圖亦可知，金融危機後，中國從美國進口總額佔中國進口總額的比例不降反升，而美國出口到中國佔美國出口總額的比例亦逐漸上升。顯示金融危機之後，美國對中國的經濟依賴加深。2009 年第三季以後請見第五章，圖 5-2。

　　綜上所述，金融危機對中美貿易有衝擊。尤其對中國出口到美國不利。但由中國從美國進口卻可發現，美國對中國的依賴反而加深。

二、國債

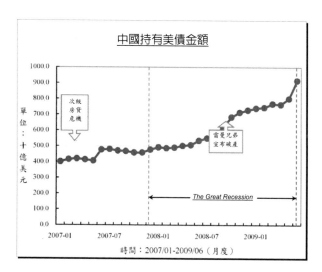

圖 2-10　中國持有美債金額：2007 年 1 月-2009 年 6 月

- 資料來源：U.S. Department of the Treasury, <http://www.treasury.gov/resource-center/data-chart-center/tic/Documents/mfh.txt>, <http://www.treasury.gov/resource-center/data-chart-center/tic/Documents/mfhhis01.txt> (Accessed April 2, 2011).
- 製圖：陳奕儒，2011 年 4 月 8 日。

　　由圖 2-10 可知，經濟大衰退期間，中國持有美債金額持續且大幅攀升。就在發生金融危機的當月，中國超越日本成為美債最大持有國。中國成為美國的頭號債主意義非凡。顯示美國在以復甦經濟為第一要務下，振興方案須大幅舉債。不斷向中國借錢的美國，容易在雙邊關係中流失主動權或向中國作出更多的妥協。

三、匯率

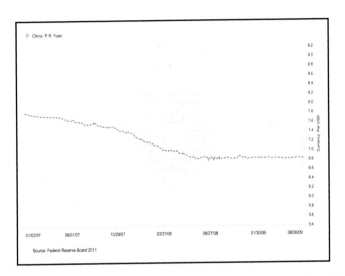

圖 2-11　美元兌人民幣匯率走勢圖：2007 年 1 月 2 日-2009 年 6 月 30 日

■ 資料來源：Board of Governors of the Federal Reserve System, <http://www.federalreserve.gov/datadownload/Chart.aspx?rel=H10&series=40a15acb120950674894978e4f74def9&lastObs=&from=01/01/2007&to=03/31/2011&filetype=csv&label=include&layout=seriescolumn&pp=Download> (Accessed April 4, 2011).

　　由圖 2-11 可知，金融危機之後，人民幣緊盯美元與美元掛鉤。這是北京為保出口優勢的政策。但也成為中美之間分歧的導火線之一。關於中美匯率，本書第伍章有更詳盡的探討，請讀者參閱。

第五節　小結

　　綜合上述，北京與華府的經濟關係十分緊密。傳統上，「零和遊戲」的思維恐怕無法充足的解釋當前的中美關係甚或國際政治。尤其在全球金融危機過後。因此，北京與華府不得不以「共識置於分歧之前」為原則，更積極的展開全面性、實質性的合作關係。若說 911 開啟了雙方合作的新頁，則金融危機奠定了雙方走向更加穩定緊密的合作基石。美國與中國的羈絆日益加深加廣，互賴將他們緊緊綁在一起，過去零和遊戲已然不復返。

應變危機的對策

美國可以通過表明，它願意與中國建立一種讓雙方都獲益的、名副其實的經濟夥伴關係，通過接納中國在全球舞台的上升作用，也可以顯示其真正的領導能力。中國可以向其國民承諾恢復經濟增長和就業，為穩定全球經濟和金融做出貢獻，贏得世界大國應有的尊重。兩國領導人應該超越民族主義情緒，說服其國民認識到，在這個相互依賴的世界上，中美休戚與共[1]。

——艾斯華・派拉薩德（Eswar Prasad）[2]，2009 年。

第一節　華府的對策

曾任聯準會副主席、也是柏南克以前在普林斯頓的同事布蘭德（Alan Blinder）說了以下的故事：

---

[1] Eswar Prasad 著，「當前金融危機對美中經濟關係的影響」，《中國改變世界》，門洪華、任曉主編（杭州：浙江人民出版社，2009 年），頁 191。

[2] Eswar Prasad，康乃爾大學教授、布魯金斯學會高級研究員，曾任國際貨幣基金組織中國辦事處主任。

有一天，一個荷蘭小男孩在回家的路上發現保護當地的堤壩有個小裂縫，他用手指堵住這個裂縫。但是此時，他記起他在學校裡聽到的道德風險課，小孩說：『建造這堤壩的公司工程做得太差了，這樣的公司不值得我拯救，拯救只會鼓勵更多的豆腐渣工程。還有，住在這附近的居民也夠蠢的，他們根本不應居住在洪水可能氾濫的地方。』於是，小男孩繼續趕路回家。但在他還未回到家門，堤壩已經崩潰，把附近的地方、居民──包括這荷蘭小男孩都淹沒了。也許，你也聽過這故事的聯準會版本，一個比較仁慈、比較溫和的版本。在這個故事中，主角荷蘭小孩很擔心、很害怕洪水會氾濫，他只能用他的小手指堵住漏洞，希望支撐到救援抵達。這決定是痛苦的，也沒有成功的保證，而其實這個小男孩也寧可去做別的事，但他還是選擇了這條路；住在堤壩後面的所有人，就免受到別人的錯誤所帶來的傷害，全部得救[3]。

柏南克在大會致詞時曾懇切地呼籲，不單要抱持「以手指堵住漏洞」的心態，還要超越這心態，促請國會為非銀行業界設立具法律效力的解決方案，柏南克說：「一個強而有力的架構將有助於減低系統性風險。」這同時也可舒緩道德風險和回應

---

[3] Sorkin 著；潘山卓譯，《大到不能倒》，頁 277。

「因為太大所以不能讓它倒」的想法，因為這可以降低市場預期政府會為了維持系統穩定性而介入市場。針對非銀行業界設立具法律效力的解決方案，除了可降低不明朗因素外，同時也可降低道德風險，因政府可以有序地處理失敗的企業，處理股票持有人，以及和債權人協商削減債權，處理手法就和商業銀行倒閉大同小異[4]。

道德風險

「道德風險」這個經濟術語大致是說，如果我們掩護隨著高風險投資帶來的失敗後果，隨之而來的可能是這些高風險的投資者更有膽量去尋求更高風險的投資[5]。

一、金融紓困

• 問題資產拯救計畫（Trouble Asset Relief Program, TARP）

關於問題資產拯救計畫的由來，美國紐約時報記者索爾金（Andrew Ross Sorkin）在其著作《大到不能倒》中披露相關故事，茲引述如下：

> 鮑爾森邀請他這兩位年輕顧問參加與柏南克舉行的會議，好使他們能在會上介紹他們共同草擬、針對國家

4　Sorkin 著；潘山卓譯，《大到不能倒》，頁 277-278。
5　Sorkin 著；潘山卓譯，《大到不能倒》，頁 61。

日益不穩的金融體系而制定的意義深遠的機密計畫書。按鮑爾森的要求，他們詳細列出一旦出現金融體系徹底崩潰的情形時，財政部應採取什麼應對方案──每一步驟及措施，以及財政部應尋求哪些新增權力以推行上述方案，好使美國三〇年代大蕭條不會重演。他們的建議書以火災警報器上的字眼命名：「敲碎玻璃──銀行資本重整計畫（Break the Glass: Bank Recapitalization Plan）」，比喻這建議書只適用於事態危急的情況。然而，局勢一天天的發展，卻令這份建議書越來越與現實貼近，而非只是演習性質[6]。

史瓦格和負責國際事務的助理部長凱西卡瑞（Neel Kashkari）把他們春季時準備的、已蒙塵的十頁「敲碎玻璃」計畫再拿出來：在流動性危機出現時，這計畫要求政府介入，從放貸者手中直接購入有毒資產，糾正他們的資產負債表使得他們能繼續放貸。計畫的草擬人知道執行這計畫的複雜性──銀行會拼命捍衛他們資產的價格──但這卻可以減低政府介入銀行的日常運作，這是那些保守派極力主張的[7]。

柏南克吐出一句他前一天對聯準會同事說的話：「貓耳洞裏沒有無神論者，金融危機中沒有道學先生。」他想說服鮑爾森，介入已是必然之路[8]。

6　Sorkin 著；潘山卓譯，《大到不能倒》，頁 118。
7　Sorkin 著；潘山卓譯，《大到不能倒》，頁 504。
8　Sorkin 著；潘山卓譯，《大到不能倒》，頁 515。

　　2008 年 9 月 19 日星期五早上，聲音沙啞、疲憊的鮑爾森慢慢踏上財政部新聞發布室的講台，準備正式宣布名為「問題資產拯救計畫」（Trouble Asset Relief Program, TARP）的救市方案──這是一系列的提供擔保與徹底購入那些「拖垮金融系統、危害經濟的不留動資產」之計畫[9]。

　　2008 年 10 月 3 日，布希總統簽署《二〇〇八年緊急經濟穩定法案》（Emergency Economic Stabilization Act of 2008），規模達七千億美元的「問題資產拯救計畫」（TARP）應運而生。總統宣布：「我們向世界證明，美國將會穩定我們的金融市場，同時會繼續擔當全球經濟的領導角色[10]。」

由上述故事可知，金融危機造成的巨大衝擊，連美國政府也始料未及甚至措手不及。針對美國政府應對金融危機的金融紓困法案、計畫，整理如下。

- **穩定經濟緊急法（Emergency Economic Stabilization Act of 2008, EESA）**

　　美國國會於 2008 年 10 月 3 日通過 7,000 億美元「穩定經濟緊急法」（Emergency Economic Stabilization Act of 2008, EESA）。本

9　Sorkin 著；潘山卓譯，《大到不能倒》，頁 535。
10　Sorkin 著；潘山卓譯，《大到不能倒》，頁 603。

案係 1929 年經濟大蕭條以來最大規模之政府干預行動，主要內容如下[11]：

1. 問題資產紓困計畫（TARP）：政府向金融機構購買 2008 年 3 月 14 日以前之問題房貸資產。

2. 保護住宅所有權，以幫助更多家庭保有房屋。

3. 限制持有問題資產公司主管之待遇，以保障納稅人權益。

4. 國會強力監督，確保資金未被濫用。財政部分次動用授權金額：第一批額度為 2,500 億美元；第二批額度為 1,000 億美元，需俟總統向國會提出書面要求後，才能動用；第三批額度為 3,500 億美元，由國會審議通過後動用。

5. 提高 FDIC 存款保險額度上限，每戶由 10 萬美元提高為 25 萬美元；實施期限至 2009 年 12 月底止（2009 年 5 月 20 日宣布延長至 2013 年 12 月底）。

6. 新增 1,500 億美元之租稅減免，以刺激經濟成長。

● **金融穩定計畫（FSP）**

上述問題資產紓困計畫顯然不足以有效應對金融危機。因此 2009 年 1 月，美國政府針對 TARP 第二階段的 3,500 億美元進行規劃，2 月 10 日財政部公布規模高達 2 兆美元的「金融穩定計畫」（FSP），主要係針對美國出現問題的各個經濟環節提出救援計畫。該計畫包含下列六項[12]：

---

[11] 以下內容引述自陶慧恆著，「第四章 美國之穩定金融措施」，《全球金融危機專輯（增訂版）》，2010 年 3 月，<http://www.cbc.gov.tw/content.asp?mp=1&Cultem=36396>（檢索日期：2011 年 2 月 23 日），頁 82。

[12] 以下內容引述自陶慧恆，「第四章 美國之穩定金融措施」，頁 84。

1. 金融穩定信託
2. 公共與民間投資基金
3. 消費者與企業放款機制
4. 提高資產負債表之透明度與可靠性
5. 支撐房屋市場並防止房屋被查封法拍
6. 小型企業與社區放款機制

表 3-1　美國金融紓困方案要點

美國金融紓困方案要點
• 分階段授權財政部動用 7,000 億美元收購不良資產：立即可動用 2,500 億；總統要求下可追加 1,000 億，其餘 3,500 億需由國會認可動用
• 收購的不良資產包括 2008 年 3 月 14 日前的住宅與商業房貸及相關金融工資
• 授權財政部決定收購資產方式
• 政府將持有受紓困企業股權
• 受紓困企業若倒閉，政府有優先獲清償權利
• 國會成立委員會以監督財政部執行紓困
• 受紓困企業的五位最高主管薪資將受限
• 紓困金額 3 億美元以上企業的主管不得有黃金保護傘
• Fed 可從 2008 年 10 月 1 日起支付銀行準備金利息
• 授權政府為民眾重新談判房貸條件，以減輕查封壓力
• 財政部將為受紓困企業設立保險機制以承保問題貸款
• 政府可在五年後向受紓困企業課稅，以回收損失
• 增列 1,500 億美元中產階級與企業減稅
• 聯邦存款保險上限從 10 萬美元提高到 25 萬美元

■ 資料來源：吳國卿編譯，「美國金融紓困案要點分析」，《經濟日報》，2008 年 10 月 6 日，<http://money.udn.com/html/rpt/rpt100788.html>（檢索日期：2010 年 3 月 22 日）。
■ 製表：吳國卿，2008 年 10 月 6 日。修改：陳奕儒，2010 年 3 月 22 日。

　　上表 3-1 為美國金融紓困方案要點。包括前述提及的法案與計畫。由表可知，美國政府動用大規模紓困金額收購不良資產。此外，這波金融紓困方案亦紓困許多大型企業，包括美國銀行、高盛等知名大型銀行。使得這些曾叱吒風雲的大銀行幾乎歸為國有，前所未見。另外，美國政府對為人詬病的企業「肥貓」也開始進行監督管制。然而，此金融紓困方案的對象主要為大型企業，反而對真正需要幫助的美國人民實效較小。

二、復甦振興

圖 3-1　美國振興經濟方案內容

■ 資料來源：陳澄和、廖玉玲編譯，「美振興案過關 歐巴馬明簽署」，《經濟日報》，2009 年 2 月 15 日，第 A5 版。
■ 製圖：廖玉玲，2009 年 2 月 15 日。

　　上圖 3-1 為美國振興經濟方案內容。由圖可知，美國振興方案主要為擴大多項民生建設，例如教育、基礎建設等。此外亦增加人民的租稅減免，並提高多項社會福利的支出。值得注意

的是，振興方案中能源投資比重高，顯示美國政府對於投資能源的重視。

三、金融改革

表 3-2　美國衆議院金融監管法案重點

美國衆議院金融監管法案重點
管理系統性風險
● 設立跨部會金融服務監管委員會
● 聯準會貨幣政策須接受國會專責機構稽核
● 公司債務權益比率限制為 15：1
● 公司轉投資 100 億美元以上須獲財政部長同意；轉投資 1 千億美元必須獲總統同意
● 高風險公司須每年接受壓力測試
處理問題公司
● 緊急時，FDIC 得擔保破產公司債務，上限 5 千億美元
● 危機時，聯準會可提供融資給企業，總額 4 兆美元
監管銀行和券商
● 放款機構須保留 5% 貸款證券化的額度，在二級債市銷售
監管店頭衍生商品
● 換匯的終端使用者，如航空公司和農業公司，可以不必經過集中清算
設立消費者保護局（CEPA）
保護投資人，抑制主管薪資
管理對沖基金和信評機構
設立聯邦保險局（FIO）

■ 資料來源：劉純佑，「美衆院通金融監管法案」，《工商時報》，2009 年 12 月 13 日，第 A4 版。
■ 製表：蕭美惠，2009 年 12 月 13 日。

表 3-3　美國參議院金融改革法案要點

美參議院金融改革法案要點
保護消費者
• 成立消費者金融保護局，制止掠奪性放貸，監控審查房貸、信用卡等消費性金融產品
• 歧異：在聯準會之外，另成立消費者金融保護署
終結「大到不能倒」
• 政府有權接管並解散大型金融機構，有權開除經營層、歸零既有股東權益。由財政部出資承擔解散過程所需的先期費用
• 歧異：要求成立 1,500 億美元基金，負責解散金融機構
嚴管金融衍生商品市場
• 絕大多數衍生商品必須透過中央、有擔保的交易所交易，並禁止商業銀行經營信用衍生性商品交易部門
• 歧異：未禁止商業銀行經營信用衍生性商品交易
控管金融體系風險
• 成立 9 人的「金融穩定監督委員會」，倚重聯準會監控金融泡沫等系統性風險
• 歧異：眾院要求對聯準會定期查帳，參院僅要求從 2007 年起聯準會所採取的緊急措施查帳
限制銀行自營交易
• 參加存款保險的商業銀行不得使用自有資金從事投機交易，即所謂的「伏克爾原則」
• 歧異：未納入伏克爾原則
保護投資人
• 銀行必須持有部份銷售的複雜證券產品，與投資人共同承擔風險。信評公司將面臨更多競爭，投資人將可控告信評機構
• 歧異：要求銀行對證券產品都要持有一部份，不限於複雜產品；未採用參院版的信評架構

■ 資料來源：夏嘉玲、陳家齊編譯，「歐巴馬再下一城　參院通過金改案」，《聯合報》，2010 年 5 月 22 日，第 A22 版。
■ 製表：夏嘉玲、陳家齊，2010 年 5 月 22 日。

表 3-4 美國參議院金融改革法案要點

金改法案重點	
交換交易的分割	除了利率、匯率交換，銀行必須分割其他衍生性金融商品交易部門。
限制自營交易	銀行不得使用自有資金進行與客戶無關投機交易。
破產清算機制	政府有權清算、接管大型金融機構。
金融消費保護局	規範信用卡、房貸等消費者金融商品業務內容。
金融穩定監督委員會	該組織負責監管金融體系風險並提出警示。
對聯準會的監督	聯準會將接受國會監督，但利率決策不受影響。
銀行主管薪資的監督	避免金融業進行高風險投資。
金融監督	避險基金與私募基金必須註冊。

■ 資料來源：劉千郁編譯，「美參院 60 票：39 票通過金改 專家唱衰難治本」，《自由時報》，2010 年 7 月 17 日，第 A14 版。
■ 製表：劉千郁，2010 年 7 月 17 日。

　　表 3-2 至 3-4 為美國眾議院與參議院提出的金融監管法案重點。美國金融危機調查委員會的報告指出對金融機構監管不力。因此金改案重點為規範銀行金融商品的相關限制、成立金融消費保護局及金融穩定監督委員會、對金融肥貓嚴加看管等。

　　以上關於美國政府對金融危機應變政策的實效，在本書第肆章會有詳盡的討論，請讀者參閱。

第二節　北京的對策

一、四兆紓困

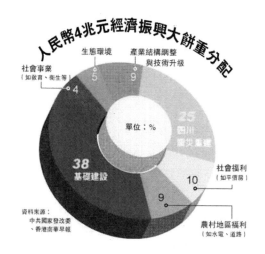

圖 3-2　人民幣 4 兆元經濟振興大餅重分配

- 資料來源：劉煥彥，「大陸基建資金縮水 保八更難」，《經濟日報》，2009 年 4 月 14 日，第 A9 版。
- 製圖：劉煥彥，2009 年 4 月 14 日。

　　圖 3-2 為四兆人民幣振興經濟方案的內容。由圖可知，基礎建設比重最高。若再加上四川震災重建，基礎建設比例高達六成。其餘則偏重於民生項目，例如社會福利、農村福利等。這與上一節美國的振興經濟方案內容有異曲同工之妙。但顯然中國更著重於擴大內需。此外，值得注意的是中國對產業結構調

整與技術升級的重視（比重達 9%）。此可與十二五規劃互相
接軌。

二、擴大內需

表 3-5　大陸振興經濟十大措施

大陸振興經濟十大措施		
	項目	內容
1	加快建設保障性安居工程建設	加大對廉租住房建設支持力度，加快棚戶區改造，實施遊牧民定居工程，擴大農村危房改造試點。
2	加快農村基礎設施建設	加大農村沼氣、飲水安全工程和農村公路建設力度，完善農村電網，加快南水北調等重大水利工程建設和病險水庫除險加固，加強大型灌區節水改造。加大扶貧開發力度。
3	加快鐵路、公路和機場等重大基礎設施建設	重點建設一批客運專線、煤運通道項目和西部幹線鐵路，完善高速公路網，安排中西部幹線機場和支線機場建設，加快城市電網改造。
4	加快醫療衛生、文化教育事業發展	加強基層醫療衛生服務體系建設，加快中西部農村初中校舍改造，推進中西部地區特殊教育學校和鄉鎮綜合文化站建設。
5	加強生態環境建設	加快城鎮污水、垃圾處理設施建設和重點流域水污染防治，加強重點防護林和天然林資源保護工程建設，支持節能減排工程建設。

6	加快自主創新和結構調整	支持高技術產業化建設和產業技術進步，支持服務業發展。
7	加快地震災區災後重建各項工作	
8	提高城鄉居民收入	提高 2009 年糧食最低收購價格，提高農資綜合直補、良種補貼、農機具補貼等標準，增加農民收入。提高低收入群體等社保對象待遇水平，增加城市和農村低保補助，繼續提高企業退休人員基本養老金水平和優撫對象生活補助標準。
9	全面實施增值稅轉型改革	所有行業全面實施增值稅轉型改革，減輕企業負擔人民幣 1,200 億元。
10	加大金融對經濟增長的支持力度	取消對商業銀行的信貸規模限制，合理擴大信貸規模，加大對重點工程、「三農」、中小企業和技術改造、兼併重組的信貸支持，有針對性地培育和鞏固消費信貸增長點。

■ 資料來源：林則宏，「大陸擴大投資 兩年內砸 19 兆元」，《經濟日報》，2008年 11 月 10 日，第 A6 版。金歌著，《2009 金融風暴下的中國》（北京：中國社會科學出版社，2009 年），頁 76-77。
■ 製表：陳奕儒，2011 年 3 月 28 日。

　　表 3-5 為中國振興經濟十大措施。由表可知，中國基礎建設項目幾乎佔了一半。顯見其擴大內需的用意。其他則為民生、產業、生態等的投資。下表 3-6 則為北京應對金融危機的相關措施，請讀者參考。

表 3-6　北京應對金融危機相關措施

時間	應對措施
2008/09/16 起	央行降息
2008/09/19 起	證券交易印花稅調整
2008/10/09 起	存款利息免徵個稅
2008/10/15 起	央行再降息
2008/10/17 起	部署十項措施保經濟
2008/10/21	提高 3486 項商品出口退稅率
第四季度起	加大對中小企業信貸支持力度
2008/10/30 起	央行第三次降息
2008/11/05	擴大內需、促增長十項措施出台，總投資約 4 兆元
2008/11/06	中央財政新增 10 億元支持中小企業信用擔保
2008/11/09	央行加大支持中小企業力度
2008/11/27 起	央行第四次降息
2008/12/17	國務院再推樓市新政
2008/12/23 起	央行第五次降息
2008/12/24	刺激消費和出口七項措施出台
2008 年共新增 280 億元交通基礎設施投資	
2008 年共撥付就業和社會保障資金 1338 億元	
2009 年起	提高糧食收購價格
2009 年	100 億補貼農機具購置
2009/01/01 起	成品油價稅費改革實施

■ 資料來源：上海社會科學院當代中國政治研究中心編，《中國政治發展進程
　 2009 年》（北京：時事出版社，2009 年），頁 245-246。
■ 製表：陳奕儒，2010 年 11 月 23 日。

三、對外投資

　　下圖 3-3 為中國對外投資圖。中國政府鼓勵企業「走出去」
戰略。由圖中可知，東亞、東南亞、澳洲、歐洲、美洲都遍佈
中國企業的投資。

　　詳細檢視此圖可發現，金融危機之後中國對外投資大幅增
加。其中前三大投資（依投資金額高低，單位為美元）分別在
2008 年、2009 年、2008 年。投資類型則分別為收購礦產公司、
石油公司、金融產業。此外，中國對外投資偏重於能源產業
（比重高達 32%），足見北京對於能源安全的重視。圖中亦可看
出，中國對美國的投資多。有趣的是，中國第四大投資即在 2007
年收購美國摩根史坦利（Morgan　Stanley）10%的股權。2007 年
即美國爆發次級房貸危機之時。金融危機後，歐美主要國家舉
債以振興國內疲乏的經濟。然而中國卻反其道而行，對外投資
規模屢屢刷新紀錄。關於此可參見本書第肆章的討論。

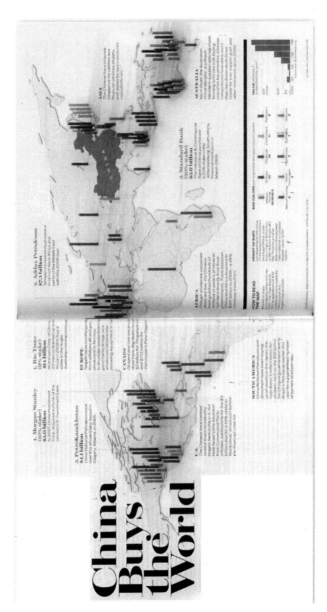

■ 資料來源：Alyssa Abkowitz, "China Buys the World", *Fortune*, October 26, 2009, p.60-61.

圖 3-3　中國對外投資圖

第三節　華府與北京的共同應對

　　2008 年 9 月全球金融危機一發不可收拾。中國國務院副總理王岐山在 12 月的第五次中美戰略經濟對話開幕致詞中表示，共同應對國際金融危機是中美面臨的最緊迫的任務[13]。爾後，中美雙方高層不論在雙邊會晤或國際會議中，皆不斷強調共同應對金融危機的重要。

一、強化國內經濟政策對話與合作

　　2009 年 11 月歐巴馬訪中與 2011 年 1 月胡錦濤訪美的兩份《中美聯合聲明》（全文請參見附錄二、附錄三），應對金融危機採取經貿合作皆為最重要的項目。茲摘錄如下[14]：

　　　　雙方決心共同努力，推動全球經濟實現更加可持續和平衡的增長。為此，雙方注意到彼此強有力和及時的政策措施有助於遏制全球產出下降和穩定金融市場。雙方同意延續現有舉措已確保強健、可持續的全球經濟復甦和金融體系。雙方重申將繼續在宏觀經濟政策領域加強對話與合作。

---

[13] 譚晶晶、孫奕，「王岐山：共同應對金融危機是中美面臨的最緊迫任務」，《新華網》，2008 年 12 月 4 日，<http://news.xinhuanet.com/fortune/2008-12/04/content_10455360.htm>（檢索日期：2011 年 5 月 5 日）。

[14] 「中美聯合聲明」，中華人民共和國外交部，<http://www.fmprc.gov.cn/chn/pds/ziliao/1179/t627468.htm>（檢索日期：2009 年 12 月 9 日）。

　　雙方將進一步加強宏觀經濟政策的溝通和信息交流，共同努力採取調整國內需求和相關價格的政策，促進更加可持續和平衡的貿易與增長。中方將繼續落實政策，調整經濟結構，提高家庭收入，擴大內需，增加消費對國內生產總值的貢獻，改革社會保障體系。美國將採取措施提高國內儲蓄占國內生產總值的比重，推動可持續的、非通貨膨脹式的增長。為此，美方致力於將聯邦預算赤字降到一個可持續發展的水平並採取措施鼓勵私人儲蓄。雙方將採取前瞻性的貨幣政策，並適當關注貨幣政策對國際經濟的影響。

　　雙方認識到開放貿易和投資對本國經濟和全球經濟的重要性，並致力於共同反對各種形式的保護主義。雙方同意本著建設性、合作性和互利性的態度，積極解決雙邊貿易和投資的爭端。雙方將加快《雙邊投資協定》談判。雙方承諾推動多哈發展回合在二○一○年達成一個積極、富有雄心、平衡的最終成果。

2011 年 1 月的聲明中，進一步詳細寫出具體合作項目，摘錄如下[15]：

23. 為推進中美兩國和世界經濟強勁、可持續、平衡增長，雙方同意加強宏觀經濟政策與合作：

---

[15] 「中華人民共和國與美利堅合眾國聯合聲明」，中華人民共和國外交部，<http://www.fmprc.gov.cn/chn/pds/gjhdq/gj/bmz/1206_22/1207/t788163.htm>（檢索日期：2011 年 4 月 26 日）。

(1) 美國將重點減少中期聯邦赤字，確保長期財政可持續性，並對匯率過度波動保持警惕。美聯儲近年來已採取重要步驟增強其傳遞未來展望和長期目標的清晰度。

(2) 中國將繼續加大力度擴大內需，促進服務部門的私人投資，更大程度地發揮市場在資源配置中的基礎性作用。中國將繼續堅持推進人民幣匯率形成機制改革，增強人民幣匯率彈性，轉變經濟發展方式。

(3) 雙方同意繼續實施前瞻性貨幣政策並關注其對國際經濟的影響。

　　兩國支持歐洲領導人為增強市場穩定性和促進可持續長期增長做出的努力。

24. 雙方認識到開放的貿易和投資對促進經濟增長、創造就業、創新和繁榮的重要意義，重申將採取進一步措施推進全球貿易和投資自由化，反對貿易和投資保護主義。雙方也同意願本著建設性、合作性和互利性的態度，積極解決雙邊貿易和投資爭端。

27. 中方將堅持保護知識產權，包括進行審計以確保各級政府機關使用正版軟件，並依法公布審計結果。中國的創新政策與提供政府採購優惠不掛鉤。美方歡迎中方同意在世界貿易組織政府採購委員會二〇一一年最後一次會議前提交一份強有力的新的修改出價，其中包括次中央實體。

28. 兩國領導人認識到培育開放、公平和透明的投資環境對兩國經濟和世界經濟的重要性，重申雙方繼續致力

於推進雙邊投資協定談判。雙方認識到成功的雙邊投資協定談判將通過促進和保護投資，為雙方投資者增強透明度和可預見性，支持開放的全球經濟。中方歡迎美方承諾通過中美商貿聯委會以一種合作的方式迅速承認中國市場經濟地位。中方歡迎中美雙方討論美國正在推進的出口管制體系改革，以及在符合美國國家安全利益的前提下這一改革對美向包括中國在內的主要貿易夥伴出口的潛在影響。

29. 雙方進一步認識到雙邊商貿關係廣闊和強有力的特點，包括此訪所達成的合同，雙方歡迎雙邊商貿關係經濟上的互利性。

31. 雙方認識到企業在兩國基礎建設中發揮積極作用的潛力，並願加強在這一領域的合作。

32. 雙方承諾深化在金融部門投資和監管領域的雙邊和多邊合作，在符合審慎監管並與國家安全要求一致的情況下，支持為金融服務和跨境證券領域營造開放的投資環境。美方承諾確保「政府支持企業」具有足夠資本和能力以履行其財務責任。

33. 中美雙方認同納入特別提款權的貨幣應僅為在國際貿易和金融交易中廣泛使用的貨幣。鑒此，美方支持中方逐步推動將人民幣納入特別提款權的努力。

　　從北京與華府強調「建設全面互利的經濟夥伴關係」[16]，可見雙方經濟互賴之深更甚以往。

---

[16] 「中華人民共和國與美利堅合眾國聯合聲明」，中華人民共和國外交部。

二、深化國際經濟體系改革與合作

雙方積極評價二十國集團三次金融峰會在應對國際金融危機方面所發揮的重要作用，願與二十國集團其他成員一道努力提高作為國際經濟合作主要論壇的二十國集團的效力。雙方同意共同努力，包括通過合作推動二十國集團的「相互評估進程」，推動二十國集團「為了實現強有力、可持續、平衡增長框架」取得成功。雙方歡迎二十國集團近期達成的共識，即確保國際金融機構享有充分資源，改革其治理機制以提高國際金融機構的可信性、合法性和有效性。雙方強調應及早落實國際金融機構份額和投票權量化改革目標，按照匹茲堡峰會領導人聲明增加新興市場和發展中國家在這些機構中的發言權和代表性。雙方同意共同加強這些國際金融機構的能力，以防範和應對未來的危機[17]。

34. 雙方承諾致力於加強全球金融體系和改革國際金融框架。雙方將繼續強有力的合作以提高國際貨幣基金組織和多邊開發銀行的合法性和有效性。為實現聯合國千年發展目標，雙方將共同促進國際社會援助發展中國家、特別是最不發達國家的努力。雙方還將與多

---

[17] 「中美聯合聲明」，中華人民共和國外交部。

邊開發銀行協作，尋求合作支持包括非洲在內的全球減貧、發展和區域一體化，為包容和可持續的經濟增長做出貢獻。

35. 雙方重申支持二十國集團強勁、可持續和平衡增長框架，重申在二十國集團首爾峰會公報中的承諾，包括採取一系列措施鞏固全球經濟復甦、減少過度外部失衡並將經常賬戶失衡保持在可持續水平。雙方支持二十國集團在國際經濟和金融事務中發揮更大作用，並承諾加強溝通協調，落實二十國集團峰會承諾，推動夏納峰會取得積極成果[18]。

關於中美在國際金融體系的改革與合作，本書第柒章有更詳盡的探討，請讀者參閱。

第四節　小結

雙方都看到，中美兩國間的經濟關係從未像今天這樣密切。據中方統計，兩國互為第二大貿易夥伴，雙邊貿易額由建交時不足 25 億美元躍升至 2010 年的 3853 億美元，增長了 150 多倍。中國已連續 9 年成為美國增長最快的主要出口市場。據美方統計，2010 年美國對華出口同比增長 23.2%，遠高於美 20.6%的對外出口平均增幅。

---

18 「中華人民共和國與美利堅合眾國聯合聲明」，中華人民共和國外交部。

美國 50 個州中，有 40 個州的前五大出口市場包括中國。在投資領域，兩國間的關係也越來越密切。加入世貿組織 10 年來，中國承諾開放的 100 個服務業部門均有美國企業投資。截至 2010 年底，美對華投資項目累計 5.9 萬多個，實際投入 652.23 億美元。與此同時，中國企業對美投資也在快速增長。截至 2011 年 11 月底，中國企業對美非金融類直接投資超過 44 億美元，在美中資企業達到 1300 多家[19]。

● 危機解決方案互補

誠如上述引文，中美經濟關係在金融危機後的互賴超越以往。對照北京與華府祭出的經濟政策，其中的互補不禁令人驚訝並莞爾一笑。尤其在振興經濟方案，美國力求擴大出口，中國則力求擴大內需。2008 年 11 月 4 日歐巴馬宣布當選美國總統，北京旋即在 11 月 5 日宣布四兆人民幣擴大內需十項措施。的確為送給美國新任總統歐巴馬的大禮。此外，知名經濟學者陶冬說 "This is the beginning of the end of an era for China as the world's factory." [20]北京擴大內需政策，不僅穩定中美關係，更幫助自身經濟結構轉型，以逐步完成十二五規劃中的目標。

---

[19] 中國國際問題研究所，「登高望遠 開啟中美合作夥伴關係新篇章」，《求是》，2011 年第 6 期，2011 年 3 月 16 日，頁 46。

[20] Dong Tao(陶冬), Chief Asia Economist For Credit Suisse. Neel Chowdhury, "The China Effect," *Time*, April 25, 2011, p.46.

● 北京主導權增加

　　金融危機之後，美國更加依賴中國。北京牢記孫子曰：「昔之善戰者，先為不可勝，以待敵之可勝[21]。」中的累積實力與「善戰者，致人而不致於人[22]。」中的掌握主動權精髓。以此牽制美國，獲得中美關係裡更多的主導權。另外，近來正值中共第五代政權（2013 年）將銜接交替的模糊地帶，急需穩固政權。孫子云：「道者，令民與上同意也，故可與之死，可與之生，民弗詭也[23]。」因此，中國日益強大，愈有大國作為，民族自尊心愈強，更能鞏固中共領導政權。

---

[21] 吳仁傑注譯，《新譯孫子讀本》（台北市：三民書局，2009 年），頁 25。

[22] 吳仁傑注譯，《新譯孫子讀本》，頁 37。

[23] 吳仁傑注譯，《新譯孫子讀本》，頁 4。

應變對策的實效

當前仍充斥諸多風險。其中最危險之處莫過於人們太快就自我感覺良好[1]。

——美國財政部長蓋特納（Timothy F. Geithner），2009 年。

行百里者半九十[2]。

——中國國務院總理溫家寶，2010 年。

前一章探討華府與北京對於金融危機的對策，發現雙邊危機解決方案互補且北京因此主動權增加。本章接續討論華府與北京對策的實效。除了由正反兩面各自檢視，並評估雙邊實力的消長情況。

1　美國財政部長蓋特納警告全球經濟仍存在不少風險，他呼籲大家不可掉以輕心。
　　參見「時人時語」，《中國時報》，2009 年 10 月 7 日，第 A2 版。
2　溫家寶談中國走過金融風暴。語出西漢‧劉向《戰國策‧秦策五》。參見王銘義，
　　「以屈原詩明志　溫誓言再戰三年」，《中國時報》，2010 年 3 月 15 日，第 A15 版。

第一節　華府的實效

　　自金融危機以來，阻止經濟持續崩盤、防止 1930 年代經濟大蕭條重現，無疑是華府最重要的任務。美國全國經濟研究局（National Bureau of Economic Research，簡稱 NBER）判定始於 2007 年 12 月的經濟大衰退，已於 2009 年 6 月告一段落[3]。對於華府而言不失為好消息。然而，金融危機為美國帶來的負面影響仍多於正面影響，茲敘述如下。

一、正面影響

　　華府一系列的經濟危機解決方案初步看來已發揮成效，自經濟大衰退結束後開始止跌回升。此外，金融危機雖然重創美國，卻可以從中看出美國社會反省能力強且自我調整的步伐快。

經濟止跌回升

　　2009 年 8 月，美國聯邦準備理事會（Fed）表示美國經濟活動或仍將疲軟一段時日，但已開始回穩，顯示經濟衰退最糟糕的狀況已經結束[4]。聯準會主席柏南克（Ben S. Bernanke）指出，自 1930 年代大蕭條以來最嚴重經濟衰退很可能已經結束。此為

---

[3]　編譯盧永山，「NBER：美經濟衰退 去年六月已結束」，《自由時報》，2010 年 9 月 21 日，第 A12 版。

[4]　黃文正，「Fed：最糟情況已過 低率確保復甦」，《中國時報》，2009 年 8 月 14 日，第 A20 版。

美國近兩年陷嚴重衰退以來，他對經濟最正面的評估[5]。關於經濟大衰退後迄今的美國經濟（GDP）成長率，請參見下圖 4-1。

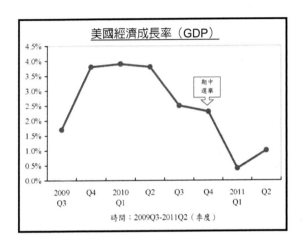

圖 4-1　美國經濟成長率（GDP）：2009 年第三季-2011 年第二季

■資料來源：Bureau of Economic Analysis (BEA), U.S. Department of Commerce, <http://www.bea.gov/national/xls/gdpchg.xls> (Accessed September 20, 2011).
■製圖：陳奕儒，2011 年 9 月 20 日。

　　由上圖 4-1 可知，2009 年第三季迄今的經濟成長率呈正向成長（從 2009 年第三季開始轉負為正，此前可參見圖 2-4）。原因為消費者支出以及新屋建築投資增加[6]。美國總統歐巴馬的 7870 億美元振興方案有助於經濟成長，尤其是政府對汽車和房

5　傅依傑，「金融海嘯以來最樂觀評估　柏南克：美經濟衰退結束」，《聯合報》，2009 年 9 月 17 日，第 AA2 版。
6　諶悠文，「美 GDP 成長 3.5%　可望走出衰退」，《中國時報》，2009 年 10 月 30 日，第 A2 版。

屋銷售的補貼[7]。2010 年第一季成長的主因為個人消費支出和出口增加，但各州與地方政府支出與進口增加則拖累 GDP 數據[8]。第二季持續下滑導因於貿易赤字擴大、消費支出減緩。且因失業率居高不下，加上政府振興措施結束，經濟復甦腳步放緩[9]。受惠於消費支出增加，第三季經濟成長高於第二季。股市反彈讓消費者恢復支出信心，消費支出占美國經濟產值的近七成[10]。2011 年第一季經濟成長率下跌，美國商務部表示主因為汽油價格上升及政府支出下滑[11]。2011 年年初阿拉伯世界茉莉花革命導致中東政局不穩，造成原油價格上揚。然而風波已逐漸平息。綜上所述美國經濟恢復正向成長不致繼續惡化。但經濟仍嚴峻，可見後續討論。

　　金融危機重挫美國經濟，美國衰退的說法四起。但英國倫敦國際戰略研究所（The International Institute for Strategic Studies, 簡稱 IISS）於 2009 年 9 月 15 日（金融危機滿周年）發表研究報告表示，美國在此金融危機中遭受重創，但卻沒有動搖其世界頭號強權地位。美國的銀行體系或已癱瘓、甚至瀕臨破產，但這次崩潰，卻顯示出美國為因應危機所能動用的龐大資源；美

---

[7]　編譯田思怡，「擺脫經濟衰退 美第三季經濟正成長 3.5%」，《聯合報》，2009 年 10 月 30 日，第 A1 版。

[8]　黃文正，「美國第一季 GDP 年增率 3.2%」，《中國時報》，2010 年 5 月 1 日，第 A17 版。

[9]　編譯劉千郁，「美第二季 GDP 成長減緩 只達 2.4%」，《自由時報》，2010 年 7 月 31 日，第 A18 版。

[10]　編譯盧永山，「美 Q3 經濟成長率 略高上季」，《自由時報》，2010 年 10 月 30 日，第 A14 版。

[11]　編譯羅倩宜，「美首季 GDP 成長 1.8% 低於預期」，《自由時報》，2011 年 5 月 27 日，第 A10 版。

國在其他國家、包括其敵人眼中，將維持身為強權不可或缺的重要性[12]。此外，軟實力之父奈伊（Joseph S. Nye）亦表示，現在就對金融危機對美國實力產生的長遠影響下定論還為時過早。因為美國的勞動力市場靈活、受教育程度高、政治穩定以及鼓勵創新，因此在世界經濟論壇的世界最具競爭力排名中，美國經濟仍排在第二位[13]。

據此，金融危機雖衝擊美國甚鉅，但若因此判定美國將一蹶不振，恐怕有違事實。然而另一方面，若不願正視美國經濟嚴峻的情況，而一錘定音美國仍將長期維持過去不容動搖的超強霸權地位，恐怕也有失公允。

二、負面影響

雖然經濟大衰退已經宣告結束，但是仍然對美國經濟造成短期內難以痊癒的後遺症。經濟嚴峻迫使美國削減軍事預算。以下茲從經濟、軍事層面探討金融危機對美國形成的負面影響。

經濟嚴峻

針對華府一系列對策，著名經濟學家史迪格里茲（Joseph E. Stiglitz）在其著作《失控的未來》中表示：「歐巴馬振興經濟方

---

[12] 編譯鄭寺音，「金融危機重創　美仍是超強一哥」，《自由時報》，2009 年 9 月 16 日，第 A14 版。

[13] Joseph S. Nye, Jr.在中國復旦大學社會科學高等研究院的演講。請參見「金融危機後的中美實力」《新華網》(北京)，2010 年 12 月 27 日，<http://big5.xinhuanet.com/gate/big5/news.xinhuanet.com/observation/2010-12/27/c_129199 91.htm>（檢索日期：2011 年 6 月 3 日）。

案的增加政府支出（歐巴馬上台後的首要成就之一）確實發揮了功效，但也只能夠讓問題不致繼續惡化[14]。」由美國失業率居高不下、國債屢創新高、預算赤字攀升可知，美國經濟仍然嚴峻。下圖 4-2 為 2009 年 7 月至 2011 年 5 月的美國失業率。

● **失業率居高不下**

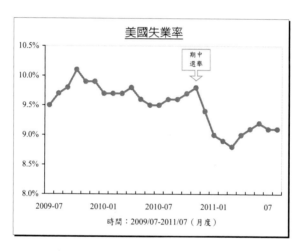

圖 4-2　美國失業率：2009 年 7 月-2011 年 7 月

■ 資料來源：Bureau of Labor Statistics, United States Department of Labor, <http://data.bls.gov/timeseries/LNS14000000> (Accessed September 20, 2011).
■ 製圖：陳奕儒，2011 年 9 月 20 日。

　　上圖 4-2 顯示走出經濟大衰退的美國，失業率下降速度卻仍然緩慢（2009 年 7 月之前的失業率可參見圖 2-5）。2009 年 9 月

14　Joseph E. Stiglitz 著；姜雪影、朱家一譯，《失控的未來：揭開全球中產階級被掏空的真相》（台北市：天下遠見出版，2010 年），頁 62。

美國勞工部就業報告顯示，經濟雖已慢慢掙脫衰退，但失業率不僅沒有下降，反而飆高。20 歲以下年輕人失業率更高達 25.5%，創統計以來最高紀錄[15]。2009 年 10 月，10.2%失業率為 1983 年 4 月雷根政府時期以來最高。儘管歐巴馬政府強調推出刺激經濟方案以來，已創造或挽救 64 萬工作；但至 2009 年 10 月美國失業人口卻高達 1500 萬[16]。對照美國經濟成長率，2009 年第三、四季連續成長，失業率卻不降反增。GDP 帶不動就業，原因一是衰退的陰影太大，很多企業寧願先增加資本投資，而非人力投資。其次是政府赤字大增，有通貨膨脹的隱憂。三是健保改革尚未定案，企業在健保成本未定，所以暫緩雇用[17]。

　　進入 2010 年，失業率開始略微下滑。3 月失業率雖為 9.7%，但就業人數增加 16 萬 2 千名，為 2007 年 3 月次貸危機以來之最[18]。6 月失業率降至 9.5%，卻遭批評為假象。主因為美國政府臨時僱用到期，加上房市及製造業持續走疲，非農就業人口減少[19]。8 月失業率小幅攀升，新增僱用人數仍然趕不上裁員速度，不過就業市場下滑趨勢已有緩和[20]。為了拉抬 2010 年 11 月

---

15 潘勛，「20 歲以下美國人　失業率創新高」，《中國時報》，2009 年 9 月 6 日，第 A2 版。

16 傅依傑，「1500 萬人沒工作　美失業率破 10% 26 年來最高」，《聯合報》，2009 年 11 月 7 日，第 A1 版。

17 劉屏，「經濟回春難救失業　選民轉向」，《中國時報》，2010 年 2 月 2 日，第 A3 版。

18 潘勛，「美 3 月就業增　歐巴馬：走出谷底」，《中國時報》，2010 年 4 月 4 日，第 A2 版。

19 編譯羅倩宜，「美失業率 9.5% 被披假象」，《自由時報》，2010 年 7 月 5 日，第 A14 版。

20 編譯羅倩宜，「美八月失業率　小幅攀升」，《自由時報》，2010 年 9 月 4 日，第 A14 版。

期中選舉選情，歐巴馬政府推出新一輪經濟振興方案包括減稅措施與增加基礎建設[21]。並在 11 月 3 日宣布實施金額達 6000 億美元的第二輪量化寬鬆（QE2）政策[22]。此後，失業率漸有明顯下降。

　　2010 年 12 月、2011 年 1 月，美國失業率降低 0.8 個百分點，是半個世紀以來最大雙月減幅，路透分析這樣的速度仍不足以支撐經濟成長[23]。雖然 2011 年上半年失業率漸趨和緩，但根據一份研究報告，美國大學畢業生起薪的中間值由 2006-2008 年的 30,000 美元降至 2009-2010 年的 27,000 美元，大幅削減 10%。與 2006-2007 年畢業生 90%可以找到工作相比，2010 年畢業生卻只有 56%可以在 2011 年春季找到工作[24]。2011 年 6 月失業率再度攀升至 9.2%，6 月失業人口達 1410 萬，其中有 630 萬人失業超過半年以上[25]。居高不下的失業率顯示美國經濟復甦緩慢，總統歐巴馬甚至說「緩慢得讓人痛苦（painfully slow）」[26]。民眾對高失業率感觸直接且深刻，除了反應在選舉上，更反映其生活仍未見明顯改善。

21　編譯劉千郁，「美救失業 本週宣布振興方案」，《自由時報》，2010 年 9 月 5 日，第 A12 版。

22　蔡鵑如，「狂印 6 千億 印美鈔救經濟」，《中國時報》，2010 年 11 月 5 日，第 A1 版。

23　編譯羅倩宜，「美失業率 9% 新增就業人口 低於預期」，《自由時報》，2011 年 2 月 5 日，第 A8 版。

24　Catherine Rampell, "The U.S. chemistry major is tending bar --- and could be stuck there," *International Herald Tribune*, May 20, 2011, p.17.

25　Christine Hauser, "Slow growth in jobs trims hopes for U.S. revival," *International Herald Tribune*, July 9-10, 2011, p.1.

26　編譯田思怡，「歐巴馬談經濟 『復甦慢得痛苦』」，《聯合報》，2010 年 9 月 12 日，第 A13 版。

● 國債屢創新高

除了失業率居高不下外，金融危機後美國國債屢創新高。
下圖 4-3 為 2007 年 1 月至 2011 年 8 月美國國債。

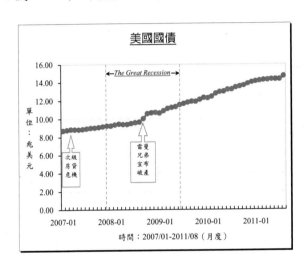

圖 4-3　美國國債：2007 年 1 月-2011 年 8 月

■ 資料來源：Bureau of the Public Debt, U.S. Department of the Treasury, <http://www.treasurydirect.gov/govt/reports/pd/mspd/mspd.htm> (Accessed September 21, 2011).
■ 製圖：陳奕儒，2011 年 9 月 21 日。

由上圖 4-3 可知，金融危機後美國國債增幅與增速加快。
2007 至 2009 年，美國國會曾四度上修國債上限，但顯然趕不上
國債增加速度[27]。美國財經評論家法雷爾（Chris Farrell）撰文指

27　蔡鵑如，「美國債台高築　逼近 12.1 兆上限」，《中國時報》，2009 年 9 月 18 日，第 A2 版。

出，短期來看，美國當前的財政處境主要反映對抗 70 年來最嚴重經濟衰退的代價。長期來看，債台高築的聯邦政府，最大的財政隱憂是社會安全制度、聯邦醫療保險，以及聯邦和州政府共同維持的醫療補助（Medicaid）[28]。2010 年 6 月 1 日美國國債突破 13 兆美元[29]，參議院少數黨領袖麥康諾（Mitch McConnell）發表聲明表示，國債衝破 13 兆美元是有史以來首次跨越的可怕門檻。紀錄片「巴菲特報告」（I.O.U.S.A.）導演韋格金（Addison Wiggin）表示，現在不論政府例行運作、伊拉克和阿富汗戰爭或經濟振興法案，全是舉債度日，導致國債快速增加[30]。7 個月後，2010 年 12 月 31 日，美國國債再創新高突破 14 兆美元。在 2010 年期中選舉獲勝的共和黨揚言杯葛提高舉債上限的修法提案[31]。

2011 年 5 月 16 日，美國聯邦政府舉債規模達到 14.3 兆美元上限。財政部官員已開始採取行動，以複雜的會計作帳手法延後政府爆發債務違約的時間，但也只能增加 11 週的緩衝期。白宮與國會議員必須在 2011 年 8 月 2 日前達成提高舉債上限的協議，否則美國政府將破天荒開始付不出利息給政府公債持有人，並造成政府慢速局部關閉[32]。2011 年 5 月 31 日，美國眾議

---

[28] 陳文和，「美國債攀高 徵加值稅聲聲催」，《中國時報》，2010 年 3 月 8 日，第 A2 版。

[29] Bureau of the Public Debt, U.S. Department of the Treasury, "The Daily History of the Debt Results," <http://www.treasurydirect.gov/NP/NPGateway> (Accessed July 11, 2011).

[30] 「首次跨越可怕門檻 美國債衝破 13 兆」，《聯合報》，2010 年 5 月 28 日，第 A21 版。

[31] 編譯張佑生，「美國債破 14 兆 不修法恐破產」，《聯合報》，2011 年 1 月 5 日，第 A13 版。

[32] 諶悠文，「舉債逼近上限 美政府恐停擺」，《中國時報》，2011 年 5 月 18 日，第 A12 版。

院否決將 14.3 兆美元的舉債上限調升至 16.7 兆美元[33]。美國既深陷國債問題也掉入政治僵局，經濟復甦挑戰重重。

美國國債屢創新高加以政治僵局窘境下，權威信評機構標準普爾（Standard & Poor's）在 2011 年 4 月 18 日宣稱開始懷疑美國政府的償債能力。這是 70 年來首度出現對美國的示警。國際貨幣基金組織（International Monetary Fund, IMF）更以曾用於對貧窮國家的輕蔑言語來譴責美國缺乏「值得信賴的戰略（credible strategy）」以穩定債務[34]。隨後，標準普爾首度將美國主權信評長期展望下調為負向[35]。繼標準普爾之後，穆迪（Moody's Investors Service）與惠譽（Fitch Ratings）也相繼發出警告，如果美國國會在 2011 年 8 月初未能就提高舉債上限與政府達成協議，可能調降美國 AAA 級主權債信評等，屆時可能對美國、全球經濟和金融市場帶來衝擊[36]。

美國國債已達 14.3 兆美元，是 2010 年國內生產總值（GDP）的 97%。這還不算聯邦政府欠地方政府的 3 兆，也不算地方政府養老金短缺的 1 兆[37]。此外，加州、紐約州和若干大州也出現債務超出負荷的跡象，例如：預算無法平衡，債務得靠會計帳目來掩飾，必須利用金融衍生商品來彌補債務黑洞，還有大

---

[33] 編譯劉千郁，「美眾院否決舉債上限升至 16.7 兆美元」，《自由時報》，2011 年 6 月 2 日，第 A12 版。

[34] Sebastian Mallaby, "You Are What You Owe Why power built on debt is no power at all," *Time*, May 9, 2011, pp.24 & 26.

[35] 劉永祥、編譯于倩若，「史上第一次　美債信展望調負向」，《聯合報》，2011 年 4 月 20 日，第 A5 版。

[36] 編譯盧永山、劉千郁，「美債危機　惠譽警告降評等」，《自由時報》，2011 年 6 月 10 日，第 A7 版。

[37] 林中斌，「美國重返東亞？」，《聯合報》，2011 年 5 月 12 日，第 A4 版。

批退休公務員等著支領退休金，而州政府卻愈來愈難以支應[38]。
據統計，美國各州和市政府目前總計發行價值約 2.8 兆美元的
流通在外債券。估計各州和市政府光是須支付的退休金，缺口
可能就多達 3.5 兆美元[39]。美國聯邦政府與地方政府皆負債累
累，加上民眾儲蓄率低甚至也多舉債度日，債務嚴重拖累經濟
復甦。

• 預算赤字攀升

　　金融危機後美國失業率、國債居高不下之外，預算赤字也
持續攀升。預算赤字（Budget Deficit）是指一個政府的預算總收
入低於總支出，在會計核算會以紅字處理而得稱[40]。2009 年會
計年度聯邦政府預算赤字為 1.4 兆美元，相當於美國國內生產總
額（GDP）的 10%。此為 2008 年 0.459 兆美元赤字的 3 倍，創
下 1945 年以來新高。主因是財政稅收減少、政府大手筆「紓
困」金融體系、以及擴大支出振興經濟[41]。2010 年會計年度預算
赤字縮小為 1.29 兆美元。與 2009 年 1.4 兆相比減少 9%，主因為
稅收增加、金融紓困貸款減少。但仍佔 GDP 的 8.9%[42]。2011 年
會計年度將在 2011 年 9 月底結束，據歐巴馬的預算案估計，預

---

38 諶悠文，「美多州債台高築 恐步希臘後塵」，《中國時報》，2010 年 4 月 1 日，第
　　A2 版。
39 黃文正，「美國各州債台高築 拉警報」，《中國時報》，2010 年 12 月 6 日，第
　　A8 版。
40 「美國預算赤字」，《聯合報》，2011 年 4 月 15 日，第 A20 版。
41 鍾玉玨，「美預算赤字一‧四兆 創新高」，《中國時報》，2009 年 10 月 18 日，第
　　A2 版。
42 編譯劉千郁，「2010 會計年度 美預算赤字 縮減為 1.29 兆美元」，《自由時報》，
　　2010 年 10 月 17 日，第 A16 版。

算赤字將達 1.65 兆美元，佔 GDP 的 10.9%，可能創下歷史新高紀錄[43]。圖 4-4（見 78 頁）則為總統歐巴馬 2012 年預算案，預估總收入為 2.6 兆美元，總支出為 3.7 兆美元，而預算赤字仍將高達 1.1 兆美元。

　　龐大的預算赤字其來有自。這場隱約浮現的經濟災難原因清單很長：經濟繁榮時減稅與消費熱潮；金融危機時浪費稅收與大規模支出；伊拉克與阿富汗兩個冗長戰爭[44]。面對屢創紀錄的預算赤字，2011 年 2 月美國總統歐巴馬委任跨黨派成立「國家財政責任與改革委員會」（National Commission on Fiscal Responsibility and Reform），由共和黨前參議員辛普森（Alan Simpson）和柯林頓政府的白宮幕僚長包爾斯（Erskine Bowles）出任共同主席[45]。該委員會提出削減計畫，建議政府在 2015 年前透過刪減社會福利、國防支出並調整稅率節省 4 兆美元支出，以將赤字佔 GDP 比重降至 2.2%[46]。這些建議成為日後總統歐巴馬減赤計畫的藍圖。

　　削減赤字的解決之道為增加稅收或減少支出。然而，執政的民主黨在 2010 年 11 月期中選舉失利，在野的共和黨重掌眾議院主控權。共和黨堅持不增稅，民主黨則捍衛支出。因此與前述美國國債舉債上限問題相同，聯邦政府預算案也面臨政治僵

---

43 尹德瀚，「美預算赤字 1.65 兆 創歷史新高」，《中國時報》，2011 年 2 月 15 日，第 A11 版。

44 Michael Crowley, "The Sacred Cows," *Time*, December 13, 2010, p.29.

45 蔡鵑如，「美削減赤字 目標 10 年 3.8 兆美元」，《中國時報》，2010 年 11 月 12 日，第 A18 版。

46 陳穎芃，「省下 4 兆美元降赤字 美提案大砍支出」，《工商時報》，2010 年 11 月 12 日，第 A8 版。

局。2011 年 2 月 19 日，眾議院在政黨惡鬥、不顧總統歐巴馬已揚言否決的情況下，強行通過美國現代史上最大的支出刪減案，從數以百計的聯邦計畫中大刪 610 億美元[47]。由於法案須送交民主黨主掌的參議院，故形成兩院對峙僵局，聯邦政府瀕臨關閉。參議院多數黨領袖芮德（Harry Reid）甚至表示兩黨之間「阻礙協議的唯一事項就是意識形態」[48]。最後兩黨各讓一步，同意將 2011 年 9 月底結束的 2011 年預算刪減 385 億美元[49]。但未來尚有 2012 會計年度預算案與提高美國舉債上限額度須要兩黨協商。然而，2012 年適逢總統大選，預算赤字可能再度成為共和黨抨擊民主黨的議題。除了考驗兩黨政治利益，真正的考驗是美國能否擺脫政治僵局而逐步脫離年復一年節節攀升的赤字危機。

　　持續增加的預算赤字衝擊美國國內經濟外，也削弱對外影響力。《紐約時報》認為，龐大的預算赤字可能改變政治版圖，以及美國在全球的影響力。除非未來十年，經濟出現神奇的成長或令人驚奇的政治妥協，歐巴馬與繼任者將無餘力從事任何內政發展計畫，美國恐步上日本「失落十年」後塵，在世界舞台由盛轉衰[50]。總統歐巴馬的首席經濟顧問桑默斯（Lawrence

---

47 編譯羅彥傑，「美史上最大減支 聯邦政府 3 月恐關門」，《自由時報》，2011 年 2 月 20 日，第 A12 版。

48 劉永祥，「今午最後期限 美聯邦政府瀕臨關閉」，《聯合報》，2011 年 4 月 9 日，第 A1 版。

49 尹德瀚，「大限前達協議 美政府不打烊」，《中國時報》，2011 年 4 月 10 日，第 A10 版。

50 黃文正，「美向富人、大企業增稅 難補赤字」，《中國時報》，2010 年 2 月 3 日，第 A2 版。

Summers）在進入白宮前常問：「世界最大的借款國，能保持為世界最大強國多久？」中國持有美國最多外債，曾公開關切美國赤字問題[51]。

51　編譯莊蕙嘉，「美赤字 1.56 兆美元　影響國力」，《聯合報》，2010 年 2 月 3 日，第 A14 版。

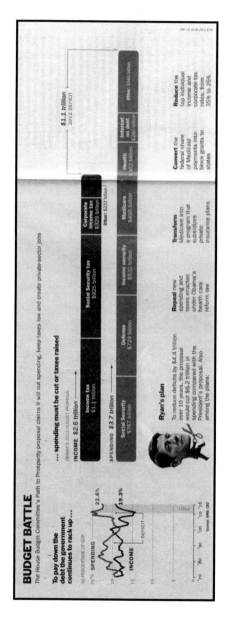

圖 4-4　美國政府預算大戰

■ 資料來源：Michael Crowley and Jay Newton-Small, "Ryan's Hope," *Time*, April 18, 2011, pp.34-35.

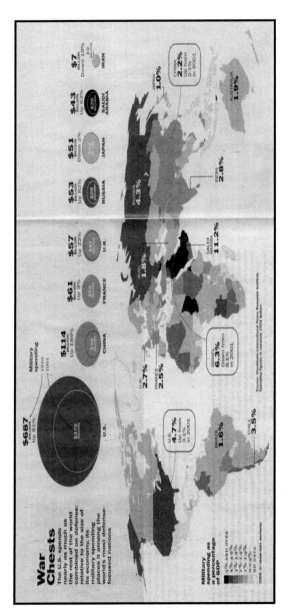

圖 4-5　美國軍費支出為全球其他國家總和

■ 資料來源：Mark Thompson, "How to Save A Trillion Dollars," *Time*, April 25, 2011, pp.24-25.

軍事裁減

美國在 2001 年後,無人想挑戰有關軍事上的任何事情,而國會未能作出艱難的選擇。因此關於國防預算,共和黨相信國防是政府的核心功能而鮮少挑戰軍費支出的購買清單。民主黨則恐懼遭指控為反軍事者,特別在 9/11 之後。故美國軍費支出不斷擴大至相當於全球其他國家的總和,請參見圖 4-5。五角大廈的預算金額約為聯邦政府支出每 5 美元中的 1 美元[52]。以每人平均支出(人均)換算,美國軍費支出從 1998 年 1,500 美元增加至 2008 年 2,700 美元[53]。根據瑞典「斯德哥爾摩國際和平研究所」(SIPRI)的國際軍費報告顯示,2010 年美國軍費支出高達 690 億美元,比前一年增加 2.8%,約佔全球軍費支出 43%,佔本國國內生產總額(GDP)約 4.8%[54]。即使遭逢金融危機,美國軍費支出每年仍持續成長。

然而,金融危機之後美國經濟嚴峻而必須削減赤字,亦連帶衝擊國防預算。2009 年預算赤字創下第二次世界大戰以來新紀錄之後,2010 年 2 月美國總統歐巴馬送交國會審議的 2011 財政年度預算案,大幅刪減或終止 120 項政府開支計畫[55]。再次檢視圖 4-4 可發現,聯邦政府支出中,除了國防預算之外,削減其他任何項目都將得罪人民,尤其社會福利支出。上述可由一份

---

[52] Crowley, "The Sacred Cows," *Time*.

[53] Mark Thompson, "How to Save A Trillion Dollars," **Time**, April 25, 2011, p.23.

[54] 陳文和,「全球軍費創新高 美中蟬聯霸主」,《中國時報》,2011 年 4 月 12 日,第 A11 版。

[55] 黃文正,「削減赤字 歐巴馬大砍政府開支」,《中國時報》,2010 年 2 月 1 日,第 A2 版。

紐約時報（New York Times）與美國哥倫比亞廣播公司（CBS）
做的民調佐證：有 55%民眾願意削減國防支出，遠大於削減聯
邦醫療保險支出（21%）或社會保障支出（13%）[56]。2010 年 8
月，美國國防部長蓋茨（Robert Gates）宣布 10 年來最大的削減
措施，包括關閉聯合部隊指揮部、裁撤戰鬥部隊各軍種至少 50
個將軍職，以及限制使用軍事外包廠商等，期望能在 5 年內省
下 1000 億美元[57]。

　　2011 年 1 月，美國國防部再度宣布一系列撙節計畫，包括
削減地面部隊員額及撤消若干武器研發，預計今後 5 年將刪減
780 億美元國防支出，陸軍與陸戰隊裁減達 4 萬 7 千人[58]。加上
前述 5 年 1000 億美元計畫，總額共達 1780 億美元。在 2011 年
4 月兩黨協商以避免聯邦政府關閉後，總統歐巴馬提出 12 年削
減 4 兆美元的減赤計畫。其中他要求在 2023 年前大幅刪減 4000
億美元的國防支出[59]。這項主張引來國防部長蓋茨警告，大砍國
防預算恐將導致美國軍事部隊規模、任務與戰力縮減。蓋茲的
強硬回應，暗示華府與國防部之間存有嫌隙[60]。即使曾經說過
「我們國家安全單一最大的威脅是債務」[61]的美國參謀首長聯席

56　Thompson, "How to Save A Trillion Dollars," p.24.

57　編譯張沛元，「10 年來最大改革　五角大廈瘦身　美國防部大砍高官」，《自由時報》，2010 年 8 月 11 日，第 A10 版。

58　湯明暐，「12 年來首次　美大刪國防預算」，《中國時報》，2011 年 1 月 8 日，第 A14 版。

59　編譯陳成良，「12 年砍 4 兆美元　歐巴馬減赤計畫出爐」，《自由時報》，2011 年 4 月 15 日，第 A15 版。

60　編譯張沛元，「削國防預算　蓋茨憂危及軍力」，《自由時報》，2011 年 4 月 15 日，第 A15 版。

61　此為作者對原句"I think the single-biggest threat to our national security is our debt."的翻譯。原句出處請參見 Adm. Mike Mullen, "JCS Speech," **Joint**

會議主席穆倫（Adm. Mike Mullen），對此計畫雖然支持但卻語帶保留：「國防預算因國債遽增而縮減時，表示將明顯削弱我國國力。[62]」類似想法如某加州眾議員所說：「降低國防預算為美國衰退的前兆」。披露此話的學者對他嗤之以鼻，反諷如此態度會導致國家破產[63]。將刪減國防預算與國家能力下滑劃上等號，恐怕將無法走出無限擴大軍事支出的無底洞。

雖然國防部長蓋茨努力削減國防預算，但軍方最大的開銷，他卻不敢動它分毫，即軍人及其眷屬的醫療保險。蓋茨說這可以把五角大廈活活吞掉。此外，軍工業複合體（Military-industry complex）已成為當今美國國內凌駕一切的「特權組合」。歷任總統不敢捋他們的虎鬚，國會議員與它們沆瀣一氣，數百萬勞工做他們的後盾[64]。除了以上核心問題未見改革跡象，尚有伊拉克與阿富汗戰爭未結束。根據布朗大學華森國際研究中心（WIIS）「戰爭費用」（Costs of War）研究計畫，美國戰費將達到至少3.7 兆美元，甚至上看 4.4 兆美元。自美國出兵阿富汗、根除策劃恐怖攻擊的「蓋達」恐怖組織領袖以來的 10 年，花在這些衝突上的開銷總額，從 2.3 兆美元到 2.7 兆美元[65]。因此，這些不

Chiefs of Staff Official, August 26, 2010, <http://www.jcs.mil/speech.aspx?ID=1445> (Accessed July 12, 2011).

[62] 此為作者對原句"The more significant that debt becomes, I think the smaller the budget at the Pentagon is going to be, which will reduce our capability over time fairly dramatically."的翻譯。原句出處請參見 Vago Muradian, "Adm. Mike Mullen," **Defense News**, July 10, 2011, <http://www.defensenews.com/story.php?i=7058688&c =FEA&s=INT> (Accessed July 12, 2011).

[63] Thompson, "How to Save A Trillion Dollars," p.24.

[64] 林博文，「蓋茨要整頓『國防巨獸』」，《中國時報》，2010 年 9 月 22 日，第 A19 版。

[65] 編譯羅彥傑，「美 10 年 3 戰爭 軍費逾百兆 奪 25 萬人命」，《自由時報》，2011年 6 月 30 日，第 A14 版。

易撼動或隱形的軍事支出，不斷侵蝕美國國本並造成美國元氣大傷。

　　金融危機之後，裁減國防預算令美國軍事規模停止膨脹。乍看之下，美國軍事開始縮減，許多軍事計畫、武器研發被迫停擺。但真正隱藏而急須迫切解決的核心問題卻尚未啟動改革。已經宣布的撙節計畫可能只是牛刀小試。金融危機對美國軍事上的負面影響，是暴露國家經濟嚴峻之餘，這些真正需要勇於改變的核心問題至今未能獲得國內一致改革的決心。而這些問題若因政治僵局、個人利益一再拖延或選擇忽略，長期而言將對美國未來形成更艱鉅的挑戰。

第二節　北京的實效

　　金融危機之後，中國率先脫離風暴，並取得多項新突破。然而，持續擴大的通貨膨脹與社會矛盾卻隨之而來。但整體而言，金融危機帶給中國的負面影響不大。茲敘述如下。

一、正面影響

　　金融危機後中國經濟成長率快速恢復危機前的水準。當歐美已開發國家仍深陷經濟危機，中國多項經濟指標已一舉超越甚至締造新紀錄。此外，金融危機使中國提早啟動經濟轉型，因此金融危機後的中國今非昔比，並逐漸打破許多世人對中國的迷思。

經濟快速復甦

下圖 4-6 為經濟大衰退後中國的經濟成長率。

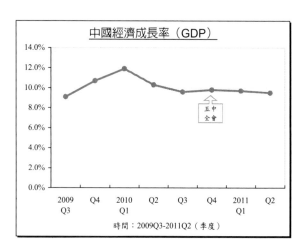

圖 4-6　中國經濟成長率（GDP）：2009 年第三季-2011 年第二季

■ 資料來源："Trading Economics," <http://www.tradingeconomics.com/china/gdp-growth> (Accessed September 21, 2011).
■ 製圖：陳奕儒，2011 年 9 月 21 日。

在 2007 年 12 月至 2009 年 6 月的經濟大衰退期間，中國經濟成長率連五季下滑，其中包括金融危機爆發後下滑兩季即止跌回升（2007 年第一季至 2009 年第二季，請參見圖 2-6）。2009 年第三季經濟成長率達 9.1%[66]。對此，中國國家信息中心指出中國經濟復甦主力源自政府及各界投資，其貢獻大於消費與出

---

[66] 賴錦宏，「去年中共經濟數據」，《聯合報》，2010 年 1 月 22 日，第 A15 版。

口[67]。國際貨幣基金組織（IMF）亦於 2009 年世界經濟展望報告（*World Economic Outlook*）中指出：「亞洲只有中國、印尼、印度脫離嚴重的衰退，其得自於大量的刺激經濟政策。……近來指標顯示中國快速反彈帶動強勁復甦，2009 年上半年經濟成長率達 7.1%，完全是由內需帶動[68]。」爾後，2009 年第四季經濟成長率更達 10.7%[69]。可見中國政府一系列振興經濟政策開始奏效。

2010 年第一季經濟成長率大幅成長 11.9%，為金融危機以來最高。主要仍依靠投資和消費，分別帶動經濟成長 6.9%和 6.2%，但進出口尚為-1.2%負成長[70]。第二季經濟成長率開始減緩至 10.3%[71]。對此，中國總理溫家寶表示主因為中國政府主動調控所致[72]。顯示中國脫離金融危機並恢復原先的高成長。因此美國學者說：「中國輕鬆地渡過金融危機與經濟衰退，即使在最黑暗的期間仍保持將近百分之九的年經濟成長率[73]。」

---

67 林克倫，「第三季經濟成長 大陸可望保八」，《中國時報》，2009 年 8 月 22 日，第 A16 版。

68 International Monetary Fund (IMF), ***World Economic Outlook (WEO): Sustaining the Recovery*** (Washington D.C.: International Monetary Fund, 2009), p.72, <http://www.imf.org/external/pubs/ft/weo/2009/02/> (Accessed: July 16, 2011).

69 賴錦宏，「大陸保八成功 去年 GDP 增 8.7%」，《聯合報》，2010 年 1 月 22 日，第 A1 版。

70 林海、紀麗君，「中共首季 GDP 增 11.9% 經濟恐過熱」，《聯合報》，2010 年 4 月 16 日，第 A20 版。

71 王銘義，「打房打投機 大陸 GDP 增幅下滑」，《中國時報》，2010 年 7 月 16 日，第 A21 版。

72 李志德，「第 2 季經濟回落 溫：調控結果」，《聯合報》，2010 年 7 月 17 日，第 A19 版。

73 此為作者對原句"*China soared through the financial crisis and recession with ease, registering just under 9 percent growth a year, even in the*

• 中國外匯存底持續攀升

　　根據我國中央銀行的定義，外匯存底（Foreign exchange reserve）為：「係指中央銀行所持有的外幣現鈔、外幣存款、外幣票據（支票、匯票等）、以外幣計價的有價證券（如國外發行的國庫券、公債、公司債及股票等）以及外幣貸款等債權[74]。」另外，國際貨幣基金組織（IMF）對外匯存底的定義則為：「外匯存底必須包括三大部分，即可兌換的外匯（即國際間的強勢貨幣，或先進國家的貨幣），在國際貨幣基金的準備部位，以及特別提款權（Special Drawing Right, SDR）等[75]。」因此，有學者認為外匯存底是「一個國家國際支付能力豐富與否的代表[76]」。根據上述定義，下圖 4-7 顯示中國外匯存底持續攀升，代表其國際支付能力持續提升。

---

darkest days." 的翻譯。原句出處請參見 Rana Foroohar, **Newsweek**, November 8, 2010, p.21.

[74] 「雙語詞彙」，《中央銀行全球資訊網》，<http://www.siteba.net/site/3/15759/www.cbc.gov.tw>（檢索日期：2011 年 8 月 3 日）。

[75] 謝明瑞，「再談外匯存底」，《財團法人國家政策研究基金會：國政評論》，2004 年 1 月 7 日，<http://old.npf.org.tw/PUBLICATION/FM/093/FM-C-093-008.htm>（檢索日期：2011 年 8 月 4 日）。

[76] 謝明瑞，「再談外匯存底」。

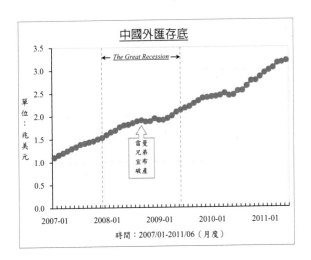

圖 4-7　中國外匯存底：2007 年 1 月-2011 年 6 月

■ 資料來源：中國國家外匯管理局，<http://www.safe.gov.cn/model_safe/tjsj/
tjsj_list.jsp?ct_name=%E4%B8????%B9%B4%E5%A4???%A8%E5?&id=5&I
D=110400000000000000>（檢索日期：2011 年 9 月 21 日）。
■ 製圖：陳奕儒，2011 年 9 月 21 日。

　　由上圖 4-7 可知，中國外匯存底歷經金融危機仍持續成長。
2010 年底達到 2.85 兆美元，締造世界新紀錄[77]。截至 2011 年 6
月的統計，中國外匯存底更高達 3.19 兆美元[78]。回溯 1952 年中
國初次統計外匯存底時，僅 1.39 億美元。至今外匯存底成長近
1 萬 4 千倍，且為最大外匯存底國[79]。龐大的外匯存底益於中國

[77] 編譯羅倩宜，「創下世界紀錄 中國外匯存底 2.85 兆美元」，《自由時報》，2011
年 1 月 12 日，第 A12 版。
[78] 中國國家外匯管理局，「中國外匯儲備──2011 年」，<http://www.safe.gov.cn/
model_safe/tjsj/tjsj_detail.jsp?ID=110400000000000000,22&id=5>（檢索日
期：2011 年 7 月 30 日）。
[79] 李道成，「經濟茁壯 外匯存底全球第一」，《中國時報》，2009 年 9 月 24 日，第
A13 版。

渡過金融危機[80]。此外，也利於吸引外資進駐，知名評論家佛里曼（Thomas L. Friedman）曾表示：「不曉得全世界不找中國投資要找誰，至少它的外匯存底是最大的[81]。」

　　然而，外匯存底並非多多益善。過於龐大的外匯存底，反而有引發通貨膨脹的疑慮[82]。由於外匯存底是中央銀行藉發行等值人民幣取得，因此外匯存底在央行資產負債表上的資產多寡即代表相應負債多寡[83]。簡言之，中國外匯存底每增加 1 美元，意即須對內發行 6.5 元人民幣[84]。針對中國外匯存底持續增加為其國內通貨膨脹主因的看法，中國外匯管理局表示通貨膨脹受許多因素影響，外匯存底增加並非主因。關於中國的通貨膨脹請參見本節後續討論。另外，對於 3 兆美元外匯存底超過合理規模的質疑，該局認為外匯存底的合理規模並無標準，保持充足外匯存底對維護其國家經濟金融安全有重要意義[85]。

　　此外，中國的外匯存底具體結構始終成謎[86]。學者賈克（Martin Jacques）指出：「中國如何運用外匯存底，值得密切關

---

[80] Roger C. Altman, "Globalization in Retreat," **Foreign Affairs**, July/August, 2009, p.7.

[81] 林中斌，「崛起經濟 規模空前 課本失靈」，《聯合報》，2010 年 3 月 10 日，第 A4 版。

[82] 編譯劉千郁，「是『禍』不是福 中國高外匯存底 是通膨包袱」，《自由時報》，2011 年 4 月 17 日，第 A4 版。

[83] 陳怡慈，「陸央行：外匯存底用途 別動歪腦筋」，《聯合新聞網》，2011 年 7 月 27 日，<http://udn.com/NEWS/MAINLAND/MAI3/6487949.shtml>（檢索日期：2011 年 8 月 3 日）。

[84] 編譯羅倩宜，「2003 年以來 中外匯存底 匯損 2711 億美元」，《自由時報》，2011 年 5 月 6 日，第 A3 版。

[85] 田俊榮，「不追求大規模的外匯儲備」，《人民日報》（北京），2011 年 7 月 29 日，頁 10，<http://paper.people.com.cn/rmrb/html/2011-07/29/nbs.D110000renmrb _10. htm>（檢索日期：2011 年 7 月 29 日）。

[86] 「周小川首次公開評論美國債務問題」，《華爾街日報中文網》，2011 年 8 月 4 日，<http://chinese.wsj.com/big5/20110804/bch093651.asp?source=Billingual>（檢索日期：2011 年 8 月 6 日）。

注，尤其是對美國來說，因為中國大多數的外匯存底都投資在
以美元計價的債券[87]。」中共官方雜誌《瞭望》曾表示中國 3
兆美元外匯存底中，38%為美國國債[88]。上述兩者皆提及中國
外匯存底投資美債的兩難困境。因此，中國外匯存底與美元的
關係可說足以牽動中美關係。關於此點，請參見第五章的相關
討論。

• 多項經濟新突破

金融危機之後，中國經濟受衝擊程度小時間短。以下茲將
中國取得的經濟新突破列表如下。

表 4-1　金融危機之後，中國經濟的突破

編號	時間	項目	內容	資料來源
• 實力				
1	2008/09（金融危機發生當月）	美債最大持有國	中國首次超越日本，自此保持為美國最大債權國。	編譯范振光，「中國連三月減持美國債券」，《中國時報》，2010 年 3 月 17 日，第 A13 版。
2	2009	最大出口國	全年出口 1.2 兆美元，中國正式超越德國，成為全球最大出口國。	白德華，「全年達1.2 兆美元 超越德國 官方公告 出口躍升第一」，《中國

---

[87] Martin Jacques 著；李隆生、張逸安譯，《當中國統治世界》（台北市：聯經出版，2010 年），頁 235。

[88] 王健君，「3 萬億外儲如何『軟著陸』」，《瞭望》（北京），2011 年 4 月 25 日，頁72。

				時報》，2010 年 1 月 11 日，第 A12 版。
3	2009	中國綠能投資超越美國成為全球第一	中國潔淨能源的投資高達 346 億美元，而美國僅約為中國的一半。	陳澄和編譯，「超越美國 中國綠色投資全球 No.1」，《聯合晚報》，2010 年 3 月 25 日，第 B6 版。
4	2009	外資流入額第二大國	中國外國直接投資（FDI）流入金額躍居全球第二，僅次美國。	羅培菁，「09 年外資流入額 中躍居全球第 2」，《中國時報》，2010 年 7 月 25 日，第 A10 版。
5	2009	對外投資額全球第五	中國對外直接投資 565 億美元，為全球第五。	湯斌，「對外投資金額 去年全球第五 雙邊投資保護 陸簽 130 國」，《中國時報》，2010 年 11 月 2 日，第 A13 版。
6	2010	中國成為綠能電動汽車最大擁有國		Rana Foroohar and Melinda Liu, "When China Rules The World," *Newsweek*, March 22, 2010, pp.27-28.
7	2010/06	全球造船業霸主	2010 上半年，南韓自 2003 年以來首度被其他國家超越。	李道成，「超越韓國 大陸成全球造船霸主」，《中國時報》，2010 年 7 月 20 日，第 A13 版。

8	2010/08	第二大經濟體	中國第二季國內生產毛額（GDP）1兆 3350 億美元，超越日本成為僅次於美國的第二大經濟體。	陳世昌、編譯田思怡，「GDP 超越日本 中國成為世界第 2 大經濟體」，《聯合報》，2010 年 8 月 17 日，第 A1 版。
	2010		中國全年 GDP 總值 5.88 兆美元，正式取代日本維持 40 年的第二大經濟體地位。	編譯羅倩宜，「日本 GDP 輸中國 退居全球第三」，《自由時報》，2011 年 2 月 15 日，第 A10 版。
9	2010/08	上海成為第一大貨櫃港	上海港貨櫃吞吐量達 264.1 萬個 TEU（標準箱），創下歷史新高，首度取代新加坡成為全球第一。	李道成，「上海 躍居全球第一大貨櫃港」，《中國時報》，2010 年 9 月 24 日，第 A20 版。
10	2010/11	中國財富總值為全球第三	中國財富總值自 2000 年 4.7 兆美元增至 16.5 兆美元，僅次於美、日。	「中國財富總值 僅次美日」，《聯合報》，2010 年 11 月 30 日，第 A12 版。
● 企業				
11	2010	中石油成為全球第一大企業	倫敦《金融時報》的全球五百大企業排名中，中石油首次超越美商埃克森美孚（Exxon Mobil），成為全球第一。	楊芬瑩，「全球五百大 中石油首度稱霸」，《中國時報》，2010 年 5 月 31 日，第 A12 版。

12	2010/06	比迪亞成為世界科技百強之首	由《數位時代雜誌》與中國《IT 經理世界》、美國《彭博商業週刊》聯合舉辦的台灣、中國及世界科技 100 強評選結果，由中國比亞迪奪冠。	鄧秀明，「世界科技百強 中國比亞迪奪冠」，《聯合報》，2010 年 6 月 3 日，第 AA2 版。

- 消費

13	2009	第二大鑽石消費市場	中國成品鑽進口總額以 6.99 億美元再創新高，超過日本成為世界第二大鑽石消費市場。	亓樂義，「中國鑽飾消費 全球第 2 大」，《中國時報》，2010 年 1 月 25 日，第 A13 版。
14	2009	第一大汽車市場	美國通用汽車在 2010 年 3 月中國市場銷售量，已超過美國本土市場；歐洲最大的德國福斯汽車，中國市場於 2009 年就已成為該集團的全球第一大。	李道成，「全球之最 北京車展今登場」，《中國時報》，2010 年 4 月 23 日，第 A19 版。
15	2010/03	黃金：最大產量國、第二大消費國、第五大儲備國	中國為全球產金最大國，亦為黃金消費的第二大國，僅次於印度。同時，中國的黃金儲備為 1054 噸，世界排名第五。	汪莉絹、李春，「中國黃金儲備 1054 噸 世界第五」，《聯合報》，2010 年 3 月 10 日，第 A10 版。

| 16 | 2010 | 中國百萬富豪人數為全球第四 | 美林證券委託凱捷顧問公司（Cape Gemini）的全球財富報告顯示，中國百萬富豪人數達 47.7 萬人，僅次美、日、德三國。 | 林上祚，「亞太區超歐趕美 中有 47 萬百萬富豪 全球第 4」，《中國時報》，2010 年 6 月 24 日，第 A15 版。 |

■ 製表：陳奕儒，2011 年 4 月 24 日。

由上表 4-1 可知，金融危機之後的中國，多項經濟成就屢屢超越已開發國家甚至締造世界新紀錄。除了印證中國經濟已快速復甦，更使得世人開始重新思考、檢視原本對於中國的迷思，進而有「中國模式」一詞出現。以下茲探討中國經濟迷思的破除。

中國經濟迷思

學者波特萊爾（Pieter Bottelier）撰文指出關於中國經濟的六點迷思[89]，茲敘述如下：

迷思 1：中國經濟成長主要仍依賴出口。出口對於中國而言很重要，但是內需是壓倒性的成長動力。金融危機前中國進口的成長幾乎等同出口，淨出口僅佔中國年均經濟成長率 9.5%中的 1%。

迷思 2：在金融危機期間，中國對全球需求貢獻不足。正因為中國積極且成功的刺激經濟政策，2009 年內需擴大至 12.3%

---

[89] Pieter Bottelier, "Chinese myths," *International Herald Tribune*, March 20-21, 2010, p.6.

（反觀美國僅 2.6%）。因此中國經常帳為盈餘而美國赤字得以快速下降。中國幫助全球脫離經濟衰退勝於其他國家。

迷思 3：中國消費力成長不夠快。金融危機前，中國個人消費平均每年以 7.5%成長，快於其他經濟體。雖然投資與國內生產毛額（GDP）成長更快，導致消費佔 GDP 比重低於正常水準。然而，2009 年中國消費成長速度首次超越 GDP 成長速度。

迷思 4：重估人民幣有益於美國。人民幣升值的立即效應將使美國消費者消費價格提高。有些經濟學者認為人民幣重估 25%是必要的，然其將在美國進口訂單上增加 750 億美元。美國高價位出口至中國，未必會抵消美國消費者以較高的中國價位購買而損失的財富。最後，雖然有些美國廠商會獲利且能創造一些工作，但是美國消費者仍將是輸家。

迷思 5：重估人民幣是減少全球貿易失衡的關鍵。重估人民幣本身對糾正全球貿易失衡幫助很小，然而卻會導致美中貿易赤字擴大。除非美國內需因其他因素下降，而當美國單純由其他國家進口較多其總貿易赤字最後將勉強地微調。

迷思 6：中國操縱貨幣（匯率）多年。現今有 60 個國家與美元掛鉤，但他們並非全為操縱國。1997 年，中國在亞洲金融危機中與美元掛鉤，其對區域穩定的貢獻贏得美國與其他國家的肯定。2003 年起抱怨開始出現，因為中國經常帳盈餘但美中貿易赤字擴大。中國貨幣低估主要是美國備受質疑的總體經濟政策與監督不力的金融體系，導致流動資產暴增與財務負債的消費榮景，有一些則是因廉價的中國進口商品。

　　除了經濟實力成長之外，中國在科技與軟實力上也有新的斬獲。請參見下表 4-2、4-3。

表 4-2　金融危機之後，中國科技的突破

編號	時間	項目	內容	資料來源
1	2010/05	超級電腦全球第二	中國「國家超級計算深圳中心」的超級電腦「星雲」在最新公布的全球超級電腦排名中，一舉超越歐洲及日本，躍居全球第二快超級電腦，也是大陸的超級電腦首次擠入前三名。	「全球超級電腦 大陸奪亞軍」，《中國時報》，2010 年 6 月 2 日，第 A13 版。
	2010/11	中國超級電腦運算速度首次超過美國，躍居世界第一	據國際 TOP 五〇〇組織公布全球五百大超級電腦排行顯示，中國「天河──一A」超級電腦的運算速度首次超過美國，躍居世界第一。排名第三的「星雲」超級電腦也是中國製造，而本屆入榜的中國超級電腦共有四十一台，實力僅次於美國。	亓樂義，「超級電腦尬速 大陸超越美國」，《中國時報》，2010 年 11 月 16 日，第 A13 版。

| 2 | 2010/12 | 中國為全球高鐵系統技術最全、營運里程最長、運行速度最高、目前興建規模最大的國家 | 中國京滬高鐵「和諧號 CRH──三八○A」飆出時速486.1 公里，刷新全球鐵路營運試驗的最高速。目前，大陸已投入營運的高鐵里程達到 7531 公里，居世界第一位。 | 林琮盛，「刷新全球京滬高鐵試車 時速飆 486.1 公里」，《聯合報》，2010 年 12 月 4 日，第 A1 版。 |

■ 製表：陳奕儒，2011 年 4 月 24 日。

表 4-3　金融危機之後，中國軟實力的突破

編號	時間	項目	內容	資料來源
1	2010	中國成為世界第三大旅客造訪國家	聯合國世界旅遊組織發佈 2010 全球旅遊業報告，指中國已取代西班牙，成為僅次於法國及美國的世界第三大旅客造訪國家。	羅培菁，「遊客青睞度 中國擠下西班牙」，《中國時報》，2011 年 1 月 28 日，第 A17 版。
2	2010	世界大學百強，中國為亞洲之首	英國「泰晤士報高等（大學）教育副刊」公布 2010 年世界大學排行榜，中國有 3 所大學進入世界百強，進入前兩百名的中國大學共有 6 所，數量首次超過日本，居亞洲之首。	「六校闖進 200 大 中國首度超過日本」，《聯合報》，2010 年 9 月 17 日，第 AA4 版。

■ 製表：陳奕儒，2011 年 4 月 24 日。

二、負面影響

　　歷經金融危機的中國經濟仍然有亮眼的成績，然而通貨膨脹攀升與社會矛盾加劇卻隨之而來。以下茲分別探討。

通貨膨脹攀升

　　通貨膨脹亦稱物價膨脹，是指物價持續上漲[90]。金融危機之後，2009 年 11 月，消費者物價指數（CPI）由負轉正，並持續攀升。請參見下圖 4-8。通膨箇中因素複雜，以下本書以「自然」、「人為」因素簡述之。

---

90 朱敬一等合著，《經濟學》（下冊），四版（台北市：華泰出版，2010 年），頁 63。

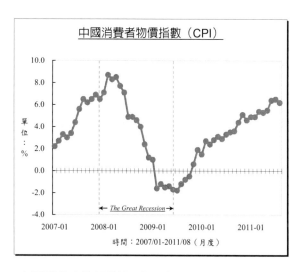

圖4-8　中國消費者物價指數（CPI）：2007年1月-2011年8月

■ 資料來源：中國國家統計局，<http://www.stats.gov.cn/tjsj/>（檢索日期：2011
年9月21日）。
■ 製圖：陳奕儒，2011年9月21日。

● **自然災害頻繁、加劇**

　　中國在2009年秋、冬季相繼遭逢乾旱、雪災。2009年10
月，華中湘江地區因降雨稀少部份河段水位創下歷史新低。洞
庭湖水面日益縮減，老漁民表示枯水期提前、水位驟降皆前所
未見[91]。因此，長江下游水位亦創下1986年以來新低[92]。11月，
暴雪席捲華北地區，山西、河北等地降雪量紛紛刷新紀錄[93]。

[91] 楊芬瑩，「湘江最長枯期 300萬人缺水」，《中國時報》，2009年10月20日，第
　　A17版。
[92] 「長江下游水位 創20年新低」，《聯合報》，2009年10月25日，第A10版。
[93] 林琮盛，「逾半世紀罕見暴雪 華北動彈不得」，《聯合報》，2009年11月13日，

2010 年元旦，另一場暴雪締造北京 60 年來時間最長、範圍最廣、雪量最大、雪層最厚的四項紀錄[94]。暴雪造成北京蔬菜食品上漲逾 30%，其屬於占 CPI 權重達 32.79%的第一大類物價之一[95]。

　　上述長江流域旱象延續至 2010 年 3 月。長江上游即西南地區的旱情長達五個月，耕地 83%受旱[96]。旱災導致 5000 萬人受災，並由飲水困難波及糧食短缺[97]。連觀光勝地貴州黃果樹瀑布原本 101 公尺寬僅剩 1 公尺寬[98]。西南大旱影響中國其他地區糧食價格，上海、重慶等地米價上揚[99]。其反映於 4 月 CPI 上漲2.8%之中，食品類價格上漲占其中 1.9%[100]。西南大旱稍緩之際，華南地區卻接連在 5、6 月遭逢洪災[101]。此外，長江流域、東北吉林等地亦飽受洪災之苦[102]，災民逾億[103]。遭洪水肆虐區域，多為主要農作物生產地。7 月 CPI 上漲至 3.3%，中國國家統計

　　第 A19 版。

94　林琮盛、汪莉絹，「華北暴雪 60 年罕見」，《聯合報》，2010 年 1 月 5 日，第 A1 版。

95　李文輝，「暴雪物價漲 意外催生通膨早到」，《中國時報》，2010 年 1 月 9 日，第 A15 版。

96　李文輝，「天災南北夾擊 華北沙塵西南旱」，《中國時報》，2010 年 3 月 21 日，第 A13 版。

97　連雋偉，「旱區災民奉茶 溫家寶不忍喝」，《中國時報》，2010 年 3 月 22 日，第 A13 版。

98　鄭惠元，「黃果樹瀑布 買水撐場面」，《聯合報》，2010 年 3 月 29 日，第 A12 版。

99　林琮盛，「大陸西南旱災 糧價聲聲漲」，《聯合報》，2010 年 3 月 24 日，第 A11 版。

100　朱建陵，「CPI 漲幅攀新高 大陸通膨蠢動」，《中國時報》，2010 年 5 月 12 日，第 A13 版。

101　請參見王銘義，「南方 10 省市洪澇 800 萬人受災」，《中國時報》，2010 年 5 月 17 日，第 A13 版。賴錦宏，「洪水圍城 湖南暴雨 頻率創 300 年紀錄」，《聯合報》，2010 年 6 月 22 日，第 A13 版。

102　朱建陵，「長江黃河 洪汛告急 溫家寶親察防災」，《中國時報》，2010 年 7 月 26 日，第 A13 版。

103　「災民逾億 胡溫下令全力抗洪」，《中國時報》，2010 年 8 月 3 日，第 A15 版。

局新聞發言人盛來運表示，受天氣與洪災影響，CPI 中 1.1%是因食品價格上漲[104]。不同於 2009 年底 2010 年初的暴雪，華北地區出現冬旱。北京 3 個月未降雨刷新 40 年紀錄，華北 9 省近 6000 萬畝農田受旱[105]。

2010 年 CPI 漲幅為 3.3%[106]，超出中國政府年初設定的 3%目標[107]。素有中國最高智庫之稱的中國國際經濟交流中心（CCIEE）[108]在 2010-2011 年《中國經濟分析與展望》報告中指出，2010 年食品價格為影響 CPI 的主因[109]。其進一步指明「我們認為這一輪次的農產品價格上漲應歸因於多種因素的共同作用，根本原因是寬鬆的貨幣政策，直接原因是主要糧食產區遭受乾旱、水災、高溫等自然災害導致糧食預期減產[110]。」

進入 2011 年華北旱情擴大，中共甚至作出人事調動以抗旱[111]。北方旱災影響小麥產量，同時南方罕見低溫影響稻米收

---

[104] 李文輝，「大陸 CPI 創 21 個月新高」，《中國時報》，2010 年 8 月 12 日，第 A19 版。

[105] 陳思豪，「糧價拉警報 北京連 92 天 一滴水不降」，《聯合報》，2011 年 1 月 25 日，第 A3 版。

[106] 「2011 年政府工作報告」，《中國網》（北京），2011 年 3 月 16 日，<http://big5.china.com.cn/policy/txt/2011-03/16/content_22150608_3.htm>（檢索日期：2011 年 8 月 12 日）。

[107] 「2010 年政府工作報告」，《中國網》（北京），2011 年 3 月 15 日，<http://big5.china.com.cn/policy/txt/2010-03/15/content_19612372_3.htm>（檢索日期：2011 年 8 月 12 日）。

[108] 「政壇一瞥」，《廣角鏡》（香港），第 462 期，2011 年 3 月，頁 71。

[109] 中國國際經濟交流中心課題組，「2010 年中國經濟運行分析與 2011 年展望」，《中國經濟分析與展望（2010-2011）》（北京：社會科學文獻出版社，2011 年），頁 5。

[110] 劉向東，「2010 年農產品價格高漲背後的原因及其影響」，《中國經濟分析與展望（2010-2011）》，頁 127。

[111] 李宇欣，「北方災情嚴重 中共換人抗旱」，《聯合報》，2011 年 2 月 14 日，第 A13 版。

成，導致小麥與稻米價格齊漲[112]。除了華北，華中地區亦在 5 月遭逢 50 年來最大旱災，超過一億畝受旱[113]。6 月華中卻由旱轉澇，洪災擴及南方 12 省[114]。根據中國民政部統計，6 月長江流域暴雨造成 3657 萬人受災，經濟損失高達 350.2 億人民幣[115]。

　　雖然渡過金融危機，但北京卻須面對連年遭逢的天災。由前述顯示，中國近年旱災洪災不但交替輪迴，且時間拉長、規模擴大、影響加劇，尤其不斷刷新歷史紀錄。因此，嚴重影響農作物收成而無可避免地導致物價上漲。中國甚至開始從美國進口大量棉花、糧食[116]以穩定國內價格。除了自然因素，通貨膨脹亦受人為因素影響。

● 人為、政策副作用

　　前述中國國際經濟交流中心提及寬鬆的貨幣政策為通膨根本原因。官方歸咎於「主要發達經濟體進一步推行寬鬆貨幣政策，全球流動性大量增加，國際大宗商品價格和主要貨幣匯率加劇波動，新興市場資產泡沫和通脹壓力加大[117]」形成的輸入性通膨。言下之意，暗指美國推動的量化寬鬆政策導致熱錢流竄中國而形成通貨膨脹。

---

[112] 楊芬瑩，「旱象＋低溫 米麥減產價飆漲」，《中國時報》，2011 年 2 月 15 日，第 A13 版。
[113] 編譯陳成良，「中國華中大旱 全球糧價蠢動」，《自由時報》，2011 年 6 月 1 日，第 A13 版。
[114] 陳秀玲，「南方暴雨 12 省市 8 百萬人受災」，《旺報》，2011 年 6 月 20 日，第 A3 版。
[115] 「長江水位 全線暴漲」，《中國時報》，2011 年 6 月 21 日，第 A13 版。
[116] David Barboza, "China trade now a 2-way street to U.S.," *International Herald Tribune*, April 9-10, 2011, p.13.
[117] 「2011 年政府工作報告」。

　　但是學者卻有不同看法。中國著名經濟學者吳敬璉並不認同輸入性通膨為物價高漲的主因，他堅持中國貨幣超量發行才是關鍵。他指出中國廣義貨幣供給（M2）對 GDP 比值已達180%，為世界各國僅見，歷史上亦前所未見[118]。台灣大學經濟系教授林建甫亦有相似看法。他表示金融危機時，中國實施4兆人民幣刺激經濟政策，M2/GDP 比例大幅上升。金融危機後，貨幣供給量更迅速增加，至 2010 年 10 月 M2 餘額高達 70 兆人民幣。貨幣供給升幅超過經濟成長成為通膨與資產泡沫的主因[119]。

　　此外，前述天災導致農產品歉收，價格上漲難以避免。但人為炒作卻繼續哄抬價格，物價以不合理的漲幅上揚。中國網路上出現「蒜你狠」、「豆你玩」、「薑你軍」、「油你漲」、「蘋什麼」、「糖高宗」等用語[120]，顯示中國人民對物價持續上漲的不滿。中共黨刊《小康》進行「2010 年中國民眾最關注的十大焦點問題」調查，物價為第一[121]。同時，中國人民銀行的調查亦顯示，73.9%中國人民認為物價高得難以接受[122]。民眾怨聲載道，甚至傳出貴州上千學生因不滿學校餐廳漲價憤而砸場[123]。通貨膨脹開始影響社會穩定。

---

118 連雋偉，「吳敬璉：貨幣超發推升通膨」，《中國時報》，2011 年 3 月 21 日，第A13 版。

119 林建甫，「大陸通膨根源在貨幣」，《旺報》，2011 年 6 月 7 日，第 C7 版。

120 林琮盛，「大陸物價飆漲 民眾怨氣沖天」，《聯合報》，2010 年 11 月 2 日，第 A11版。

121 亓樂義，「物價和房價 陸民最關心話題」，《中國時報》，2010 年 12 月 10 日，第A22 版。

122 李道成，「大陸物價高 逾七成民眾不滿」，《中國時報》，2010 年 12 月 16 日，第A19 版。

123 陳思豪，「樣樣漲 受不了 上千學生砸食堂」，《聯合報》，2010 年 11 月 26 日，第 A15 版。

　　對此，2011 年 3 月 14 日，中國國務院總理溫家寶在全國人大兩會的中外記者會上說：「通貨膨脹就像一只老虎，如果放出來關進去很難。……因此，我們今年在政府各項工作中，把抑制通貨膨脹擺在了第一位[124]。」溫家寶亦指出「物價上漲較快，通脹預期增強，這個問題涉及民生、關係全局、影響穩定[125]。」可見北京對於通貨膨脹影響社會穩定的擔憂。1988 年物價問題間接成為天安門事件導火線之一，[126]對中共而言猶如歷歷在目並深深警惕。然而，北京面對的問題不僅是經濟上的通貨膨脹，社會矛盾逐漸擴大亦成為中共棘手的問題。

社會矛盾加劇

　　金融危機後，通貨膨脹未見緩解民怨四起，中國社會原有的矛盾亦逐漸加劇。中共領導高層首先擔心的是經濟成長雖為全體帶來利益，卻也明顯擴大貧富、城鄉、沿海與內陸等差距[127]。此外，群眾抗議事件逐年增加，其中強制拆遷更加深官民對立，而中國人民對官員貪腐的積怨更形惡化。

---

[124] 「溫家寶總理答中外記者問」，《人民日報》（北京），2011 年 3 月 15 日，頁 2，<http://paper.people.com.cn/rmrb/html/2011-03/15/nbs.D110000renmrb_02.htm>（檢索日期：2011 年 8 月 7 日）。

[125] 「2011 年政府工作報告」。

[126] 前中國國務院總理趙紫陽在其祕密錄音中曾詳述 1988 年物價的問題。請參見趙紫陽著；鮑樸編，《國家的囚徒──趙紫陽的祕密錄音》（台北市：時報文化出版，2009 年）。

[127] Thomas Fingar, "What Hu Jintao Wants To Know," *Foreign Policy*, January/February 2011, p.42.

● 貧富差距擴大

改革開放以來，中國貧窮人口自 1987 年的 2.5 億人銳減至 2001 年的 2972 萬人。此規模史無前例的脫貧計畫，不可否認其成效斐然[128]。然而，過於強調經濟快速成長卻讓中國社會在短時間內由高度平等變成貧富嚴重不均，其中導因於沿海與內陸省份、都市與鄉村、地上與地下經濟的差距日益擴大[129]。新華社發表文章指出，中國的基尼係數已超過 0.5。基尼係數用以衡量收入分配標準。通常國際社會將 0.4 視為收入分配差距的警戒線。文章更指出中國 1%家庭掌握全國 41.4%財富，財富集中程度全球之最[130]。此外，2009 年中國城鄉收入差距亦達最高值[131]。中國總理溫家寶在中共中央黨刊《求是》撰文寫道：

> 收入分配制度改革至今仍相對滯後，主要是勞動報酬在初次分配中所佔比例偏低，社會成員收入差距過大，城鄉之間、地區之間、行業之間的收入差距都有拉大的趨勢，收入分配秩序不規範。對這些問題，人民群眾意見很大。當前，收入分配問題已經到了必須下大力氣解決

---

[128] Jacques 著，《當中國統治世界》，頁 204-205。

[129] Jacques 著，《當中國統治世界》，頁 209。

[130] 汪莉絹，「基尼係數>0.5 貧富差距大 陸恐引發動亂」，《聯合報》，2010 年 5 月 22 日，第 A21 版。

[131] 「專家：中國貧富差距已達最高峰」，《旺報》，2010 年 8 月 14 日，第 A10 版。

的時候。如果收入差距繼續擴大，必將成為影響經濟發展和社會穩定的重大隱患[132]。

可見中共領導高層對貧富差距憂心忡忡。諾貝爾經濟學獎得主馬斯金（Eric S. Maskin）表示，貧富差距擴大成為中國經濟未來首要的挑戰[133]。此外，連年增加的群眾抗議事件，亦顯示中國人民深層的不滿。

● 群眾抗議增加

學者楊中美於 2011 年出版《中國即將發生政變》一書，他認為中國社會結構、矛盾不可避免地將導致政變[134]。其中他提及根據統計，2009 年中國各地發生多達 60 萬起罷工與勞資糾紛事件[135]。此外，他亦提到：「中國每年發生近十萬起 20 人以上『聚眾鬧事』的群體事件，至 2009 年更增至十二萬起以上。……其中約有 60%以上是因為各級政府動用『專政』力量和強制性手段在城鄉圈地拆房所引起的，特別是大量強制性徵用農地、林地所造成[136]。」強制拆遷不僅加深官民對立，更引起廣大民意的憤懣與躂伐。例如 2010 年 12 月樂清事件[137]。

---

132 溫家寶，「關於發展社會事業和改善民生的幾個問題」，《求是》（北京），2010 年第 7 期，2010 年 4 月 1 日，頁 10。
133 編譯盧永山，「馬斯金：貧富差距擴大 中國經濟首要挑戰」，《自由時報》，2010 年 9 月 20 日，第 A5 版。
134 楊中美著，《中國即將發生政變：解析政變前夜的九大關鍵人物》（台北市：時報文化出版，2011 年），頁 7。
135 楊中美著，《中國即將發生政變》，頁 10。
136 楊中美著，《中國即將發生政變》，頁 12。
137 2010 年 12 月，浙江省樂清市寨橋村村長錢雲會之死引發近千村民集結與廣泛社

　　2009 年中國社會科學院發布社會藍皮書指出，中國各地加速發展與轉型過程中，累積許多的矛盾與問題導致民怨太深，因此群體事件不斷爆發[138]。儘管北京深知社會矛盾逐漸擴大，然而 2011 年中國年度廣義維穩經費高達 6,244 億人民幣，首度超越國防經費[139]。由此可知中共仍以「穩定壓倒一切」為政權生命線[140]的前提。此外，更可看出中國社會醞釀的積怨逐步危及中共政權。

會關注。當地網民稱錢雲會多年來帶頭抗議村民土地被強制徵收，遭人強壓在地並以卡車碾死。最後地方政府仍以交通意外判肇事者賠錢結案。請參見「樂清近千村民集結 近失控邊緣」，《聯合報》，2011 年 1 月 2 日，第 A12 版。

[138] 陳筑君，「群眾事件多 社科院：民怨太深」，《中國時報》，2009 年 12 月 22 日，第 A15 版。

[139] 「從中共『兩會』報告看未來走勢」，《中共研究》，第 45 卷第三期，2011 年 3 月，頁 103。

[140] 馬玲，「穩定是政權的生命線」，《廣角鏡》（香港），第 462 期，2011 年 3 月，頁 22。

<h2>第三節 評估</h2>

<h3>一、經濟實力消長</h3>

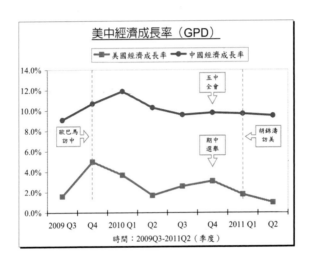

圖 4-9 美中經濟成長率（GDP）：2009 年第三季-2011 年第二季

■ 資料來源：美國經濟成長率：Bureau of Economic Analysis (BEA), U.S. Department of Commerce, <http://www.bea.gov/national/xls/gdpchg.xls> (Accessed September 20, 2011). 中國經濟成長率： "Trading Economics", <http://www.tradingeconomics.com/Economics/GDP-Growth.aspx?Symbol=CNY> (Accessed September 20, 2011).
■ 製圖：陳奕儒，2011 年 9 月 20 日。

表 4-4　美中實力此消彼長

編號	時間	項目	內容	資料來源
● 經濟				
1	2009/05	全球金融機構品牌價值，中國擠下美銀、花旗包辦金融機構類前三名	全球知名市場資訊機構「明略」（Millward Brown），發布○九年度 BrandZ 全球最有價值品牌百強。由中國工商銀行、中國建設銀行、中國銀行包攬該類榜單前三甲。過去經常為爭奪第一大打出手的美國銀行和花旗集團，今年分別下滑至第八名和第十一名。	陳筑君，「全球金融機構品牌價值 中國工商銀行 擠下美銀、花旗」，《中國時報》，2009 年 5 月 4 日，第 A15 版。
2	2009	中國投資美國企業的資金總量首次超過美國對於中國企業的投資	據數據分析業者 Dealogic 統計，2009 年中國買家共買進 39 億美元的美國資產，比 2008 年成長 4 倍。相對的，美國投資者只為中國企業注入 30 億美元資金，比 2008 年減少 80%。	「中投資美 首度超越美投資中」，《聯合報》，2010 年 1 月 20 日，第 A11 版。
3	2009	中國戰後首次取代美國，成為日本的最大出口國	根據日本財務省發表○九年貿易統計速報，以出口加進口的貿易總額來看，中國	黃菁菁，「中國取代老美 日最大出口國」，《中國時報》，2010 年 1 月 28 日，

			從○七年起，已成為日本的最大貿易國，但這次的統計不管是出口或進口，中國首度同時名列第一。	第 A2 版。
4	2009	中國綠能投資超越美國成為全球第一	根據美國環保團體 Pew 慈善信託基金的調查，中國 2009 年在潔淨能源上的投資激增逾 50%，總額達到 346 億美元，遠遠超過 20 國集團（G20）的所有成員國。美國的投資是 186 億美元，大約只有中國的一半，是美國五年來首度失去潔淨能源最大投資國的地位。不過，中國同時也取代美國，成為最大碳排放國。	陳澄和編譯，「超越美國 中國綠色投資全球 No.1」，《聯合晚報》，2010 年 3 月 25 日，第 B6 版。陳澄和、夏嘉玲編譯，「贏過美國 投資綠能逾兆 中國冠世界」，《聯合報》，2010 年 3 月 26 日，第 A21 版。

● 科技

| 5 | 2010/11 | 中國超級電腦運算速度首次超過美國，躍居世界第一 | 據國際 TOP 五○○組織公布全球五百大超級電腦排行顯示，中國「天河——一A」超級電腦的運算速度首次超過美國，躍居世界第一。美國專家指出，美國若不能急起直追，其影響 | 亓樂義，「超級電腦尬速 大陸超越美國」，《中國時報》，2010 年 11 月 16 日，第 A13 版。 |

		不僅是經濟競爭力的問題,更攸關國家安全。	

■ 製表:陳奕儒,2011 年 5 月 1 日。

「在全球市場景氣混沌未明之際,今年[2009 年]可望繼續成長 6%以上的中國大陸經濟,加上中共官方人民幣 4 兆元的龐大經濟刺激方案,意外成為美國企業的救命仙丹,使得中南海政策碰巧成為財星 500 大企業在一片茫茫大海中,少數可掌握的生命線。華爾街日報報導,從輪胎、工程設備到速食連鎖店,愈來愈多美國企業從北京當局的大手筆刺激經濟措施中獲益。著名工程機械製造商卡特皮拉執行長 James Owens 就表示,該公司挖土機在大陸市場的業績,在過去這個冬天不斷萎縮,但近幾月不僅出現生機,而且意外締造歷史紀錄。他指出,中國大陸一直對基礎建設有強大需求,且大陸基建工程開始動工的時間比美國要短,『就好像拿九個月(在美國)與九個星期(在大陸)相比』。James Owens 強調,快速因應大陸基建工程『上馬』的能力,對於該公司經營大陸市場十分重要,且卡特皮拉受惠於大陸官方刺激經濟政策的速度,遠遠快於受惠於美國政府刺激經濟政策的程度[141]。」

中國人負債相當低,每人平均只有一百三十六美元,幾乎能忽略不計,這與負債累累、每人平均負債超過五萬美元的美國人相較,形成鮮明對比[142]。

---

[141] 劉煥彥,「經濟救市方案 成美商大補丸」,《經濟日報》,2009 年 5 月 4 日,第 A9 版。

[142] 「中國財富總值 僅次美日」,《聯合報》,2010 年 11 月 30 日,第 A12 版。

　　《新華社》昨稱，「天河———A」超級電腦升級後的實測運算速度每秒達二五七〇兆次，使中國成為繼美國之後全球第二個具備研製千兆次超級電腦的國家。此前排名第一的是，美國田納西州橡樹嶺國家實驗室的「美洲虎」超級電腦，其實測運算速度每秒達一七五〇兆次。消息公布後，美國超級電腦的專家告訴《華爾街日報》，為美國帶來挑戰的不僅是「天河———A」，排名第三的「星雲」超級電腦也是中國製造，而本屆入榜的中國超級電腦共有四十一台，實力僅次於美國。《華爾街日報》中文網透露，美國能源部所屬的一個從事模擬核爆的實驗室，正協助起草一份雄心勃勃的「百億億次」計畫。據橡樹嶺國家實驗室負責科學技術的副主任撒迦利亞的估計，該項計畫預計八年內尚需聯邦政府四十億至五十億美元的投入，以開發必須的軟硬體技術[143]。

　　下圖 4-10 與 4-11 皆為預測中國在近年就有機會超越美國，成為最大的經濟體。尤其 IMF 的報告認為中國在 5 年後即 2016 年就會超越美國。

---

[143] 亓樂義，「超級電腦尬速　大陸超越美國」，《中國時報》，2010 年 11 月 16 日，第 A13 版。

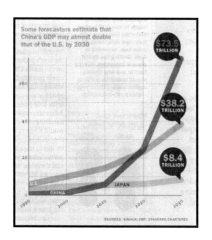

圖 4-10　2030 年中國 GDP 規模將是美國的兩倍？

■ 資料來源："Now No.2, Could China Become No.1?" *Time*, February 28 2011, p.9.

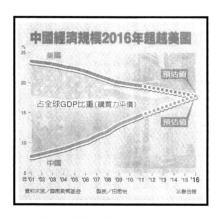

圖 4-11　IMF 預估中國經濟規模 2016 年將超越美國

■ 資料來源：田思怡編譯，「IMF 數據顯示：大陸經濟 2016 超過美國」,《聯合報》,2011 年 4 月 27 日，第 A1 版。

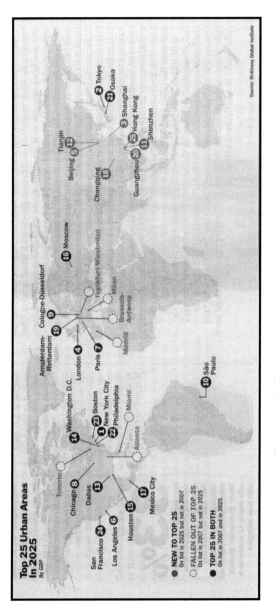

圖 4-12 預估 2025 年全球最繁榮的 25 個都會區

■ 資料來源：Sean Gregory, "A Tale of 600 Cities," *Time*, May 2 2011, p.20.

中投資美　首度超越美投資中

　　2009 年中國投資美國企業的資金總量首次超過美國對於中國企業的投資。據數據分析業者 Dealogic 統計，2009 年中國買家共買進 39 億美元的美國資產，比 2008 年成長 4 倍。相對的，美國投資者去年只為中國企業注入 30 億美元資金，比 2008 年減少 80%。現在仍太早斷言這種趨勢是否能持久。2009 年，中國買家只占美國 1187 億美元國外投資的 3%，名列海外投資國家第九名，仍處於少數地位[144]。

---

[144] 「中投資美　首度超越美投資中」，《聯合報》，2010 年 1 月 20 日，第 A11 版。

二、其他實力消長

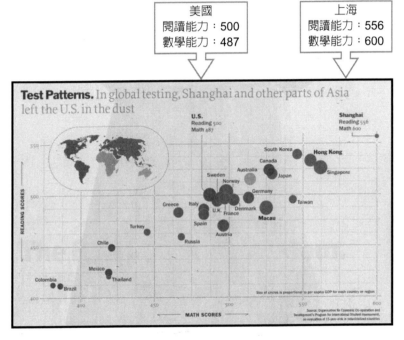

圖 4-13　全球測驗能力

■ 資料來源：　Annie Murphy Paul, "The Roar of the Tiger Mom," ***Time***, January 31 2011, p.26.

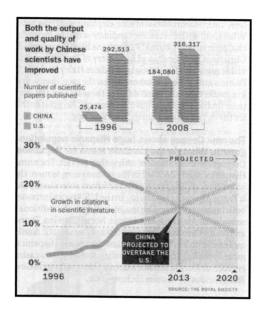

圖 4-14　中美科學論文出版比較

■ 資料來源：“Another Way China May Beat the U.S.,” *Time*, April 11 2011, p.13.

　　圖 4-13 說明上海的測驗能力超越美國，而圖 4-14 則預測 2013 年中國科學論文即將超越美國。

第四節　小結

　　金融危機之後，美國實力削弱而中國實力增強。美國負債累累、財政赤字嚴重。反觀中國取得了多項突破，經濟實力令人不容小覷。而這對中美關係產生影響，美國需要中國的支持與合作，遂形成兩者之間微妙的此消彼長情形。

第伍章

雙邊關係

我們在處理中美關係時，既要看到有利的一面，也要看到困難的一面。在中美關係得到改善和發展的時候，要保持清醒的頭腦，居安思危。當中美關係遭受挫折和困難的時候，要沉著應付，堅定勝利的信心。這裡的關鍵是要堅持以我為主，也就是要始終從我們國家的根本利益出發，牢牢掌握我們在中美關係中的主動性。鬥智鬥勇不鬥氣，不圖一時之痛快，不爭一日之短長[1]。

——中國前國務院副總理錢其琛，2002 年 10 月。

中共在 2001 年 1 月已為「對美關係以合作為主，淡化鬥爭」[2]拍板定案。美國前總統小布希（George W. Bush）的中國政策也以「合作」為主軸。他在 2010 年出版的自傳中寫道：「自由議程對中國而言是一個敏感的議題。我的政策是與中國在意

1　李玉梅，「9.11 事件後的國際形勢和中美關係」，《學習時報》，2002 年 10 月 15 日。

2　此見解由中國前副總理錢其琛於 2001 年 1 月小布希當選美國總統時在內部提出。參見葉鵬飛，「不戰而主東亞　中國新戰略」，《聯合早報》（新加坡），2004 年 11 月 7 日。

見一致的領域促進交往，利用此合作基礎在我們需要坦承對話的分歧上建立信任與信譽[3]。」由此可知北京與華府的合作關係早已打下深厚的基礎。

前面第二至四章，本書已討論經濟大衰退期間（2007 年 12 月到 2009 年 6 月），北京與華府國內及雙邊面對的衝擊、對策、實效。自本章開始，茲討論北京與華府在經濟大衰退後迄今（2009 年 7 月──）的雙邊、區域、全球關係。其中以「擴大合作」、「利益交鋒」為主題，並評估北京與華府「權力消長」的現況。本章探討北京與華府的雙邊關係。中美雙方擴大外交、經貿的交流與合作，但是在人權議題、經貿摩擦、對台軍售上仍存在矛盾與分歧。然而評估雙邊合作與分歧後可以發現，現階段對於北京與華府而言合作的利益遠大於分歧。

第一節　擴大合作

2009 年 11 月歐巴馬訪中與 2011 年 1 月胡錦濤訪美，雙方簽署兩份《中美聯合聲明》奠定「積極合作全面的中美關係」。兩份聲明中提到「合作」一詞分別為 54 及 51 次，次數之頻繁令人驚訝。緣此，作者將兩份聲明中提及主題、次數做一統計與比較，請見下表 5-1。

---

[3] 原文如下：*"The freedom agenda was a sensitive subject with China. My policy was to engage the Chinese in areas where we agreed, and use this cooperation to build the trust and credibility we needed to speak plainly about our differences."* 參見 George W. Bush, ***Decision Points*** (New York: Crown Publishers, 2010), p.426.

表 5-1　2009 年與 2011 年兩份《中美聯合聲明》
提及主題與次數之比較

		中美聯合聲明	中美聯合聲明
	時間	2009 年 11 月	2011 年 1 月
	地點	北京	華府
	事件	歐巴馬訪中	胡錦濤訪美
	總字數	6,435	5,968
合作		54	51
• 雙邊		35	39
	軍事	2	1
	反恐	2	2
	刑事、犯罪	2	1（反貪腐）
	科技	4	1
	太空	1	1
	航空	2	
	高鐵	1	
	農業	1	
	食品安全	1	
	法律	1	1
	人文	1	3
	經濟	3	8
	清潔能源	13	13
• 區域		3	3
	經濟	1	
	安全	1	
	朝核		1
• 全球		14	8
	公共衛生	1	
	經濟	2	2

	防核擴散	3	2
	伊核	1	
	南亞問題	1	
	氣候變化	1	1
	核能	1	
● 其他		2	1
分歧		3	3
	人權	2	2
協調		2	8

■ 資料來源：中國外交部，「中美聯合聲明」，2009 年 11 月 17 日，<http://www.fmprc.gov.cn/chn/pds/ziliao/1179/t627468.htm>（檢索日期：2009 年 12 月 9 日）。中國外交部，「中華人民共和國與美利堅合眾國聯合聲明」，2011 年 1 月 19 日，<http://www.fmprc.gov.cn/chn/pds/gjhdq/gj/bmz/1206_22/1207/t788163.htm>，（檢索日期：2011 年 4 月 26 日）。
■ 製表：陳奕儒，2011 年 5 月 11 日

《聯合聲明》及《聯合公報》之國際法意義與效力

北京與華府自 1972 年尼克森（Richard M. Nixon）訪中迄今，已經簽署三個《聯合公報》及三個《聯合聲明》[4]。為了解《聯合聲明》及《聯合公報》在國際法上的意義與效力，茲整理如下：

「宣言」（declaration）或「聲明」（promulgation）：宣言或聲明常用來指兩個或兩個以上的國家就某一重大問題舉行會談或會議，在會談或會議後公開發表的有關會談或會議的

---

[4] 中美三個《聯合公報》分別為：1972 年「上海公報」、1978 年《中美建交聯合公報》、1982 年「八‧一七公報」；中美三個《聯合聲明》則分別為：1997 年江澤民訪美、2009 年歐巴馬訪中、2011 年胡錦濤訪美所簽。資料來源：「中美關係」，《新華網》，<http://big5.xinhuanet.com/gate/big5/news.xinhuanet.com/ziliao/2006-03/21/content_4325921.htm>（檢索日期：2011 年 5 月 11 日）。

文件。宣言或聲明能否構成條約，應該從當事方的意思和文件措辭中作判斷[5]。

「聯合公報」（joint communiqué）：與宣言或聲明相似。聯合公報通常是兩個國家在會談或會議之後，就會談或會議所公開發表的文件。多數聯合公報並不構成條約，但亦不能當然排除特定聯合公報可能構成條約。至於判斷特定公報是否為條約，主要仍決定於當事者間是否有主觀意願創設、改變或廢除相互間之法律義務關係[6]。

儘管在國際法上，條約有許多不同的名稱，但不管一個條約用什麼名稱，它在國際法上的效力都是一樣[7]。維也納條約法公約明白加以規定，而且國際法院在「西南非案」（The West South Africa Cases）的判決中也明白裁示：名稱對於國際協定或國際義務之性質並不是一項決定性的因素。在國家和國際組織的實踐上及國際法庭的判例中，均有採用不同名稱的習尚，甚至一個國家未經簽名的片面文件（例如新聞簡報[press communique]）亦可構成國際協定。國際法院在一九七八年的「愛琴海大陸礁層案」（The Aegean Sea Continental Shelf Case）中也曾指出：聯合公報可以構成國際協定[8]。

因此，不論是《聯合聲明》或《聯合公報》對中美關係均有重要意義。有學者對 2009 年、2011 年簽署的兩份聲明抱

5　姜皇池著，《國際公法導論》，二版（台北市：新學林出版，2008 年），頁 147。

6　姜皇池著，《國際公法導論》，頁 149。

7　丘宏達著，《現代國際法》，修訂二版四刷（台北市：三民書局出版，2010 年），頁 163。

8　俞寬賜著，《國際法新論》（台北縣：啟英文化出版，2002 年），頁 364。

持不樂觀的看法:「雙邊外交文件有條約,聯合公報和聯合聲明,而聯合聲明層次最低,目的是讓雙方在重大問題上各執一詞。聯合公報則應有基本的共識,同 1972 年的《上海公報》相比,聯合聲明的方式不能不算是退步[9]。」對此作者持不同看法。因短期內連續發表兩份聲明,就內容而言顯見中美關係仍有進步。

　　從表 5-1 可知,兩份聲明中「合作」次數相仿。就「合作」一詞佔總篇幅而言,2009 年 11 月的聲明佔 0.0168;2011 年 1 月的聲明則佔 0.0171。顯示第二份聲明提及合作的份量微幅提高,合作趨勢不減。就合作內容而言,「雙邊」增多,其中「經濟」項目增加 5 次增幅最大。第二份聲明總計 41 條,經濟項目即佔 14 條,佔總篇幅三分之一以上。顯示北京與華府對雙邊經濟的重視。另外,兩份聲明中「清潔能源」合作皆提了13 次,為合作項目中次數最多。除了經濟以外,第二個利益匯合點可說是清潔能源。此外,「人文」合作項目增加 2 次。第二份聲明中特別提到「十萬人留學中國計畫」[10]。由此可知,中美雙方日漸重視人文交流,合作項目逐步多元且具體延伸到非官方層面。關於中美雙邊詳細合作的部份,請見本節以下的討論。

---

[9]　相藍欣,「中美關係如何穩定?」,《聯合早報網》,2011 年 2 月 24 日,<http://www.zaobao.com/special/china/sino_us/pages8/sino_us110224.shtml>（檢索日期:2011 年 5 月 11 日）。

[10]　中國外交部,「中美聯合聲明」,2011 年 1 月 19 日。

　　另一方面，兩份聲明中「分歧」次數不變，提到的都是「人權」議題。可見人權議題對中美關係而言仍存有矛盾，要解決並非一蹴可幾。值得注意的是，「協調」一詞出現次數增加 6 次。這是否意味著中美關係不僅鞏固合作，而且在分歧上要積極協調以求增進了解化解歧見？果真如此，這與過去中美雙方面對分歧時的態度不同。從以往各執一辭、互不相讓的「擱置分歧」到互相默許、堅守立場的「減少分歧」，在到如今互相尊重、積極調解的「處理分歧」。對於中美關係而言，可謂跨出重要的一步。關於分歧與協調部份，在第二節會有相關討論。

一、外交：高層往來頻繁

　　2011 年 1 月胡錦濤訪美前，中國外交部長楊潔篪指出近期中美關係的五個前所未有：「一是兩國高層交往和各層次溝通密切程度前所未有，二是兩國加強合作的強烈意願和決心前所未有，三是中美利益交融程度前所未有，四是兩國人民參與中美關係程度之廣泛、深入前所未有，五是中美在重大國際地區問題上的溝通前所未有[11]。」

　　2008 年 12 月 11 日，中國國務委員戴秉國在「美國布魯金斯學會紀念中美建交 30 周年」晚宴上的致詞中說：「13 億中國人和 3 億美國人都會高興地看到，中美高層和各層級往來愈來愈頻繁了。兩國領導人從幾年難得一次會晤，發展到布什[小布

---

[11] 王良芬，「胡錦濤 18 日訪美 北韓問題是焦點」，《中國時報》，2011 年 1 月 8 日，第 A16 版。

希]總統任內兩國元首一年多次會晤。中美建立起 60 多個對話合作機制。特別是戰略經濟對話和戰略對話，為兩國在戰略層面加深對話與合作提供了重要平台[12]。」以下茲將中美高層往來分為「元首會晤」與「高層互訪」討論。

元首會晤

自 2009 年 1 月歐巴馬上任以來，「歐胡會」累計已有 8 次。在中美外交史上，兩國元首如此頻繁密集的面對面接觸史無前例[13]。其中包括 2009 年 11 月歐巴馬訪中與 2011 年 1 月胡錦濤訪美。這兩次元首互訪皆為最高規格的「國是訪問（State visit）」[14]。歷次歐胡會請見下表 5-2 所示。

---

[12] 中華人民共和國外交部政策規劃司編，《中國外交：2009 年版》（北京：世界知識出版社，2009 年），頁 383。

[13] 「2 年 8 次『歐胡會』 中美元首頻密接觸史無前例」，《新浪全球新聞網》，2011 年 1 月 18 日，<http://dailynews.sina.com.bg/news/usa/usnews/ chinesedaily/ 20110118/23042172494.html>（檢索日期：2011 年 5 月 14 日）。

[14] 「國是訪問是兩個國家間最高規格的外交交流，通常具備有華麗壯觀的典禮與正式外交禮儀與儀節。傳統上會有軍隊校閱與軍樂演奏，並且一定會演奏兩國的國歌。舉行軍禮歡迎時通常會鳴放 21 響禮炮，以示最隆重的歡迎。」參見楊明娟，「新聞辭典：國是訪問 State visit」，《中央廣播電臺新聞網》，2011 年 1 月 14 日，<http://news.rti.org.tw/index_newsContent.aspx?nid=276470>（檢索日期：2011 年 5 月 29 日）。

表 5-2 北京與華府元首會晤

時間：2009/4-2011/2						事件總數：8
序號	時間	地點	國際會議	雙方元首 北京	雙方元首 華府	主要議題內容
1	2009/4/1	英國倫敦	二十國集團（G20）領導人第二次金融峰會	國家主席胡錦濤	總統歐巴馬	討論建立中美戰略與經濟對話機制、共同應對國際金融危機等
2	2009/9/22	美國紐約	第 64 屆聯合國大會	國家主席胡錦濤	總統歐巴馬	中美關係及其他共同關心的國際和地區重大問題
3	2009/9/25	美國匹茲堡	二十國集團（G20）第三次金融峰會	國家主席胡錦濤	總統歐巴馬	
4	2009/11/15-18	中國北京、上海		國家主席胡錦濤	總統歐巴馬	歐巴馬訪中；雙方發表《中美聯合聲明》
5	2010/4/12	美國華府	全球核安全峰會	國家主席胡錦濤	總統歐巴馬	中美關係及共同關心的國際和地區重大問題
6	2010/6/26	加拿大多倫多	二十國集團（G20）峰會	國家主席胡錦濤	總統歐巴馬	歐巴馬邀請胡錦濤訪美；討論中美合作、人民幣匯率等[15]

---

[15] 「G20 會外會 歐巴馬邀訪 胡錦濤說 OK」,《聯合報》, 2010 年 6 月 28 日, 第 A12 版。

7	2010/11/1	南韓 首爾	二十國集團 （G20）峰會	國家主席 胡錦濤	總統 歐巴馬	討論人民幣匯率、改善中美關係等[16]
8	2011/1/ 18-21	美國 華府		國家主席 胡錦濤	總統 歐巴馬	胡錦濤訪美；雙方再次發表《中美聯合聲明》[17]

■ 資料來源：中國外交部，「中國同美國的關係」，<http://www.fmprc.gov.cn/chn/pds/gjhdq/gj/bmz/1206_22/sbgx/>（檢索日期：2011 年 1 月 17 日）。中國外交部網站資料整理至 2011 年 4 月 29 日為止。後續為作者自各大報導整理，請參見註腳。
■ 製表：陳奕儒，2011 年 1 月 25 日。

　　由表 5-2 可知，中美元首平均每三個月就見一次面。根據 2009 年《中國外交》（即中國外交白皮書）統計：中美兩國元首「2009 年四次通話、九次通信，就中美關係、中美戰略與經濟對話、氣候變化等問題保持密切溝通[18]。」

• 歐胡會是美中力量分水嶺

　　中斌認為，2009 年 11 月歐胡會是美中力量的重要分水嶺。歐胡會之後，有一點可確認，即歐巴馬比美國前任總統對中國更有所退讓，歐巴馬此行完全不提人權、自由，在上海也沒有提台灣關係法，顯示美國有求於中國，美中在力量對比上，「歐胡會」是重要分水嶺。中美聯合聲明中，合作這個字眼出現多次，不論是北韓、伊朗核武問題，全球氣候變遷等，美國都有

---

[16] 劉永祥、編譯田思怡，「G20 談貨幣 歐胡辯白有志一同」，《聯合報》，2010 年 11 月 12 日，第 A25 版。
[17] 劉屏，「歐胡會 美重申台灣關係法」，《中國時報》，2011 年 1 月 21 日，第 A1 版。
[18] 中華人民共和國外交部政策規劃司編，《中國外交：2010 年版》（北京：世界知識出版社，2010 年），頁 198。

求於中國，但中國卻沒有什麼好有求於美國。美國政府因應中國崛起出現調適派，前副國務卿佐立克才會以「利益攸關者」形容二國關係[19]。

　　2011 年 1 月，胡錦濤訪美。歐巴馬用「這次訪問，我們可以為未來 30 年奠定基礎」[20]，來讚賞此次胡訪美媲美當年鄧小平訪美。

元首出訪分三種

　　國家元首應邀出訪，依接待規格及訪問目的不同，一般區分為國是訪問、正式訪問及工作訪問。國是訪問是兩國最高等級的外交往來形式，享有最高禮遇，會有軍禮歡迎、鳴放禮砲及國宴等安排，兩國元首也會交換禮物。若是正式訪問，就不會有國宴，歡迎儀式也較簡化。工作訪問則以討論特定議題為目的，禮賓安排從簡，沒有軍禮、禮砲及國宴，通常訪問時間也較短[21]。

19　劉曉霞，「林中斌：中共 18 大時習近平接班 歐胡會是美中力量分水嶺」，《兩岸網》，2009 年 11 月 27 日，<http://news.cnyes.com/stock/dspnewsS.asp?fi=\NEWSBASE\20091127\WEB2112&vi=33824&date=20091127&time=21:20:21&pagetype=index15&subtype=home&cls=index15_totalnews>（檢索日期：2009 年 11 月 28 日）。

20　"U.S. President Barack Obama, on Chinese President Hu Jintao's state visit, where the two leaders discussed trade relations and other pressing matters," **Newsweek**, January 31, 2011, p.14.

21　編譯張佑生，「胡錦濤國是訪問 美最高規格迎賓」，《聯合報》，2011 年 1 月 19 日，第 A4 版。

圖 5-1　2011 年 1 月胡錦濤訪美後，貓熊續留華府

■ 資料來源：編譯陳怡君，「貓熊外交　美香添添續留華府」，《中央社新聞網》，
2011 年 1 月 20 日，<http://www.cna.com.tw/ShowNews/WebNews_Detail.aspx?
Type=FirstNews&ID=201101200014>（檢索日期：2011 年 5 月 1 日）。

高層互訪

　　金融危機之後，北京與華府之間的高層互訪密切、頻繁，
詳細統計請參見附錄一。另外，2008 年全年，王岐山副總理同
鮑爾森財長 12 次通話，就中美戰略經濟對話和全球金融形勢等
問題保持密切溝通[22]。兩國外長全年 19 次通電話，就共同關心
的問題保持密切溝通[23]。2009 年，兩國外長全年 14 次通話，就
共同關心的問題保持密切溝通[24]。從以上元首會晤與高層互訪歸
納以下北京與華府對話特徵。

---

[22] 中國外交部政策規劃司編，《中國外交：2009 年版》，頁 215。
[23] 中國外交部政策規劃司編，《中國外交：2009 年版》，頁 216。
[24] 中國外交部政策規劃司編，《中國外交：2010 年版》，頁 199。

互動特徵

中斌曾提出北京與華盛頓之間官方高層互動的特徵為：
「華府北京雙方高層的來往，達到史無前例的規模，且出現四
個特徵：一是高層官員見面的頻率增加；二是見面的方式制度
化；三是見面官員層級下降到實質工作階層；四是見面官員種類
增加，由經貿，而外交，甚至到最後一塊——五角大廈和解放
軍[25]。」

針對以上，進一步詳述如下。此處讀者可參閱附錄一。

- ## 會晤頻率的增加

北京與華府的官方高層會晤頻率呈現攀升的趨勢。雙方的
雙邊會晤紀錄一年比一年多。因此，在可預見的未來，北京與
華府的合作持續面仍會維持下去。

- ## 會晤機制化

北京與華府官方高層會議的召開、會晤的形式開始出現常
規化甚至機制化。雙方一旦在合作、交流關係上開啟常規、機
制化的共識與型態，彼此間合作持續面的延續與鞏固必定將能
更上一層樓。

---

25 參見林中斌著，「美國中國出現重大新動向——台灣應打三張牌：民主、戰略、經
貿」，《偶爾言中——林中斌前瞻短評》（台北：黎明文化出版，2008 年），頁 23。

• 會晤官員層級的延伸

　　北京與華府官方高層的雙邊會晤漸漸從形式上的元首會晤、外交部長與國務卿會晤到實質上的外交部副部長與常務副國務卿、外交部部長助理與助理國務卿會談，甚至，尚有其他國家機關的部門如國防部長、財政部長等的增加。凡此，皆有助於我們理解，北京與華府的合作關係已然從形式走向實質。

• 會晤官員種類的增加

　　除了元首與外交部大本營之外，其他部門首長如國防部長、財政部長甚至司法部長等的入續加入更加深加廣北京與華盛頓實質合作的關係。一如前述的圖表紀實中所呈現的，北京與華盛頓開始強調雙方合作的全面性、整體性。

• 會晤議題層面的擴展

　　除了上述四大特徵外，北京與華盛頓在對話的議題層面逐步擴展。自原本的政治層面如中美關係、台灣問題、北韓核武問題等至經濟層面如中美經貿的重大問題；至今其討論的議題面向更觸及國防、軍事甚而有能源、技術、教育的合作交流。於此，更加印證北京與華盛頓領導人所言的加強中美合作關係的全面性。

二、經濟：經貿合作增加

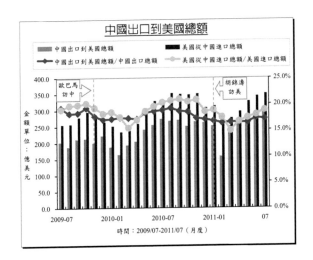

圖 5-2　中國出口到美國總額：2009 年 7 月-2011 年 7 月

- 資料來源：中國出口到美國總額與中國出口總額：「中國海關總署」，<http://www.customs.gov.cn/Default.aspx?tabid=2453&moremoduleid=3760&moretabid=4370>（檢索日期：2011 年 9 月 21 日）。美國從中國進口總額與美國進口總額：U.S. Census Bureau, <http://www.census.gov/foreign-trade/balance/c5700.html> & <http://www.census.gov/foreign-trade/balance/c0015.html> (Accessed September 21, 2011)。中出口到美／中國出口總額、美從中進口／美國進口總額為作者自行計算。
- 製圖：陳奕儒，2011 年 9 月 21 日。

　　（承第貳章，圖 2-8）上圖 5-2 為 2009 年 7 月至 2011 年 7 月中國出口到美國總額。由於中美兩國海關統計方式差異大，故作者將其分為「中國出口到美國總額」（即中方統計）及「美國從中國進口總額」（即美方統計）。兩者雖數量差距大，但趨

勢卻一致。即「中國出口到美國總額」或「美國從中國進口總額」都呈現增加的取向。由圖可推測，2009 年 11 月歐巴馬訪中後，中國出口到美國總額漸增（2010 年 2 月為中國新年）。2011 年 1 月胡錦濤訪美後亦增加。此外，由圖可知，中國出口到美國總額佔中國出口總額的比例反而下降。與圖 2-8 相同。可推知經濟大衰退過後，中國的出口轉向美國之外的其他國家以分散風險。而美國從中國進口總額佔美國進口總額的比例大致持平。

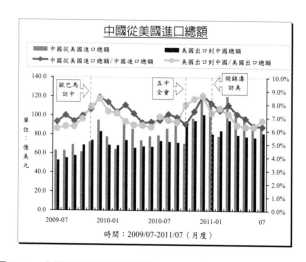

圖 5-3　中國從美國進口總額：2009 年 7 月-2011 年 7 月

■ 資料來源：中國從美國進口總額與中國進口總額：「中國海關總署」，<http://www.customs.gov.cn/Default.aspx?tabid=2453&moremoduleid=3760&moretabid=4370>（檢索日期：2011 年 9 月 21 日）。美國出口到中國總額與美國出口總額：U.S. Census Bureau, <http://www.census.gov/foreign-trade/balance/c5700.html> & <http://www.census.gov/foreign-trade/balance/c0015.html> (Accessed September 21, 2011). 中從美進口／中國進口總額、美出口到中／美國出口總額為作者自行計算。
■ 製圖：陳奕儒，2011 年 9 月 21 日。

　　（承第貳章，圖 2-9）上圖 5-3 為 2009 年 7 月至 2011 年 7 月中國從美國進口總額。與圖 5-2 相同，由於中美統計方式的差異而分成「中國從美國進口總額」及「美國出口到中國總額」。由圖可知，「中國從美國進口總額」或「美國出口到中國總額」都呈現增加的取向。此外，由圖亦可知，中國從美國進口總額佔中國進口總額的比例及美國出口到中國佔美國出口總額的比例，在歐巴馬訪中前後及胡錦濤訪美前都增加。然而在 2010 年 10 月中國五中全會之前，此兩比例都較低。觀察五中全會前，北京與華府分歧較多，例如南海衝突。

　　綜合上述兩圖，在經濟大衰退結束後，不論中國出口到美國總額或中國從美國進口總額仍呈現繼續增加的趨勢。尤其在兩國元首互訪前後，由於帶來許多經貿協議使得兩國貿易額度增加。例如以下會提到的胡錦濤訪美時採購訂單。另外，關於中美經濟出現了「中美國」一詞，如下所述。

　　2007 年，弗格森（Niall Ferguson）及舒拉里克（Moritz Schularick）提出「中美國」（Chimerica）一詞。「歡迎光臨占地表面積十分之一、人口四分之一、經濟產值三分之一、最近八年全球經濟成長一半以上的雙重國家『中美國』（Chimerica），也就是中國加美國。一時間，兩者猶如天作之合。東方的中美國人存錢，西方的中美國人花錢；從中國進口的產品壓低美國通膨，中國儲蓄拉低美國利率，結果，借錢相當輕鬆，開公司很有賺頭[26]。」

26　Niall Ferguson 著；杜默譯，《貨幣崛起：金融資本如何改變世界歷史及其未來之路》（台北市：麥田、城邦文化出版，2009 年），頁 307。

　　胡錦濤訪美前夕，中方先釋出利多。中國商務部副部長王超率領的中國貿易投資促進團，十七日在德州與美方達成價值六億美元的六項投資協定[27]。

表 5-3　胡錦濤訪美時採購訂單

領域	合作對象	合作內容	金額(美元)
清潔能源、電動車、智能電網、風電、核電	中國國電集團（CCC）和美國節能顧問公司（UPC）管理集團	風電項目	逾 15 億
	中國電力投資集團（CPIC）與美國鋁業（Alcoa）	鋁和清潔能源	75 億
	中國萬象集團與美國 Enerl 公司	合資在中國製造電動車使用的鋰電池	尚未公布
	中核包頭核燃料元件股份有限公司（CNNC）與美國西屋電器（Westhouse）	10 台 AP1000 核燃料製造設備	0.35 億
	中核集團與美國愛克斯龍公司	核電站營運服務	尚未公布
	中國華能集團（Huaneng）與美國電力公司（AEP）	清潔煤與節能檢 [減] 排協議／捕碳技術	尚未公布
	其它 18 份能源合作協議，約 130 億美元		
	此一部份中方向美方採購逾 200 億美元		
航空	中國航空器材集團與美國波音	200 架波音飛機	約 190 億
能源相關	中國華電集團與美國通用電氣	燃氣渦輪發電機	5 億

---

[27] 編譯張佑生，「胡錦濤國是訪問 美最高規格迎賓」，《聯合報》。

新科技應用	中國國家電網與美國電力公司	特高壓輸電、智慧電網	尚未公布
農產品	中國代表團與嘉吉、邦其、Archer Daniels Midland 等	大豆	18 億
影視	大連東方聖典影視	引進 IMAX 影院全套設備、電影院線及劇場專業設備	2.5 億
酒類	山西汾酒	收購美國中小酒廠	尚未公布
其它	美國奇異（GE）與中方	包括鐵路、航空與能源等產業。其中與中國南車（CSR）的 14 億合資案，應為大陸高鐵進軍美國的重要里程碑	21 億

中國代表團本次僅在清潔能源領域即對美國企業簽署逾 200 億美元協議。

- 資料來源：李書良、潘羿菁，「送歐巴馬大禮……胡錦濤 砸 600 億美元採購」，《工商時報》，2011 年 1 月 22 日，<http://money.chinatimes.com/news/news-content.aspx?id=20110122000007&cid=1208>（檢索日期：2011 年 5 月 12 日）。楊芬瑩，「中美將簽 450 億美元採購合約」，《中國時報》，2011 年 1 月 20 日，第 A2 版。
- 製表：李書良，2011 年 1 月 22 日。修改：陳奕儒，2011 年 5 月 17 日。

「中國國家主席胡錦濤這次訪美，向美國大手筆採購了各項產品總額達四百五十億美元（約台幣一點三兆元），估計可在美國創造廿三萬五千個工作機會。此外，胡錦濤啟程訪美前，中國鐵路建設代表團已於上周末前往美國加州勘探地形，準備競標首階段造價達四百五十億美元（約台幣一點三兆美元）的加州高鐵建設，美國媒體形容中國強打『高鐵外交』。美國哥倫比亞廣播公司報導，這是美國境內第一條真正的高鐵，也可能是中國高鐵第一次進入美國[28]。」

---

28 「胡採購 1.3 兆 創 23.5 萬工作」，《聯合報》，2011 年 1 月 20 日，第 A2 版。

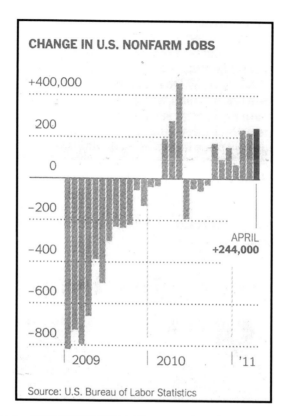

圖 5-4　美國非農業就業人口：2009 年 1 月-2011 年 4 月

■ 資料來源：Christine Hauser, "April employment data brighten outlook for U.S. economy," *International Herald Tribune*, May 7-8, 2011, p.15.

　　胡錦濤訪美之後，採購效應發酵，美國就業明顯增加。2011 年 2-4 月，平均新增就業機會達 20 萬個以上，而這些新增工作機會皆來自私人企業[29]。請參見前頁圖 5-4 儘管不能將新增就業

---

[29] Christine Hauser, "April employment data brighten outlook for U.S. economy," *International Herald Tribune*, May 7-8, 2011, p.12.

機會全數歸功於北京的大量採購，然而此番就業成長卻與採購內容不謀而合，北京不無貢獻。

第二節　利益交鋒

「國際通訊社路透選出了二〇一一年值得注意的全球十大政治風險，其中以美中角力排名第一。頭號政治風險，也是過去數年來的『全球性風險』，經濟學家指出，美中關係已進入『戰略不信任』年代，這兩個全球前兩大經濟體的緊張關係，牽動貿易、匯率、區域地位、經濟以及對北韓、伊朗等問題[30]。」

一、人權議題

2009 年 11 月與 2011 年 1 月兩份《中美聯合聲明》裡，提到的「分歧」皆為三次，其中都集中在人權議題。

「雙方強調各國及各國人民都有權選擇自身發展道路。各國應相互尊重對方對於發展模式的選擇。雙方都認識到，中國與美國在人權領域存在分歧。雙方本著平等和相互尊重的精神處理有關分歧，並按照國際人權文書促進和保護人權，決定於二〇一〇年二月底前在華盛頓舉行下一輪中美人權對話。雙方認為在法律領域促進合作並就法治問題交流符

---

[30] 管淑平編譯，「2011 年全球十大政治風險　美中角力　2011 年最大政治風險」，《自由時報》，2010 年 12 月 23 日，第 A13 版。

合兩國人民和政府的利益和需要。雙方決定儘早舉行中美法律專家對話[31]。」

「雙方重申，儘管兩國在人權問題上仍然存在重要分歧，但雙方都致力於促進和保護人權。美方強調，促進人權和民主是美國外交政策的重要組成部份。中方強調，不應干涉任何國家的內政。中美強調，各國及各國人民都有權選擇自身發展道路，各國應相互尊重彼此選擇的發展模式。雙方本著平等和相互尊重的精神處理人權問題上的分歧，按照國際文書促進和保護人權，並同意在第三輪中美戰略與經濟對話前舉行下一輪中美人權對話[32]。」

2010 年 5 月 13-14 日，中斷兩年後，第十五次中美人權對話在美國華府舉行。北京學者認為，中美重啟人權對話，標誌著兩國關係在經歷年初的波折後，重新步入正軌。北京清華大學中美關係研究中心研究員陶文釗說，歐巴馬在人權問題上展現了三點新姿態：第一，明確表示兩國的共同利益比分歧重要；第二，與中方就分歧進行對話；第三，不讓分歧妨礙合作。他認為，現在中美關係中的人權問題與上世紀九十年代初已大不相同。現在，他只占了兩國關係中很小的一部分[33]。

2011 年 1 月胡錦濤訪美時，在與美國總統歐巴馬的聯合記者會上，胡錦濤指出「發展人權事業還有很多工作要做」，有

---

[31] 中國外交部，「中美聯合聲明」，2009 年 11 月 17 日。
[32] 中國外交部，「中美聯合聲明」，2011 年 1 月 19 日。
[33] 賴錦宏，「中斷兩年後……中美重啟人權對話」，《聯合報》，2010 年 5 月 14 日，第 A19 版。

美國媒體以「在這個非常敏感的議題上，罕見的讓步」形容之[34]。

　　值得一提的是，美國前任總統小布希在自傳中提到人權議題為華府與北京的分歧之一。其中因個人信仰使他聚焦於宗教自由。因此，在 2007 年雪梨 APEC 會議上，小布希告訴胡錦濤將接見西藏精神領袖達賴喇嘛（Dalai Lama）。胡錦濤回覆小布希此政治敏感問題將引起中國人民的強烈反彈。小布希清楚胡錦濤指的其實是此舉將引發中國政府的強烈回應。小布希卻堅持不讓步。但他告訴胡錦濤一個好消息，即使美國國內施壓他仍將親赴北京奧運。胡錦濤聽完似乎鬆了一口氣[35]。由這番談話可發現，人權議題在北京眼中已非昔日般不可動搖，華府甚至開始可以用其他政治籌碼做交換。此應證前述北京學者的觀點，人權議題在中美關係的份量逐漸縮小。

二、經貿摩擦

　　2009 年 11 月與 2011 年 1 月兩份《中美聯合聲明》中，經貿部份可謂重中之重。縱然聲明中強調雙方經貿合作的重要，卻也因此可看出中美經貿摩擦問題一直都存在。

---

34 劉屏，「胡錦濤：人權事業還有很多工作要做」，《中國時報》，2010 年 1 月 21 日，第 A2 版。
35 Bush, *Decision Points*, pp.428-429.

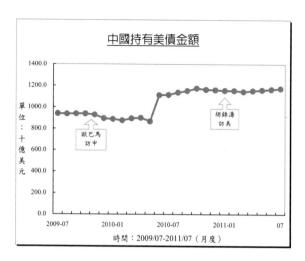

圖 5-5　中國持有美債金額：2009 年 7 月-2011 年 7 月

（承第貳章，圖 2-10）上圖 5-5 為 2009 年 7 月至 2011 年 7 月中國持有美債金額。由圖可知，經濟大衰退結束後，中國仍持續增加購買美債。中國手上持有的美債金額一度高達 1.2 兆美元。對此，美國媒體開始擔憂這將成為北京對華府的另類「金融核武[36]」。美國媒體的擔心並非空穴來風。維基解密曾披露美國國務卿希拉蕊曾向澳洲前總理陸克文說：「你怎能強硬對待你的債主？[37]」。因此，中國具備美國頭號債主的身分，成為北京手中的籌碼。亦成為中美關係積極協調的要素。

---

[36] 劉芳，「中持美國債越來越多　美媒憂心是金融核武」，《蕃薯藤新聞網》，<http://n.yam.com/bcc/international/201103/20110304060286.html>（（檢索日期：2011 年 4 月 12 日）。

[37] Michael Wines And David E. Sanger, "U.S.-China relations increasingly strained," *International Herald Tribune*, December 7, 2010, p.1&3.

● 匯率問題

　　美中經濟關係的諸多討論都深受貨幣問題和雙邊貿易失衡的影響。中國受到的指責是，維繫低估的匯率，採用保護主義政策，推進在國際市場上的競爭優勢。事實上，自 2005 年 7 月進行匯率改革以來，人民幣對美元的升值達到 21%左右，這使得相關指責顯得蒼白無力。當然，2005 年中期以來中國外匯儲蓄的飆升也表明，中國央行繼續干預外匯市場。國際貨幣基金組織（IMF）高級官員最近指出，人民幣的幣值依舊被嚴重低估[38]。

　　金融危機之後，人民幣緊盯美元以求穩定。然而此舉卻引發眾多官方、學界、輿論一陣躂伐。關於此點，中國總理溫家寶表示：「人民幣升值面臨的壓力愈來愈大。大家還記得在 1998 年那場金融危機當中，我們保持了人民幣幣值的穩定，對國際社會作出了重大貢獻。今天我仍然以為，在世界主要貨幣接連貶值的情況下，人民幣保持幣值的基本穩定是對國際社會的貢獻，那種以各種壓力來迫使我們升值，我們絕對不會答應。我曾經這樣對外國朋友講，我說你們一方面要人民幣升值，另一方面又採取形形色色的貿易保護主義，其實質就是要抑制中國的發展。這可能是我們明年（2010 年）對外經濟工作面臨的一個重大課題[39]。」

38　Eswar Prasad 著，「當前金融危機對美中經濟關係的影響」，門洪華、任曉主編，《中國改變世界》（杭州：浙江人民出版社，2009 年），頁 187。

39　中國國務院總理溫家寶在 2009 年底接受新華社專訪，其談論的主題為「中國如何應對國際金融危機」。參見「溫家寶總理接受新華社獨家專訪」，《新華網》，2009

　　針對溫家寶一貫的立場，英國金融時報（Financial Times）
首席經濟評論員馬丁沃夫（Martin Wolf）撰文批評：「中國的出
口已超越所有國家，再也不能以無關宏旨作搪塞的理由。第
一，不管中國感受如何，在當前嚴重的衰退下，針對中國出口
的保護主義卻出奇的輕微。第二，壓低匯率的政策無異於出口
補貼和全面提高關稅──換句話說，也是保護主義。第三，中
國迄 9 月已累積 2.273 兆美元外匯存底，卻始終把匯率壓在全球
經濟史上未曾見過的低水準。最後，中國也因而扭曲自身和整
個世界的經濟[40]。」文末，他提出建議：「如果逆差國家[美國]
削減支出，而其貿易夥伴[中國]卻決心維持過剩的生產，致力
於提高淨出口，那會如何？答案是：經濟蕭條。如果逆差國家
維持龐大而不設限的預算赤字維持國內需求呢？答案是：一連
串的預算危機。兩個答案都很難讓人接受；我們需要合作的調
整[41]。」

　　想必中美兩國領導人有聽到馬丁沃夫的建言。雖然中國不
願在外力壓迫下升值，但考慮國內經濟情勢且與美方經過多次
的會晤、對話後，在 2010 年 6 月 19 日宣布「重啟匯改機制」[42]。
2011 年 1 月 6 日，中國人民銀行工作會議會中對今年人民幣匯
率政策做出重大宣示，明確指出將增強人民幣匯率彈性，等於

年 12 月 27 日，<http://www.news.cn/xhwzb20091227_wz.htm>（檢索日期：
　2009 年 12 月 30 日）。

[40] Martin Wolf 著，吳國卿編譯，「中國操縱匯率　全球不安」，《經濟日報》，2009
　年 12 月 10 日，第 A8 版。

[41] Wolf 著，吳國卿編譯，「中國操縱匯率　全球不安」。

[42] 「人行宣布彈性匯改　人民幣將緩步升值」，《聯合報》，2010 年 6 月 20 日，第
　A1 版。

宣告人民幣將持續升值；這也是去年六月大陸宣布重啟匯改以來，第二次明確表明人民幣將升值。外界解讀，此番宣示將作為中國國家主席胡錦濤訪美的「伴手禮」之一[43]。

圖 5-6 即為近期人民幣升值情況，由圖可明顯看出 2011 年 1 月胡錦濤訪美前後，人民幣升值幅度加快、加大：

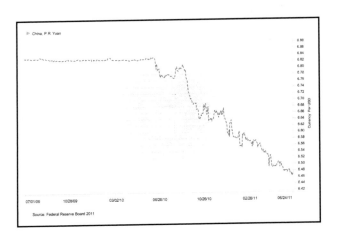

圖 5-6　美元兌人民幣匯率走勢圖：2009 年 7 月 1 日-2011 年 6 月 24 日

■ 資料來源：Board of Governors of the Federal Reserve System, <http://www.federalreserve.gov/datadownload/Chart.aspx?rel=H10&series=e85cfb140ce469e13bec458013262fa1&lastObs=&from=01/01/2007&to=06/25/2011&filetype=csv&label=include&layout=seriescolumn&pp=Download> (Accessed September 21, 2011).

關於中國匯率的討論往往陷入細枝末節，而忽略了其宏觀影響。對中國而言，擁有獨立的貨幣政策，實現低通貨膨脹和穩定增長等國內目標，具有實質性意義。匯率的靈活性本身不

---

43 「增強匯率彈性 人民幣將升值」，《中國時報》，2011 年 1 月 7 日，第 A18 版。

是目標，而是一個前提條件。從特定的匯率目標解脫出來，使中國人民銀行擁有利用利息升降的槓桿，有助於其控制信貸規模，阻止不計後果的投資，防止陷入增長──衰退循環的危險。有必要在此強調的是，獨立的貨幣政策需要靈活的匯率，而不是盯住某種貨幣甚至通過管制性的「爬行」來實現匯率的逐步升值[44]。

對於中國而言，隨著國力與自信提升，其不願屈服於外國勢力壓迫而升值，作為對中國人民展現國家自尊心的一面。此番升值主要是考慮「人民幣適度升值有助抑制通膨和資產泡沫，一方面可降低進口產品的人民幣價格，特別是減輕國際原物料漲價對大陸物價的影響，直接舒緩輸入型通膨壓力[45]。」

---

[44] Prasad 著，「當前金融危機對美中經濟關係的影響」，頁 187-188。
[45] 「增強匯率彈性 人民幣將升值」，《中國時報》。

● **貿易問題**

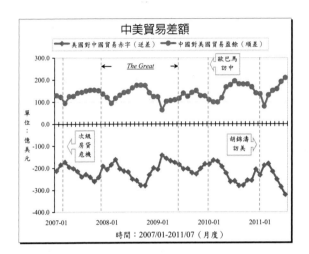

圖 5-7　中美貿易差額：2007 年 1 月-2011 年 7 月

■ 資料來源：美對中貿易赤字（逆差）：U.S. Census Bureau, <http://www.census.
gov/foreign-trade/balance/c5700.html> (Accessed September 21, 2011). 中對美
貿易餘額（順差）：作者自行計算，「中國海關總署」，<http://www.customs.
gov.cn/Default.aspx?tabid=2453&moremoduleid=3760&moretabid=4370>（檢
索日期：2011 年 9 月 21 日）。
■ 製圖：陳奕儒，2011 年 9 月 21 日。

三、對台軍售

　　2010 年 1 月 29 日，美國政府宣布出售六十架「黑鷹」直升
機、一百餘枚「愛國者三型」飛彈等軍備給台灣，總值約為美
金六十億元。這是歐巴馬政府上任一年來的第一筆對台軍售，

其中不包括柴電潛艦，也沒有 F-16C／D 戰機[46]，美售台武器檔案如下圖 5-8 所示。

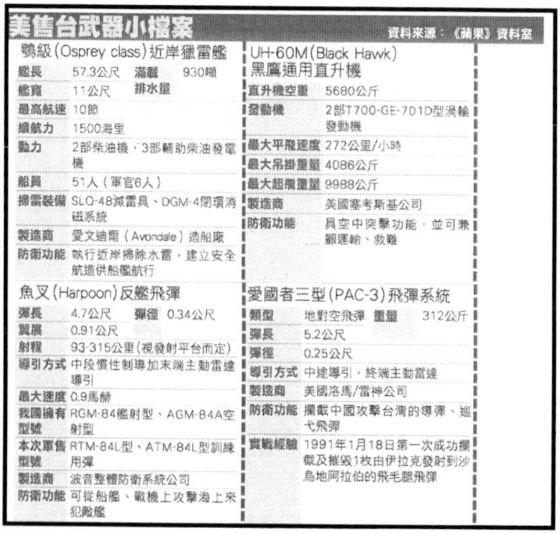

美售台武器小檔案　資料來源：《蘋果》資料室

鶚級(Osprey class)近岸獵雷艦

艦長	57.3公尺
艦寬	11公尺
滿載排水量	930噸
最高航速	10節
續航力	1500海里
動力	2部柴油機，3部輔助柴油發電機
船員	51人（軍官6人）
掃雷裝備	SLQ-48滅雷具、DGM-4閉環消磁系統
製造商	愛文迪爾（Avondale）造船廠
防衛功能	執行近岸掃除水雷，建立安全航道供船艦航行

魚叉(Harpoon)反艦飛彈

彈長	4.7公尺
彈徑	0.34公尺
翼展	0.91公尺
射程	93-315公里(視發射平台而定)
導引方式	中段慣性制導加末端主動雷達導引
最大速度	0.9馬赫
我國擁有型號	RGM-84艦射型、AGM-84A空射型
本次軍售型號	RTM-84L型、ATM-84L型訓練用彈
製造商	波音整體防衛系統公司
防衛功能	可從船艦、戰機上攻擊海上來犯敵艦

UH-60M(Black Hawk)黑鷹通用直升機

直升機空重	5680公斤
發動機	2部T700-GE-701D型渦輪發動機
最大平飛速度	272公里/小時
最大吊掛重量	4086公斤
最大起飛重量	9988公斤
製造商	美國塞考斯基公司
防衛功能	具空中突擊功能，並可兼顧運輸、救難

愛國者三型(PAC-3)飛彈系統

類型	地對空飛彈
重量	312公斤
彈長	5.2公尺
彈徑	0.25公尺
導引方式	中途導引，終端主動雷達
製造商	美國洛馬/雷神公司
防衛功能	攔截中國攻擊台灣的導彈、巡弋飛彈
實戰經驗	1991年1月18日第一次成功攔截及摧毀1枚由伊拉克發射到沙烏地阿拉伯的飛毛腿飛彈

圖 5-8　美售台武器小檔案

■ 資料來源：「美售台 2 千億武器」，《蘋果日報》，2010 年 1 月 31 日，<http://tw.nextmedia.com/applenews/article/art_id/32271263/IssueID/20100131>（檢索日期：2011 年 4 月 1 日）。

此舉引發北京強烈、頻繁、罕見的高分貝抗議，請參見下表 5-4。

46 劉屏、王銘義，「歐巴馬對台軍售 首批 2050 億」，《中國時報》，2010 年 1 月 31 日，第 A1 版。

表 5-4　中國對美國軍售台灣的反應

事件	主要內容
外交部副部長何亞非向美國駐北京大使洪博培提出嚴正交涉	警告此舉「勢必損害中美關係，給兩國諸多重要領域的交往與合作造成嚴重消極影響，導致雙方都不願看到的後果。」
全國人大外事委委員會負責人發表談話	敦促美方立即撤消錯誤決定
國防部新聞發言人黃雪平發表談話	中方決定暫停兩軍計畫內的有關安排。中方將密切關注形勢發展，視情做出進一步反應。
國防部外事辦公室主任錢利華召見美國使館武官	稱美方此舉嚴重毒化了兩軍關係的政治基礎。中方保留採取進一步行動的權利。
外交部宣布	中方決定： 1. 推遲中美兩軍部份交往項目 2. 推遲副部長級戰略安全、軍控與防擴散等磋商 3. 制裁參與售台武器的美國公司 4. 中美國際與地區合作也將受到影響
國台辦發言人發表談話	美方行徑與當前兩岸關係良好發展的形勢背道而馳，也不符合台灣民眾的根本和長遠利益。

■ 資料來源：呂昭隆，「老美算盤打得精　永遠不吃虧」，《中國時報》，2010 年 1 月 31 日，第 A4 版。
■ 製表：朱建陵，2010 年 1 月 31 日。

　　就在世人認為中美關係可能因此重陷泥淖之際，2010 年 2 月 17 日，美國尼米茲號航母按例停靠香港，說明中共不想

鬧大[47]。此外，中方雖宣布將加以制裁，但這些軍工企業都是
國際著名飛機製造與科技大廠，隨即引起在華美商的強烈關
注，為緩和美商不安情緒，外交部副部長崔天凱日前還特別邀
請可口可樂、摩托羅拉等美商茶敘，表達中方的基本立場。中
國現代國際關係研究院的美國問題專家牛新春對《中國日報》
說，中國的克制態度是因為清醒意識到中美利益高度符合相互
依賴[48]。

　　回溯近期中美高層會晤，不難發現「台灣議題」逐次減少
或會後補上，甚至不提。從「白宮國家安全會議亞洲事務資深
主任貝德，在華府布魯京斯研究院談歐巴馬的亞洲政策，回答
聽眾詢問兩岸問題時，語出驚人表示，美國認為『台灣地位』
這個被中國認為是核心問題，透過美國與中國談判的三項公
報，以及主導美國政策的台灣關係法，**『這項問題已經徹底處
理了』**。貝德強調，歐巴馬此次中國行，不會去碰觸此事（台灣
地位），也不會有違背美國上述政策方向的說法，『美國不會去
破壞這個已久經試煉過的領域』[49]。」可知，「對台軍售」對北
京與華府而言，雖仍屬敏感議題，但其對中美關係造成的衝擊
正逐步下降、減少。

---

[47] 亓樂義，「中美軍事交流 鬥而不破」，《中國時報》，2010 年 2 月 26 日，第 A17 版。

[48] 王銘義、劉屏，「大陸軍方：中美暫停軍事互訪 立場不變」，《中國時報》，2010
年 2 月 26 日，第 A17 版。

[49] 張宗智，「歐巴馬訪中 不碰台灣地位問題」，《聯合報》，2009 年 11 月 8 日，第
A16 版。

第三節　權力消長

一、外交

　　自 2010 年初美宣布對台軍售後，至 2010 年 10 月，北京與華府高層互訪多由美國官員至中國訪問，中國高層官員（例如外交部長）幾乎未到訪美國。

二、經濟

　　貿易上，中國從美國進口增加。國債上，中國為美債最大持有國，達 1 兆美元以上，佔美債達 14%，有「金融核武」或「恐怖平衡」之說。可見金融危機之後，北京在雙邊關係中掌握較大的主動權。

三、北京對美「鬥而不破」

　　北京對美運用「鬥而不破」由來已久。金融危機之後，北京在中美關係裡的主動權增加，使其「鬥而不破」原則運用自如並且更加靈活、嫻熟。

● 「鬥而不破」原則的起源

1937 年毛澤東作「矛盾論」，其中提到：「一切事物中包含的矛盾方面的相互依賴與相互鬥爭，決定一切事物的生命，推動一切事物的發展[50]。」及「戰爭中的攻守，進退，勝敗，都是矛盾著的現象。失去一方，他方就不存在。雙方鬥爭而又聯結，組成了戰爭的總體，推動了戰爭的發展，解決了戰爭的問題[51]。」他並以國共兩黨為例，說明兩黨「又聯合又鬥爭」[52]。雖然他並未創造出「鬥而不破」一語，但此概念逐漸成型。

1982 年，鄧小平在針對美國對台軍售案、時任副總統老布希（George H. W. Bush）訪華前夕，曾下達指示：「對美鬥爭要立足於不怕，但也要講策略，注意方法，在堅持原則下爭取不破[53]。」北京與華府建交不久，鄧小平即做出「對美鬥爭、爭取不破」的明白指示。

1999 年，江澤民在十五屆四中全會閉幕對內說：「與美國打交道總的策略是兩手對兩手，既要堅持原則、敢於鬥爭，又要策略靈活、善於鬥爭，堅持有理、有利、有節，鬥而不破，以鬥爭促進合作[54]。」至此，江澤民明確說出對美「鬥而不破」一語。

---

[50] 中共中央文獻編輯委員會，「矛盾論」，《毛澤東選集》（北京：人民出版社，1991年），第一卷，頁 305。

[51] 中共中央文獻編輯委員會，「矛盾論」，《毛澤東選集》，頁 306。

[52] 中共中央文獻編輯委員會，「矛盾論」，《毛澤東選集》，頁 306。

[53] 王立著，《回眸中美關係演變的關鍵時刻》（北京：世界知識出版社，2008 年），頁 142。

[54] 江澤民在「十五屆四中全會」閉幕會內部講話，1999 年 9 月。參見林中斌編著，《以智取勝：國防兩岸事務》（台北市：全球防衛雜誌社，2005 年），頁 491。

　　與本章前兩節比對，可以發現北京迄今仍沿用「鬥而不破」原則。2010 年 1 月美國對台軍售引起北京抗議，中斌曾於接受訪問時說：「北京的大戰略很成熟細膩，『鬥而不破』，不至於有懲罰性作為，也不會失控或鬧得太僵[55]。」

　　因此，北京對華府持「鬥而不破」的策略。即便雙方分歧與矛盾仍持續存在且具體浮現，議題擴大次數不減。但是北京不會撕破臉。

　　另一方面，華府則開始調整 911 後的「布希單邊主義」。受金融危機重創後，對外積極尋求合作，對華則有「調適派」[56]異軍突起。曾復生教授撰文指出：「美國傾向採取積極性措施，包括建立美國與中共的國防戰略對話機制、發展區域性的安全合作架構、強調亞太地區若爆發軍事衝突所必須要付出的代價，以及鼓勵中國大陸週邊國家與中共發展雙邊，或多邊性質的軍事互信機制等，而這些策略都顯露出美國因應『中國崛起』的戰略思維與具體做法，趨向細緻與靈活[57]。」

　　觀察兩者的共同點是──「避其鋒」，皆避免正面衝突而採取以經濟、外交、文化等對話、合作、交流途徑。即便屬於最敏感的軍事領域也展開許多互訪、對話。美國前國務卿季辛吉

---

[55] 「未售台 F16C/D 不傷兩岸關係」，《蘋果日報》，2010 年 1 月 31 日，<http://tw.nextmedia.com/applenews/article/art_id/32271278/IssueID/20100131>（檢索日期：2011 年 5 月 4 日）。

[56] 關於美國「調適派」，請參見林中斌，「台灣芬蘭化了嗎？」，《財訊》，2010 年 1 月 21 日，頁 66-67。

[57] 曾復生，「美國因應『中國崛起』趨向細緻靈活」，《財團法人國家政策研究基金會：國政分析》，2011 年 3 月 4 日，<http://www.npf.org.tw/post/3/8844>（檢索日期：2011 年 5 月 4 日）。

在新書《論中國》指出中美危機升高時會因對話與討論獲得解決[58]。因此，長遠來看雙方關係漸趨穩定。

第四節　小結

　　本章評估「權力消長」後發現，中國實力強化增加北京主動權，使原來中美雙邊的重大分歧相形「協調」，不致於如以往瀕臨危機或使中美交流冷卻良久而停滯不前。

---

58 Henry A. Kissinger, *On China* (New York: The Penguin Press, 2011), p.527.

第陸章

區域關係

美國在大洋洲增強海空軍力部署，既可允許中共在第一島鏈從事警戒任務，又可避免和崛起的大中國不計代價進行對抗。此法不僅可讓中共對台動武付出慘痛代價，亦使美國得以在縮減第一島鏈傳統軍事部署時，持續在此區執行海空巡弋任務[1]。

——羅伯特·卡普蘭（Robert D. Kaplan）[2]，2010 年。

---

[1] "Strengthening the U.S. air and sea presence in Oceania would be a compromise approach between resisting a Greater China at all cost and assenting to a future in which the Chinese navy policed the first island chain. This approach would ensure that China paid a steep price for any military aggression against Taiwan. It would also allow the United States to scale back its so-called legacy based on the first island chain but nonetheless allow U.S. ships and planes to continue to patrol the area." 參見 Robert D. Kaplan, "The Geography of Chinese Power," **Foreign Affairs**, May/June 2010, p.40.

[2] 羅伯特·卡普蘭為美國華府智庫「新美國安全中心（the Center for a New American Security, CNAS）」資深研究員，與《大西洋月刊》（**The Atlantic**）通訊員。

上述引言言下之意，卡普蘭認為美國可以縮小第一島鏈的部署，擴大後方的優勢。因此本章探討金融危機之後北京與華府在亞太區域的關係。

本書在前章小結提出：金融危機後北京獲得中美雙邊關係裡更多的主動權。中美關係合作大於分歧，且面對分歧開始採取不同以往的積極處理態度。此外，中國實力提升而擴大內需使亞太地區周邊國家受益。經貿利益優先下，與中國維持良好關係成為亞太國家大勢所趨。然而，美國在亞太地區長期處於主導地位。日本、南韓等國更以美國馬首是瞻。面對中國在亞太地區逐漸嶄露頭角，又亞太地區近期的突發事件或長久以來的爭議，對中美關係影響如何？金融危機後，美國實力減弱與中國實力增強在亞太地區是否出現權力消長？

以上幾個問題為本章勾勒架構。另外，考量中美雙方在亞洲主要著重於亞太地區，故本章討論的「區域」範圍以亞太地區為主，其他亞洲地區如中亞、南亞等不列入本章重點，特此向讀者說明。以下茲就「北韓議題」、「南海爭議」、「權力消長」分別討論。

在進入第一節前，美國喬治・華盛頓大學學者沈大偉（David Shambaugh）針對中美在區域問題上的態度做了一個表格。參見下表 6-1。中美共識為 16 項、分歧為 8 項、不確定為 11 項。整體而言，中美共識大於分歧，然而不確定仍多。值得注意的是，亞太地區在分歧與不確定議題中各佔了至少 5 項與 6 項。代表北京與華府在亞太地區的一些議題上，互相了解及互信尚不足。

表 6-1 中美在區域問題上的態度

序號	問題	一致	分歧	不確定
1	發展地區多邊制度			✓
2	六方會談轉化為東亞安全合作機制			✓
3	加強東盟地區論壇			✓
4	美日同盟			✓
5	美國在該地區的其他同盟	✓		
6	美國在該地區的軍事存在			✓
7	擴大日本自衛隊的作用		✓	
8	朝鮮無核化	✓		
9	維持朝鮮政權		✓	
10	深化中韓關係		✓	
11	打擊有組織犯罪，販毒，走私和其他非傳統安全問題	✓		
12	反恐	✓		
13	核不擴散	✓		
14	美國防衛台灣地區		✓	
15	台灣地區加入導彈防禦體系		✓	
16	日韓加入導彈防禦體系			✓
17	中緬關係		✓	
18	中國——東盟關係			✓
19	印度尼西亞的穩定	✓		
20	維護南亞穩定	✓		
21	印巴核安全互信措施	✓		
22	印巴緩和	✓		
23	尼泊爾穩定	✓		
24	中印關係	✓		
25	美印關係			✓

26	美國──巴基斯坦關係			✓
27	克什米爾問題的解決	✓		
28	美國──中亞紐帶			✓
29	美國領導的占領阿富汗行動	✓		
30	中俄關係		✓	
31	上海合作組織	✓		
32	南海爭端			✓
33	東海爭端		✓	
34	東亞能源安全	✓		
35	東亞經濟安全	✓		
	總計	16	8	11

■ 資料來源：David Shambaugh，「中國接觸亞洲與地區秩序的重塑」，《中國改變世界》，門洪華、任曉主編（杭州：浙江人民出版社，2009 年），頁 217-218。

第一節　北韓議題

　　北京與華府在 2009 年 11 月簽署的《中美聯合聲明》裡，提到雙方在北韓上的合作為：「雙方重申繼續推動六方會談進程並落實二〇〇五年「九‧一九」共同聲明的重要性，包括朝鮮半島無核化、關係正常化及在東北亞地區建立永久和平機制。雙方表示，願與有關各方共同努力，通過協商對話，全面實現六方會談宗旨和總體目標。中方對美朝開始高級別接觸表示歡迎。雙方希望六方會談多邊機制早日重啟[3]。」可見亞太地區的經濟與安全為中美雙方關注的議題。

---

[3]　中國外交部，「中美聯合聲明」，2009 年 11 月 17 日，<http://www.fmprc.gov.cn/chn/pds/ziliao/1179/t627468.htm>（檢索日期：2009 年 12 月 9 日）。

「中美一致認為，正如六方會談「九‧一九」共同聲明和聯合國安理會相關決議所強調，保持朝鮮半島和平穩定至關重要。雙方對近期事態發展導致半島局勢緊張表示關切。雙方注意到兩國在半島問題上保持了密切合作。中美強調改善半島南北關係的重要性，都認為朝韓開展真誠和建設性對話是非常重要的一步。鑒於半島無核化對維護東北亞地區和平與穩定至關重要，中美雙方重申，有必要採取切實有效步驟實現無核化目標，並全面落實六方會談「九‧一九」共同聲明中的其他承諾。在此背景下，中美對朝鮮宣稱的鈾濃縮計畫表示關切。雙方反對所有違反六方會談「九‧一九」共同聲明和相關國際義務和承諾的活動。雙方呼籲採取必要步驟，以儘早重啟六方會談進程，解決這一問題及其他相關問題。[4]」

第二節　南海爭議

2010 年 7 月，日本《共同社》的報導引發北京與華府在南海議題上的爭執。報導指出：「中國政府今年 3 月間正式向美國高層官員表明擁有南海主權，而且首度使用『核心利益』的字眼，表示『南海是關係到中國領土完整的核心利益』。共同社引述華府消息人士說法指稱，中方在 3 月上旬向訪中的美國副國務卿史坦柏格，和白宮國家安全委員會亞洲事務高級主任貝德

轉達上述立場[5]。」此後，北京與華府隔空交火，加上當時美韓黃海軍演，使得中美關係一波未平一波又起。

• 風起於青萍之末

　　南海主權爭議歷時已久，牽涉的國家為數眾多，請見下圖 6-1 為南海島鏈主權爭端示意圖。其中，北京與華府近年在南海的爭議漸增。2009 年 3 月，美國國防部曾向北京抗議，中國五艘船隻在南海的公海上圍堵美海軍監測船，險象環生。中方則稱，「美方的行為違反《國際法》」，雙方針鋒相對，互不相讓。美國海軍戰院國際法教授格拉斯卡事後指出，中國開始運用法律戰以阻止美、日機艦進入其經濟專屬區，其目的是建立中國大陸的「戰略縱深」[6]。金融危機之後，北京的一舉一動無不受到各方尤其華府的放大鏡檢視。尤以涉及主權爭議時，雙方常有劍拔弩張之勢。

5　編譯林翠儀，「日媒驚爆　中國嗆美：南海是領土核心利益」，《自由時報》，2010 年 7 月 5 日，第 A12 版。

6　亓樂義，「大陸對美表態：南海是核心利益」，《中國時報》，2010 年 7 月 5 日，第 A13 版。

圖 6-1　南海島鏈主權爭端

■ 資料來源：編譯林翠儀，「日媒驚爆　中國嗆美：南海是領土核心利益」，《自由時報》，2010 年 7 月 5 日，第 A12 版。

　　除了上述 2009 年中美在南海船隻針鋒相對外。2010 年，針對北京公開支持東協與中國透過多邊外交尋求和平解決領土爭議，並為建立南中國海成為「海上共同體（maritime commons）」而非領海的努力，美國國務卿希拉蕊表示不滿[7]。2010 年 7 月 4 日，就在中、美兩國海洋權益交鋒之際，香港《南華早報》披露，美國三艘巡弋飛彈核潛艦出現在亞太地區，是冷戰以來美國太平洋艦隊罕見的一次「武力炫耀」[8]。2010 年中旬，北京與

---

[7]　Marvin Ott, "Asia's clouded horizon," ***International Herald Tribune***, September 29, 2010, p.8.

[8]　亓樂義，「大陸對美表態：南海是核心利益」。

華府因「天安艦事件」在兩韓問題上看法分歧，加以南海問題的宿怨，使得北京與華府反唇相譏、中美關係一度緊張。

• 風起雲湧

在 2010 年 7 月 23 日越南河內的「東協區域論壇（ASEAN Regional Forum）」上，希拉蕊對南海議題公開表示，「南海群島主權爭議的解決對區域安定『至關重要』，在亞洲公共海域的航行自由，以及在南海爭議上尊重國際法，是符合美國的國家利益，美國準備促進多邊協商，以解決各國競相宣稱南海島嶼主權的問題。[9]」。華盛頓郵報指出，希拉蕊日前在東協區域論壇閉門會議中宣示，南海自由航行權攸關美國國家利益，美國願協助相關國家達成在南海的行動準則。中國外長楊潔篪當場離席，一小時後回到會場，一口氣發言卅分鐘，嚴詞批評美國在南海問題上密謀對抗中國[10]。爾後北京不甘示弱，繼續抨擊華府此番不利中國立場的言論。

針對希拉蕊在越南東協區域論壇的發言，中國外交部長楊潔篪隨即在 2010 年 7 月 25 日警告說，勿將鄰國之間領土、海權爭議，擴大為國際事件，同時也不接受美方提議的多邊協商模式。他認為希拉蕊大談南海與美國國家利益等「貌似公允」的言論，實際上是在攻擊中國，並給國際造成「南海局勢十分堪

---

[9] 編譯魏國金，「南海議題 希拉蕊公開挑戰中國」，《自由時報》，2010 年 7 月 24 日，第 A16 版。

[10] 劉永祥、編譯陳世欽，「南海問題惹毛中國 美淡化爭議」，《聯合報》，2010 年 7 月 31 日，第 A19 版。

憂」的迷象[11]。楊潔箎並頗有指桑罵槐之意地說「一些國家不能增加對華出口，並非因為航行自由受阻礙，而是其對高技術產品輸出設置高壁壘；中國更不能接受表達自身合理關切，就被美方視為『脅迫』[12]。」北京與華府雙方持續針鋒相對。

　　2010 年 8 月 18 日，美國太平洋指揮部司令威勒德（Robert Willard）在菲律賓表示，「中國對南海的強勢態度引起東南亞地區的關切，而美國反對該區域各國就南海的領土爭端使用武力，未來美國也將持續維持在此戰略地區的勢力[13]。」同日，日本《讀賣新聞》也社論中指出「中國海軍逐漸以高壓姿態進出國際海上運輸的要衝——南海，使美國和亞洲各國都加強警戒心，亞洲各國應聯手遏阻中國進出南海，以避免軍事衝突[14]。」一時之間，亞太地區接連因兩韓問題與南海爭議瀰漫著緊張的氛圍。

● 風波漸息

　　然而，北京與華府並不樂見風波繼續擴大。因此在 2010 年 7 月 29 日，美國國務院政策計畫處首席副主任查立特（Derek Chollet）面對媒體詢問，刻意淡化美中爭議，強調「不會」影響兩國關係[15]。但美國似乎不肯善罷干休。2010 年 9 月 24 日，美

11　楊芬瑩，「南海主權 中駁斥美多邊協商論」，《中國時報》，2010 年 7 月 26 日，第 A13 版。

12　楊芬瑩，「南海主權 中駁斥美多邊協商論」。

13　尹德瀚、黃菁菁，「中對南海強勢 美日憂心」，《中國時報》，2010 年 8 月 19 日，第 A2 版。

14　尹德瀚、黃菁菁，「中對南海強勢 美日憂心」。

15　劉永祥、編譯陳世欽，「南海問題惹毛中國 美淡化爭議」，《聯合報》，2010 年 7

國總統歐巴馬在紐約與東協 10 國領袖舉行峰會並發表聯合聲明，美國與東協領袖「同意和平解決爭端、保持自由航行暢通、維持區域穩定和尊重國際法的重要性，包括南海在內」。中國外交部發言人姜瑜 25 日重申，中國主張透過雙邊友好磋商談判，和平解決南海爭議[16]。對此，美國拉攏東協以抗衡中國的做法顯而易見。

至於南海爭議的另一重要角色——東協，其對此風波立場雖不一致，但多數不希望選邊站或與中國撕破臉[17]。菲律賓媒體說，緬甸和北韓是這次會議的重點，雖然各方認為南海是最重要的議題，但都是私下這麼說而已。馬來西亞《星洲日報》說：這次東協破例在會上提出南海問題，是因為主席國是越南，它主張擁有南海主權，它獲得了美國的支持，而美國所以如此，是希望制衡軍力不斷擴大的中國[18]。印尼《雅加達郵報》說：「印尼應該避免在美中爭鬥中充當前者的緩衝器，因為這會損害雅加達與北京的關係，無論是地理位置還是經濟上，我們與中國要比美國更接近；與拒絕支持美國比起來，損害與中國的關係對我們更有害。」泰國朱拉隆功大學的專家說：一邊想在中國崛起中獲利，一邊又擔憂中國過於強大，但無論如何與中國合作使大部分東南亞國家不願與中國發生衝突。馬來西亞《南洋商報》警告說：「美國在南海是受歡迎的，但不能興高采烈地製

月 31 日，第 A19 版。

16 劉永祥、編譯田思怡，「美拉攏東協 聯合聲明倡南海自由航行」，《聯合報》，2010年 9 月 26 日，第 A13 版。

17 Ott, "Asia's clouded horizon," *International Herald Tribune*.

18 「美國要在南海問題上挑戰中國」，《中國時報》。

造麻煩，而非解決問題」[19]。可見華府要拉攏東協對抗中國並非易事。

　　北京雖然一開始話鋒犀利，但不久即冷卻以待。2010 年 9 月 28 日，美國國務院負責亞太事務的助理國務卿坎貝爾表示，各方應秉持「冷靜外交（cool-headed diplomacy）」的態度處理南海爭端。有報導說，中國官員表示南海是中國核心利益云云。對此，前美國駐北京大使芮孝儉說，迄今沒有任何中共官方文件或聲明提到這一點，他認為中國內部還在為了是否應有這樣的聲明而激辯。CSIS 東南亞研究計畫主任鮑爾（Ernest Bower）也存疑，「哪位官員說的，何時說的，報導並未指明」[20]。由 7 月報導引述中國官員對美國官員說「南海是核心利益」始，華府對中國嚴詞抨擊。到 9 月官員卻改口否認有相關事實。此一風波的平息，速度之快不禁令人意外。在下一節的討論試圖說明北京與華府在亞太地區的紛爭不致於惡化成危機的理由。

第三節　權力消長

　　前面兩小節分別討論了北京與華府在亞太地區的共識與分歧。金融危機之後，中國綜合實力日益升高，反之美國則日漸下滑。經濟與地緣的優勢，使得中國在亞太地區的影響力逐步升高。美國則因國內經濟、反恐戰爭纏身而對亞太區域事務分

19　「美國在南海只會增加麻煩？」，《中國時報》，2010 年 9 月 28 日，第 A13 版。
20　劉屏，「處理南海爭端　美提冷靜外交」，《中國時報》，2010 年 9 月 30 日，第 A19 版。

身乏術。一消一長之下，中國影響力漸增而美國漸減。美國在亞太地區逐漸更需要中國的合作，因此出現第二節討論的—許多看似會擴大的紛爭，不久後即煙消雲散。緣此，本節從經濟與外交層面探討，試圖理解北京與華府在亞太區域的權力消長。

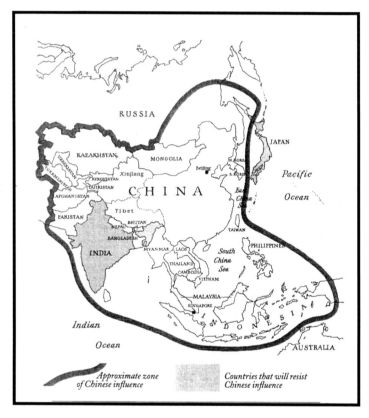

圖 6-2　中國未來的區域影響力

■ 資料來源：Robert D. Kaplan, "The Geography of Chinese Power," ***Foreign Affairs***, May/June 2010, p.27.

上圖 6-2 為卡普蘭（Robert D. Kaplan）在《外交事務》期刊發表的文章中一圖。此圖說明中國的地緣政治力量幾乎囊括半個亞洲，從東北亞、東南亞到中亞與南亞。但其中日本與印度會抗衡中國的影響力。以下將有北京在經濟與外交上對周邊國家影響的討論。

一、經濟

新加坡總理李顯龍認為，中國這次能在金融危機中維持穩定，是非常了不起的表現，但要帶動全球還做不到，中國領導人很清楚，中國還不是一個先進國家，所以在國際上的影響力、能承擔的責任不會過量。近來中國對南海主權宣示、在黃海展示軍力頗受注目，李顯龍表示，鄧小平說中國要「韜光養晦、有所作為」，「我相信胡錦濤的詮釋是『堅持韜光養晦、積極有所作為』，最近『有所作為』的成份增加了些。」李顯龍特別提到，大陸電視劇集《大國崛起》清楚指出，強勢崛起、以武力擴展勢力的都失敗了；和平崛起發展，以經貿合作維持國際平衡、提升生活，才是正確的政策[21]。」

● 貿易

2010 年 1 月 1 日，全球第三大自由貿易區中國——東協自貿區成立，短短一年，雙邊貿易額突破二五〇〇億美元，東協

21　張慧英、林上祚，「中國崛起　擴展經貿才是王道」，《中國時報》，2010 年 9 月 7 日，第 A2 版。

取代日本成為中國第三大貿易夥伴。此外，中國──東協自由貿易區在 2011 年將持續朝取代北美自由貿易區，成為全球第二大自貿區邁進。去年一至十月，中國對東協出口 111.4 億美元，進口 1243 億美元。當去年上半年，日本還是中國第三大貿易夥伴，下半年已被東協取代。除了貿易外，投資合作也成中國──東協自貿區發展新引擎。去年一到十一月，中國對東協投資達 19.6 億美元，累計已達 108 億美元，首次超過 100 億美元大關。東協對中國投資也達 50 億美元，增長 35%[22]。

　　由於中國工資高漲，迫使中國從亞洲其他國家進口更多商品，並將更多低端製造業外包。故中國與亞洲其他國家經濟互賴大幅提高。過去十年，中國與不包括日本在內的亞洲其他國家貿易高占總量的 47%。參見下圖 6-3。

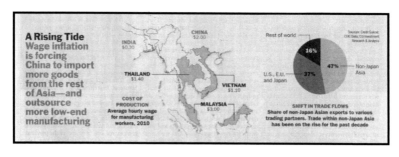

圖 6-3　中國與其他亞洲國家經濟互賴增加

■ 資料來源： Neel Chowdhury, "The China Effect," *Time*, April 25, 2011, p.45.

---

22 連雋偉，「中國東協 自貿區周年 貿易投資破紀錄」，《中國時報》，2011 年 1 月 3 日，第 A13 版。

表 6-2　中美與亞洲各大貿易夥伴

	中國		美國	
	為出口目的地	為進口目的地	為出口目的地	為進口目的地
亞洲				
• 東北亞				
日本	1	1	2	2
南韓	1	1	3	4
台灣	1	2	3	3
• 東協（ASEAN）				
汶萊			5	5
柬埔寨	2（香港）	1	1	
印尼	3	2	4	5
馬來西亞	2	1	3	4
緬甸		5		
菲律賓	4（香港）；5	3	2	2
新加坡	1（香港）；3	4		2
泰國	3；5（香港）相加大於美國	2	2	5
越南	4	1	1	
• 南亞				
印度	4	2	3	4
巴基斯坦	5	2	2	
• 中亞				
阿富汗		2	5	
伊朗		2		
大洋洲				
澳洲	1	2		3
紐西蘭	4	3	3	4

■ 資料來源：World Trade Organization (WTO), "Statistics database," <http://stat.wto.org/CountryProfile/WSDBCountryPFHome.aspx?Language=E> (Accessed: May 22, 2011).

■ 說明：本表為作者依據世界貿易組織資料庫各主要國家 2009 年貿易情況整理而成。

- **基礎建設**

北韓

中共國務院總理溫家寶日前[2009/10]赴北韓訪問，宣布雙方將興建鴨綠江界河公路大橋，並著手興建計畫。南韓媒體昨天傳出，中方將全部負擔一點五億美元（台幣約四十八億）左右工程費。南韓媒體分析指出，中國積極主張興建鴨綠江大橋，是為北韓開放後打造的橋頭堡。目前大陸與北韓貿易流通量的七成以上是依靠連接丹東和新義州的交通網絡。投資這項新措施，成為大陸擴大對北韓貿易的最重要課題之一。韓國媒體還指出，建設鴨綠江大橋也與中國政府振興東北計畫中開發丹東一帶有著密切的關係。上海國際問題研究院北韓問題專家于迎麗表示，中方與北韓之間原先的經貿關係雖然頻繁，但結構多為單項，即中方向北韓提供援助或中方從北韓進口資源類產品，北韓則從中國進口日用品等。建了新大橋，雙方關係將更密切[23]。

西南絲路

最新一期中國「瞭望」周刊報導，中國大陸正積極打造以雲南為中心，連接華東沿海經濟圈、東南亞經濟圈和南亞經濟圈的陸路通道，以突破對外貿易的「麻六甲困境」，並在印度洋

---

[23] 「工程費近 50 億 建新鴨綠江大橋 中國埋單」，《聯合報》，2009 年 10 月 11 日，第 A14 版。

地區形成一個大型新興貿易圈。報導指出，中共總書記胡錦濤去年[2009]七月考察雲南後指示，要把雲南建成中國向西南開放的重要「橋頭堡」，北京政府在今年六月正式提出建設南亞出境的通道計畫。商務部網站的資料顯示，醞釀六年的中緬油氣管道已在六月三日開工，長度近八百公里的石油和天然氣管道將連絡緬甸皎漂市和雲南昆明，至少能減少一千兩百公里的路程，總投資額廿五億四千萬美元。雲南並以修通連接緬甸的公路，計畫進一步延伸至印度。另外，昆明區域性跨境人民幣金融服務中心也在上個月揭幕，為中國與東南亞、南亞國家經貿交往提供人民幣結算等多種金融服務[24]。

南新走廊

　　為緊密連結中國和東協的經貿網路，今年「東協加一」自由貿易區正式啟動外，中國官員近日剛完成中國到新加坡經貿帶的「南新走廊」考察，希望藉此發展成為「太平洋西岸最有活力經濟增長帶」。這條從廣西南寧出發，貫穿越南、寮國、泰國、馬來西亞，直到三千八百公里外的新加坡，正式名稱為「南寧──新加坡經濟走廊」，也被中國視為和東協各國合作的新通道。這趟考察獲得的共識包括，正在構建的「南新走廊」將以南寧、河內、金邊、曼谷、吉隆坡、新加坡等沿線大城市為依託，促進沿線各國人流、物流、資訊流、資金流，推動區域內投資貿易，及工業、農業、旅遊業、交通、服務業等產業合作，

24　編譯朱小明，「突破星馬緊箍咒 西南絲路大復活」，《聯合報》，2010 年 8 月 4 日，第 A11 版。

構建沿線優勢產業群、城鎮體系、口岸體系以及邊境經濟合作區，並成為中國與東盟經濟合作交流的大動脈，太平洋西岸發展最有活力經濟增長帶[25]。如下圖 6-4 所示。

圖 6-4　南新走廊示意圖

■ 資料來源：林琮盛，「南寧──新加坡 南新走廊連結南向經貿」，《聯合報》，2010 年 8 月 11 日，第 A11 版。

---

[25] 林琮盛，「南寧──新加坡 南新走廊連結南向經貿」，《聯合報》，2010 年 8 月 11 日，第 A11 版。

泛亞高鐵

亞洲開發銀行（ADB）表示，中國、越南、柬埔寨、寮國、泰國、緬甸 6 國部長 20 日將齊聚越南，為涵蓋 3 億人口的湄公河流域鐵路網興建計畫背書。預計這個鐵路網 2025 年完工後，可載送 320 萬名乘客和 2300 萬噸貨物。ADB「大湄公河次區」計畫始於 18 年前，涵蓋中國雲南、廣西壯族自治區及 5 個東南亞國家，旨在加強經濟關係，促進開發[26]。

中國工程院院士王夢恕透露，從中國昆明至緬甸仰光的高速鐵路，在中國路段部份已經開工。除此，中國和寮國、柬埔寨的高鐵項目也進入論證階段，預計二〇二〇年這三條高鐵路線可建成通車，將使中國直接打通印度洋出海口。該工程兼具戰略和經濟利益，被視為中國未來十年勢力延伸的宏圖之舉。今年六月，耗時六年的中緬油氣管道合作協定簽訂，這是中國繼中哈管道、中亞天然氣管道、中俄原油管道之後的第四大能源進口通道，廈門大學中國經濟能源研究中心主任林柏強認為，中緬油氣管道將可緩解中國在麻六甲海峽的困局，降低海上原油進口的風險。美國國防部多年前曾警示，中國正在南亞建立一串以港口為主的據點，包括援建斯里蘭卡的漢班托特港、孟加拉的吉大港、緬甸的實兌港，以及巴基斯坦的瓜達爾港，隱然形成一條「珍珠鏈戰略」態勢，而這些布局都協同經濟方案，對當地尤具吸引力[27]。

---

26 編譯夏嘉玲，「中越柬寮泰緬 將合建鐵路網」，《聯合報》，2010 年 8 月 20 日，第 A25 版。

27 亓樂義，「直通印度洋 大陸興建中緬高鐵」，《中國時報》，2010 年 11 月 24 日，

中國國務院總理溫家寶將於 27 至 30 日訪問馬來西亞、印尼，備受關注的泛亞高速鐵路中國段也將在今天動工。這段由雲南昆明至寮國首都永珍的鐵路，是泛亞高鐵東南亞中線（昆明至新加坡）的一部分，全線預計 2020 年完成通車，未來搭乘火車從昆明至新加坡僅需約 10 小時。連接雲南昆明至寮國永珍的「中寮段」鐵路，全長 530 公里，預計 5 年完工，造價 70 億美元（約 2025 億元台幣），中寮兩國將以建立合資公司的方式承建，中方將承擔 70%投資額。按「亞洲鐵路網政府間協定」，中寮段的 高鐵還將延伸到泰國曼谷，然後經馬來西亞吉隆坡，終至新加坡，全長 3900 公里。屆時可由昆明直達新加坡。有關協議初步確定了泛亞鐵路的路線，分東、中、 西線 3 個方案，各線將分段興建，整個鐵路網可望在 2020 年完成，將跨越中國、越南、柬埔寨、寮國、緬甸、泰國、馬來西亞、新加坡 8 國[28]。參見下圖 6-5。

第 A17 版。

[28] 「泛亞高鐵中線動工 昆明↔星國僅 10 小時」,《蘋果日報》,2011 年 4 月 25 日,<http://tw.nextmedia.com/applenews/article/art_id/33341677/IssueID/20110425>（檢索日期：2011 年 5 月 4 日）。

圖 6-5 泛亞高鐵路線和小檔案

■ 資料來源:「泛亞高鐵中線動工 昆明↔星國僅 10 小時」,《蘋果日報》,2011 年 4 月 25 日,<http://tw.nextmedia.com/applenews/article/art_id/33341677/IssueID/20110425>(檢索日期:2011 年 5 月 4 日)。

二、外交

有人用「C 形包圍」[29]來形容美國對中國近期的外交作為。然而,前述提到金融危機之後,北京與亞太國家的經貿更趨熱絡。即便如美國在亞太地區的盟友日本、韓國,現已雙雙與中國成為最大貿易夥伴。因此,北京要「各個擊破」並非難事。

---

[29] 「C 形包圍」觀點是由中國空軍上校戴旭提出。請參見戴旭著,《2030 肢解中國——美國的全球戰略和中國的危機》(香港:新點出版,2010 年)。

● 華府兩手

2010 年 9 月，希拉蕊在「外交關係協會」發表演說，重申美國重返亞洲，要做積極的跨太平洋領袖[30]。歐巴馬在第二屆「美國──東協高峰會」上，也提到東協與美國雙邊關係與空前合作。他說：「作為一個太平洋國家，美國對亞洲的人民與未來有巨大的利害關係。我們需要亞洲國家保有夥伴關係，以因應厚植經濟、防止核擴散及處理氣候變遷等挑戰。美國打算在亞洲扮演領導角色[31]。」

華郵指出，美國最近對中國改採較強硬姿態，以為外交均衡策略的一環，既對中國在部分領域的崛起表示歡迎，兼可在重大利益受威脅時對中國不假辭色。這項策略難得的獲華府觀察家一致肯定[32]。儘管如此，從報導指出「陪同希拉蕊東來的美國記者事先都收到國務院的提醒，不要錯過希拉蕊在越南開會的講話，可見這是美國研究妥當的外交大事，要把南海問題擴大」[33]，斑斑可見華府對北京兩手策略的應用。

---

[30] 劉永祥、編譯田思怡，「美拉攏東協 聯合聲明倡南海自由航行」。

[31] 編譯羅彥傑，「南海爭議 歐巴馬籲和平解決」，《自由時報》，2010 年 9 月 26 日，第 A8 版。

[32] 劉永祥、編譯陳世欽，「南海問題惹毛中國 美淡化爭議」，《聯合報》，2010 年 7 月 31 日，第 A19 版。

[33] 「美國要在南海問題上挑戰中國」，《中國時報》，2010 年 7 月 27 日，第 A13 版。

● 東協國家不願選邊站

針對此波南海爭議告一段落，霍普金斯（Hopkins University）大學教授歐特（Marvin Ott）撰文指出「預期一個新興東協——美國聯盟以抗衡中國為一錯誤」，其理由引述如下[34]：

第一，長久以來東協國家害怕被迫在中國與美國之間選邊站。如果真的要選，根據新加坡駐美代表的觀察，大部份東協國家會選擇中國。而「不過熱或過冷」的合作卻協調不深的中美關係，對東協國家而言最為合宜。

第二，中國在東協的影響力既深、有力而且持續成長。特別在經濟層面。當金融危機削弱美歐經濟，中國崛起為東協最大的貿易夥伴。2009 年與 2010 年，總貿易粗估成長 50%。

第三，儘管投資軍事現代化明顯增加，卻沒有東南亞國家準備與中國軍隊正面交鋒。若中美為南海決戰的一天來臨，美國領導人不要指望除了稍有機會的越南以外的東南亞國家支援。

由上可知東南亞國家在外交、經濟、軍事上與中國決裂的機會渺小。

● 首度建立亞太磋商機制

北京與華府雖然在雙邊關係上有 60 多個對話磋商機制，然而在區域事務上卻還未有正式的磋商機制。有鑑於此，2011 年

---

[34] 原文如下：*"It would be a mistake to expect the emergence of a new Asean-American alliance against China."* 參見 Ott, "Asia's clouded horizon," ***International Herald Tribune***.

5 月 10 日在華府落幕的第三輪中美戰略與經濟對話（S&ED），中國國務委員戴秉國表示，兩國同意首度建立中美亞太事務磋商機制。此外，「美方重申歡迎一個強大繁榮成功並在國際事務中發揮更大作用的中國；美國尊重中國的核心利益」[35]。戴秉國並指出，美中都同意亞太地區大到足以兼容美中的利益，他也宣布今年首次舉行的戰略安全對話未來會繼續下去。這次會議顯示，雖然美中仍有重大歧見，但都希望對外釋出在亞太共榮並存的正面訊息，美國似乎進一步承認了中國在亞太的影響力[36]。

合作與分歧常常是一體的兩面。中國與美國的政治體制、經濟制度、歷史文化、社會風俗原本就存在根本不同的差異。追本溯源，兩者分歧的根源在於對彼此的猜忌與信任不足。曾有兩位中國學者撰文指出：

> 在與美國打交道的過程中，中國面臨著一個棘手的兩難問題。美國國內總是存在著一種聲音：即稱中國將來會不可避免地成為美國的敵人；另有一些人則通過零和稜鏡將中國在地區內影響力的任何預期和實際的增長均折射為是對美國利益的損害。因此，中國面臨著如何在與地區內的國家打交道時要讓美國安心的問題，要把握這兩者之間的平衡。如果中國積極參與地區事務和制定地區內標準，一些美國人就會認為這是中國要挑戰美國統

---

35 劉屏，「戰略經濟對話落幕 中美亞太事務磋商 首度建立機制」，《中國時報》，2011年 5 月 12 日，第 A13 版。

36 曹郁芬，「美中對話落幕 美中擬設亞太新諮商機制」，《自由時報》，2011 年 5 月 12 日，第 A12 版。

治地位的信號。同時，國際政治將越來越地區化，這使中國的抉擇更加艱難[37]。

上述引文是在 2005 年提出，至今已經過 6 年。在金融危機後，中國實力相對當時進一步提升。重新檢視這段話並觀察現在的北京與華府，雙方在亞太區域的互不信任可能更多而沒有減少。

第四節　小結

金融危機之後，美國實力削弱而中國實力增強。因此，美國受限於自身嚴峻的國內經濟、未明朗的反恐戰爭問題，重返東亞的可能減少。反之，中國受益於自身經濟實力的提升、區域影響力的增加，中國主掌東亞的可能增加。然而，一消一長之際，使得北京與華府互不信任反而增加。中美雙方在亞太區域的接觸將只增不減。雖然首度設置亞太事務磋商機制，但相對於雙邊磋商機制而言差距甚遠。因此雙方合作的空間還很寬廣。也許，季辛吉的建議：「與其嘗試『在意識形態改革的基礎上重組東亞』，美國可以作得更好，與中國一起建立一個新的『太平洋共同體（Pacific Community）』[38]。」不失為一個方法。

---

[37] John Milligan-Whyte、戴敏著；邢愛芬譯，《奧巴馬執政後的中美關係—應對共同挑戰》（北京：中共中央黨校出版，2009 年），頁 21。

[38] "Rather than attempting to 'organize Asia on the basis of states for an ideological crusade,' the United States would do better, Kissinger suggests, to work with China to build a new 'Pacific Community'." Niall Ferguson, "Dr. K's Rx for China," *Newsweek*, May 23 & 30, 2011, p.36.

全球關係

美國與中國若不鞏固並擴大合作，受害的非僅兩國而是全世界[1]。

——布里辛斯基（Zbigniew Brzezinski），2011 年。

「2012」近來成為眾人熱烈討論的議題。姑且不論 2012 年是否真為世界末日，但作者認為以下的兩個層面：人禍與天災，無論國家或世人都必須密切注意並謹慎以對。

人禍，2008 年 9 月雷曼兄弟宣布破產導致二戰後最大的金融危機恍若昨日。世人對於國際金融體系改革與加強各國金融監管的訴求言猶在耳。但人們似乎尚未徹底覺醒。當華爾街的銀行家急於趁此「歷史新低點」加速重振旗鼓時，採取的投資手法更甚以往，例如「電影期貨」[2]。近期已有報導指出奢華低

---

[1] 原句為"*A failure to consolidate and widen their cooperation would damage not just both nations but the world as a whole.*"。原文出處請參見 Zbigniew Brzezinski, "How To Stay Friends With China," *International Herald Tribune*, January 3, 2011, p.21.

[2] 編譯簡國帆，「美准電影期貨 最快下月押注」，《聯合報》，2010 年 6 月 16 日，第 A18 版。

靡風氣悄悄在華爾街重新滋長[3]，為人詬病的肥貓獎金也重返華爾街[4]。另外，2012 年許多國家的國債將陸續到期，尤其已開發國家舉債頻頻，負債累累。

天災，近幾年由於氣候變遷導致許多大型自然災害肆虐。根據「慕尼黑再保險集團」（Munich Re）統計報告，2010 年全球共有 950 起天然災害，造成 29 萬 5 千人喪生與 1300 億美元的經濟損失。此為該公司自 1980 年發布統計以來第二高[5]。2011 年 3 月日本宮城地震引發大海嘯造成萬人死傷，經濟損失更難以估計。以上是源於地球本身的變化。另外則是源自外太空，NASA 警告強烈太陽磁暴 2013 年將來襲[6]。這些非傳統安全打破人類原有的安全觀，常無預兆且跨國界。

綜上所述，放眼全球，休戚與共。如何建立新的國際金融體系與如何解決氣候變遷，成為北京與華府必須面對並合作解決的關鍵問題[7]。然而，北京與華府在這兩個議題上既有合作也有紛爭。因此，本章不同於第五章劃分「擴大合作、利益交鋒」的方式，而以「國際金融體系改革」與「氣候變遷議題」呈現中美在過程中的合作與分歧。接著評估北京與華府在全球影響力的權力消長。

---

3 編譯盧永山，「美國金融危機過後 華爾街奢侈風復燃」，《自由時報》，2010 年 11 月 29 日，第 C3 版。

4 "Wall Street bounces back," *Newsweek*, April 18, 2011.

5 編譯郭恬君，「去年天災近 30 萬人死 經損千億美元」，《中國時報》，2011 年 1 月 5 日，第 A11 版。

6 陳文和，「NASA 警告 強烈太陽磁暴 2013 來襲」，《中國時報》，2010 年 6 月 16 日，第 A15 版。

7 Orville Schell, "Why China and the U.S. will only get closer," *Newsweek*, Special Edition, Issues 2010, p.38.

第一節　國際金融體系改革

　　鑑於金融危機影響全球經濟甚鉅，呼籲國際金融體系改革的聲浪不斷。因此，納入發展中國家的國際經濟合作論壇—廿國集團（G-20）層級提升至元首高峰會。以中國為首的發展中國家開始積極爭取國際貨幣基金（International Monetary Fund, IMF）與世界銀行（World Bank）改革。對此，美國樂見中國承擔更多的國際義務與責任。但對於中國提出以「超主權國際儲備貨幣」代替美元則堅決反對。以下茲就北京與華府在推動國際金融體系改革下的合作與分歧討論。

一、提升 G-20 影響力

　　北京與華府在提升 G-20 全球影響力、改革國際金融組織投票權方面有共識並合作。G-20 雖然在 2008 年 11 月將與會官員層級提高到元首，但前兩次的峰會各界並不看好。甚至在第二次倫敦峰會召開前，德國總理梅克爾警告不要對峰會期望太高[8]。然而，隨著金融危機後中國等新興國家實力的提升備受矚目，由歐美先進國家召開的八大工業國集團（G-8）能否解決全球問題開始備受質疑，即便連美國總統歐巴馬也不禁開始懷疑[9]。因

8　媒體對峰會的看法有「大拜拜」一說。參見「領袖不同調 G-20 恐成大拜拜」，《聯合報》，2009 年 3 月 31 日，第 AA1 版。

9　2009 年 7 月，歐巴馬首度參加 G-8 高峰會（義大利）。他似乎懷疑將其視為解決全球問題的論壇合宜與否。參見 Edmund L. Andrews, "Broader Group of 20

此，美國白宮在第三次匹茲堡峰會召開期間發表聲明，表示建立 G-20 成為首要全球經濟論壇獲得與會領袖背書[10]。言下之意，G-20 已經取代 G-8。

廿國集團（G-20）

G-20 起初是一個國際經濟合作論壇，在亞洲金融風暴後，於 1999 年 12 月 16 日在德國柏林成立，屬於布雷頓森林體系框架內非正式對話的一種機制，由八大工業國集團、十一個重要新興工業國家加上歐盟所組成。按照慣例，國際貨幣基金組織與世界銀行列席該組織的會議。G-20 設立之初，旨在讓有關國家就國際經濟、貨幣政策舉行非正式對話，以利穩定國際金融和貨幣體系。自成立以來，G-20 以每年一度的「財政部長及中央銀行行長會議」為其主要活動。但由於 2008 年發生的國際金融海嘯影響全球經濟甚鉅，G20 層級被提升為元首高峰會[11]。成員國包括阿根廷、澳洲、巴西、加拿大、中國、法國、德國、印度、印尼、義大利、日本、墨西哥、俄羅斯、沙烏地阿拉伯、南非、南韓、土耳其、英國、美國以

---

to replace the elite G-7," *International Herald Tribune*, September 26-27, 2009, pp.1&4.

[10] The White House, "Fact Sheet: Creating a 21st Century International Economic Architecture," September 24, 2009, <http://www.whitehouse.gov/the-press-office/fact-sheet-creating-a-21st-century-international-economic-architecture> (Accessed: June 6, 2011).

[11] 「G20 元首高峰會專題報導：關於 G20」，《商業周刊網站》，<http://www.businessweekly.com.tw/feature/G-20/about.php>（檢索日期：2009 年 4 月 27 日）。

及歐盟[12]。上述這二十大與會國家總產值（GDP）約 47 兆美元，占全球 85%；總人口約 40 億人，占全球將近三分之二[13]。

對此，美國總統歐巴馬的顧問泰森（Laura Tyson）表示：「如果不把中國列入其中，將很難創造出維持全球經濟持續穩定的機制」[14]。另外，有分析家指出「提升 G-20 的地位，可能滿足巴西、中國與印度等新興大國希望與聞全球重大財經決策的需求。此舉也可能緩和美國內部某些希望建立美中兩國集團 G-2 的聲音[15]。」此外，從北京與華府簽署的兩份《中美聯合聲明》裡，皆提及雙方支持 G-20 達成的共識與承諾，顯見美國積極將中國納入國際建制的作法。

2009 年 11 月的聲明中說：「雙方積極評價二十國集團三次金融峰會在應對國際金融危機方面所發揮的重要作用，願與二十國集團其他成員一道努力提高作為國際經濟合作主要論壇的二十國集團的效力。雙方同意共同努力，包括通過合作推動二十國集團的『相互評估進程』，推動二十國集團『為了實現強有力、可持續、平衡增長框架』取得成功。雙方歡迎二十國集團近期達成的共識，即確保國際金融機構享有充分資源，改革其

---

12 成員國資料來自 2011 年 G-20 官方網站（此年度主席國為法國）。參見<http://www.g20.org/index.aspx>（檢索日期：2011 年 6 月 6 日）。
13 「倫敦現場：G20 高峰會直擊」,《商業周刊》，第 1115 期，2009 年 4 月 6 日，頁 69-71。
14 蕭麗君，「G20 取代 G8 新興國家抬頭」,《工商時報》，2009 年 9 月 26 日，第 A4 版。
15 編譯羅彥傑，「G8 變 G20 新興大國崛起 國際政治邁入新紀元」,《自由時報》，2009 年 9 月 26 日，第 A18 版。

治理機制以提高國際金融機構的可信性、合法性和有效性。雙方強調應及早落實國際金融機構份額和投票權量化改革目標，按照匹茲堡峰會領導人聲明增加新興市場和發展中國家在這些機構中的發言權和代表性。雙方同意共同加強這些國際金融機構的能力，以防範和應對未來的危機[16]。」

在 2011 年 1 月的聲明再次提到：「雙方重申支持二十國集團強勁、可持續和平衡增長框架，重申在二十國集團首爾峰會公報中的承諾，包括採取一系列措施鞏固全球經濟復甦、減少過度外部失衡並將經常賬戶失衡保持在可持續水平。雙方支持二十國集團在國際經濟和金融事務中發揮更大作用，並承諾加強溝通協調，落實二十國集團峰會承諾，推動戛納峰會取得積極成果[17]。」

此外，對於峰會的評估「中國的實力與影響力已大幅提升，包括美國總統歐巴馬將胡錦濤列為單獨會談的國家元首之一，中國將貢獻 400 億美金給 IMF 的新增資金，在會前倡議以超國家主權貨幣取代美元作為國際儲備貨幣引起各國重視等，都顯示其國際經濟影響力的上升。美國財長蓋特納也同意未來也會推動讓 IMF 與世界銀行反映中國在世界經濟中的地位，未來不管是 G-20、G8、或甚至是 G2，中國均將扮演重要的角色[18]。」

---

[16] 中國外交部，「中美聯合聲明」，2009 年 11 月 17 日，<http://www.fmprc.gov.cn/chn/pds/ziliao/1179/t627468.htm>（檢索日期：2009 年 12 月 9 日）。

[17] 中國外交部，「中華人民共和國與美利堅合眾國聯合聲明」，2011 年 1 月 19 日，<http://www.fmprc.gov.cn/chn/pds/gjhdq/gj/bmz/1206_22/1207/t788163.htm>，（檢索日期：2011 年 4 月 26 日）。

[18] 王高成，「20 國集團高峰會之成果與展望」，外交部研究設計委員會第 250 次「國際現勢新聞研析座談」會議，頁 3。

　　胡錦濤在首次 G-20 華盛頓峰會中提出四點建議：「一是加強國際金融監管合作，完善國際監管體系，建立評級機構行為準則，加大全球資本流動監測力度。二是推動國際金融組織改革，改革國際金融組織決策層產生機制，提高發展中國家在國際金融組織中的代表性和發言權，盡快建立覆蓋全球特別是主要國際金融中心的早期預警系統，改善國際金融組織內部治理結構，建立即時高效的危機應對救助機制，提高國際金融組織切實履行職責能力。三是鼓勵區域金融合作，增強流動性互助能力，加強區域金融基礎建設，充分發揮地區資金救助機制作用。四是改善國際貨幣體系，穩步推進國際貨幣體系多元化，共同支撐國際貨幣體系穩定[19]。」其中引人注目的是，第二點的推動國際金融組織改革與第四點的改善國際貨幣體系。

　　胡錦濤在第二次 G-20 倫敦峰會中提出「五個進一步」：「堅定信心、加強合作、推進改革、反對保護主義、支持發展中國家[20]」。其中第三點仍然強調「改革」，他具體提出六點：「一是加強金融監管合作。二是國際金融機構應該增強對發展中國家的救助。三是金融穩定論壇應該發揮更大作用。四是國際貨幣基金組織應該加強和改善對各方特別是主要儲備貨幣發行經濟體宏觀經濟政策的監督。五是改進國際貨幣基金組織和世界銀

19　中國外交部政策規劃司編，《中國外交：2009 年版》（北京：世界知識出版社，2009 年），頁 363。

20　中國外交部政策規劃司編，《中國外交：2010 年版》（北京：世界知識出版社，2010 年），頁 341-343。

行治理結構，提高發展中國家代表性和發言權。六是完善國際
貨幣體系[21]。」

值得注意的是，胡錦濤這兩次致詞中，提到國際金融體系
「改革」次數皆達 8 次。改革的內容著力在國際金融組織的代
表性和發言權上。

二、世界銀行與國際貨幣基金投票權改革

● 世界銀行

2010 年 4 月 25 日，國際貨幣基金（IMF）和世界銀行（World
Bank）聯合春季會議通過投票權改革方案，將發展中國家在世
銀投票權比例提高到 47.19%，中國份額由 2.77%調升到 4.42%，
成為世銀第三大出資國，影響力僅次美國與日本，份額分別為
15.85%、6.84%。在改革前，美國表決權超過 16%，由於任何重
要決議須有 85%以上的表決權決定，光美國就可否決任何議
案。改革後，美國表決權雖縮水成 15.85%，仍保住否決權[22]。對
此世界銀行總裁佐立克（Robert B. Zoellick）表示，世銀提高中
國的投票權，反映中國在世界經濟比重的成長[23]。

依規定，每個成員國均有 250 票的基本投票權，此後每增
加 10 萬特別提款權的認股金，就增加一票。中國享有更大投

---

[21] 中國外交部編，《中國外交：2010 年版》，頁 342。

[22] 楊芬瑩，「權力擴增，中國成世銀第 3 大股東」，《中國時報》，2010 年 4 月 27 日，
第 A13 版。

[23] 編譯田思怡，「世銀改革 中國躍居第三大股東」，《聯合報》，2010 年 4 月 27 日，
第 A13 版。

票權後，勢必可聯合其他開發中國家，影響決策[24]。不過華府的經濟政策研究中心指出，由於美國、歐洲及日本在世銀和國際貨幣基金的主導地位難以撼動，所需的改革其實並未發生[25]。

● **國際貨幣基金**

在國際貨幣基金宣布通過改革投票權之前，2010 年 9 月有一則報導引人注意：「德國政府表示，美國應放棄在國際貨幣基金對重要決定的否決權，以換取歐洲將更多投票權讓給新興國家。專家表示，這項有關 IMF 執行委員會投票權和席次的建議，在政治上具有高度象徵意義，肯定會遭美國強烈反對；將更多投票權轉移至新興國家，是二十國集團（G-20）致力讓 IMF 和其他國際機構更具代表性的作法之一[26]。」德國質疑美國在國際金融組織擁有的否決權。

2010 年 11 月，IMF 在華府宣布將大幅提升中國和其他主要新興國家在執董會的投票權。IMF 此改革計畫將把約 6% 的投票權，從傳統西方國家轉移給新興國家。其中，中國的所佔配額將從目前的 3.72% 升至 6.39%，投票權也將從目前的 3.65% 升至6.07%。此外，IMF 並宣布，執行董事會廿四國中，最高決策群，

---

24 編譯田思怡，「每增 10 萬認股金 就增一票 中國可聯合他國 影響決策」，《聯合報》，2010 年 4 月 27 日，第 A13 版。

25 編譯田思怡，「開發中國家 聲音增加 平等發言？ 美日歐還是強！」，《聯合報》，2010 年 4 月 27 日，第 A13 版。

26 編譯盧永山，「換取讓出投票權 德要求美 放棄 IMF 否決權」，《自由時報》，2010 年 9 月 16 日，第 A8 版。

將從原本的五國增加至十國。除以往美、日、英、法、德外，
還將新增中國、印度、俄羅斯、巴西和義大利；其中「金磚四
國」全數入榜[27]。然而美國在 IMF 仍維持 17%投票權，掌握實
際的否決權。因為按照規定，重大決定都需要 85%絕大多數票
才能通過[28]。

　　綜上所述，世界銀行與國際貨幣基金的改革並未改變由已
開發國家尤其美國主導的本質。但是值得注意的是，發展中國
家對全球事務積極爭取發言權的發展，尤以中國改變以往被
動、低調轉而主動、積極甚至領導的態度令人耳目一新。2011
年1月，世界銀行總裁佐立克接受美國《新聞週刊》（**Newsweek**）
訪問時說：「向前看，我們必須領悟已不再有所謂的『第三世
界』。發展中國家很龐大。而它們可以互相學習、投資、貿易，
並且整合[29]。」季辛吉（Henry Kissinger）曾說：「今天世界上聲
勢最浩大的聯盟乃不結盟國[30]。」而當中國以領導者的態勢團結
不結盟國或說是發展中國家時，對以美國為首而實力日漸衰退
的已開發國家何嘗非一大挑戰。

---

[27] 陳筑君，「僅次美日 中躍升 IMF 第 3 大國」，《中國時報》，2010 年 11 月 7 日，
第 A10 版。

[28] 「中國成 IMF 老三 超德英法」，《聯合報》，2010 年 11 月 7 日，第 A13 版。

[29] 原文如下：*"Looking ahead, we need to realize that there is no longer a
'third world.' Developing countries very enormously. Yet they can learn
from one another, invest in one another, trade with one another,
and...integrate with one another."* 請參見*"Robert B. Zoellick 'Multiple
Reserve Currencies,'"* **Newsweek**, January 31, 2011, p.52.

[30] 原句為：*"The greatest alliance today is the non-aligned."* 參見林中斌，《劍
與花的歲月──林中斌凡塵隨筆》（台北市：商訊文化出版，2009 年），頁 151。

第二節　氣候變遷議題

　　2009 年 9 月 22 日，全球百位領袖齊聚紐約聯合國總部，召開歷來最大規模氣候高峰會，希望為十二月在丹麥哥本哈根的全球氣候變遷會議清除障礙。因為布希政府的反對，美國是唯一沒簽署京都議定書的已開發國家，理由是不滿京都議定書對中國沒有減排要求，而且其中的高減排要求會損害美國經濟。不過總統歐巴馬上任後承諾，美國將主導全球處理氣候變遷問題的努力，並已提出目標，要把美國溫室氣體排放量「氣候觀」，宣稱將爭取到二○二○年單位國內生產總值二氧化碳排放比二○○五年顯著下降，另外要大力發展再生能源和核能。不過胡錦濤未提及降低總體碳排放量的具體數字[31]。

---

[31] 陳成良編譯，「中提 2020 年減碳　美態度保留」，《自由時報》，2009 年 9 月 23 日，第 A10 版。

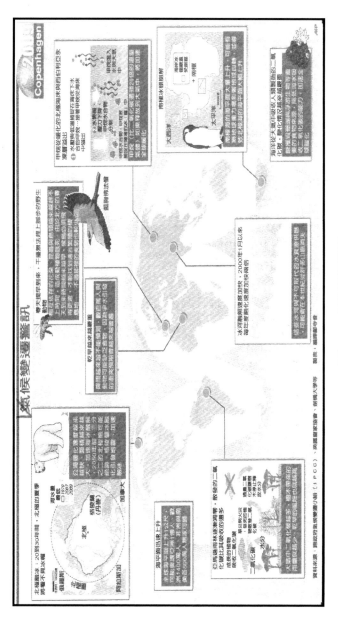

圖 7-1　氣候變遷警訊

■ 資料來源：「氣候峰會 救地球關鍵 14 天」，《自由時報》，2009 年 12 月 8 日，第 A8 版

● 哥本哈根氣候峰會

　　在峰會登場前，中美雙方針對氣候議題已有討論，歐胡更直接熱線。應美國總統歐巴馬邀約，中共國家主席胡錦濤廿一日（2009/10）上午與歐巴馬通電話。針對十二月即將召開、旨在處理全球暖化問題的哥本哈根會議，胡錦濤在雙方通話中強調，中美兩國在氣候變化領域面臨共同挑戰，擁有共同利益。超過一九〇個國家將派遣代表參加十二月舉行的哥本哈根會議。由於規範各國應對全球暖化問題之行為準則的《東京議定書》將在二〇一二年到期，各國期望透過這次集會磋商出一份新協議。但胡錦濤在與歐巴馬通話中暗示，此次集會結果難料。他說：「儘管目前談判還存在許多問題需要解決，但只要各方攜手，會議仍有希望取得積極成果。」由於中、美都是全球暖化問題重大因素，胡錦濤對歐巴馬強調說，中美兩國在此問題上，面臨共同挑戰、擁有共同利益。目前許多已開發國家都把壓力推向中國、印度這兩個崛起的大國，期望這兩個在《東京議定書》下並無義務的國家，未來能承擔更多降低全球暖化責任[32]。

　　美國與中國公布減排計畫，並將減排規模與經濟體大小掛鉤。美國總統歐巴馬誓言在 2020 年前減排 17%，中國則承諾降低碳密度 40%。美國官員說，兩國的舉動，對印度形成非預期的壓力。參與談判的一名印度官員說：「歐巴馬宣布減排計畫，

---

32 朱建陵，「胡歐熱線 處理暖化 中美擁有共同利益」，《中國時報》，2009 年 10 月 22 日，第 A17 版。

代表美國已在國際減排談判中『登船』，而中國也表達『伸出脖子』的意願，印度因此也願盡一己之力，中國式的。」這名官員表示，美「中」的發展，代表氣候談判的全球政策，以從坐而言，變成起而行[33]。

　　2009 年 12 月 7 日，氣候峰會正式登場。不過開幕才兩天就已出現火藥味。一份由主辦國丹麥提擬的氣候草案於 12 月 8 日外洩，內容明顯有利於已開發國家，引發以中國為首的開發中國家勃然大怒，凸顯兩大陣營間所存在的利益鴻溝，為此次會議做出具體協議又蒙上陰霾。哥本哈根會議中國代表團首席代表蘇偉稱，哥本哈根氣候會議的主要議題，是要在京都議定書的原則下，確定已開發國家在 2012 年第 2 階段的減排目標。他並表示，氣候問題是在已開發國家近兩百年工業化過程中未節制排放所造成的結果，已開發國家應該對此負責[34]。2009 年 12 月 11 日，中國外交部副部長何亞非點名批評美國氣候談判特使 Tod Stern 拒絕為中國提供氣候資金援助的說法「極為缺乏常識」，CNN 稱，中美兩國爆發「外交爭吵」[35]。

　　2009 年 12 月 18 日，氣候峰會進入尾聲。面對峰會協議難產，歐巴馬間接承認，有些國家認為美國做得不夠，但一份未臻完美的協議總比陷入僵局好。他雖未點名中國，但表示有些

---

33 王麗娟編譯，「美、中壓力下 減碳大逆轉 印度也點頭」，《聯合報》，2009 年 12 月 3 日，第 A18 版。

34 劉聖芬，「減排利富國 中國怒轟歐美」，《工商時報》，2009 年 12 月 10 日，第 A3 版。

35 馮復華，「哥本哈根會議 中美外交爭吵」，《工商時報》，2009 年 12 月 10 日，第 A7 版。

國家拒絕讓國際查證其減排承諾。中國總理溫家寶則表示，中國的減排目標是按國情採取的自主行動，不附帶任何條件，也不會與任何國家的減排目標掛鉤。他重申各國在合作應對氣候變化時，要採取「共同但有區別的責任」原則。歐巴馬後來與溫家寶私下會晤近一小時，就減排目標、資金援助和排碳透明度等進行磋商。美方官員透露，兩人在會談中「邁前了一步」，已指示各自的助理就一項可能的協議進行研究[36]。

　　英國代表團團員表示，全球最大的兩大排放國美國和中國出現讓步，是會議進展的主因之一。美國承諾到二〇二〇年每年支助開發中國家一千億美元做為抗暖化基金，但同時呼籲拒絕接受國際標準檢查減排的中國，應該更「透明化」。這位代表分析，美方把錢放在桌面上，直接間接給了中國壓力。另一方面，美方使用了國際社會都能了解並接受的用語「透明化」取代「檢查與驗證」，使中國可以在維持主權與尊嚴的重大前提下，與國際合作[37]。

---

36 楊明暐，「美中領袖密會　催生峰會協議」，《中國時報》，2009 年 12 月 19 日，第A3 版。
37 江靜玲，「千億美元抗暖化　美允撒大錢」，《中國時報》，2009 年 12 月 19 日，第A3 版。

• 氣候峰會漸趨樂觀

世界主要國家減碳承諾

 美國
以2005年的二氧化碳排放量為基準,在2020年底前減排17%,亦即相較於以1990年為基準,減排3.5%。

 歐洲聯盟
以1990年的碳排放量為基準,在2020年底前減排20%。若其他已開發國家做出類似承諾,歐盟也願意將目標提高至30%。

 日本
以1990年為基準,在2020年底前減排25%,前提是其他已開發國家做出類似承諾。

 澳洲
以2000年為基準,希望在2020年底前最多減排25%。

 俄羅斯
若其他已開發國家跟進,願意在2020年底前最多減排25%。

 巴西
自願於2020年底前減排36%至39%,其中主要來自減緩亞馬遜河流域森林濫伐。

 墨西哥
設定不具約束力的目標,以2000年為基準,於2050年底前減排50%,以換取國際資金和技術援助。

 加拿大
以2006年為基準,於2020年底前減排20%,此約等同於從1990年的水準減排3%。

 紐西蘭
以1990年為基準,於2020年底前減排10%至20%。

挪威
以1990年為基準,於2020年底前減排30%至40%。

 中國
以2005年為基準,於2020年底前,將「碳密度」(carbon intensity)降低40%至45%。碳密度的計算方式為年碳排放量除以國內生產毛額(GDP)。

 印度
以2005年為基準,於2020年前,將「碳密度」降低20%至25%。

 印尼
以1990年為基準,於2020年底前減排26%,若獲得資金援助將提高至41%。

南韓
以2005年為基準,於2020年底前減排4%。

資料來源/美聯社

圖 7-2　全球主要國家在哥本哈根會議期間減碳承諾

■ 資料來源:「世界主要國家減碳承諾」,《中國時報》,2009 年 12 月 7 日,第 A3 版。

表 7-1 哥本哈根協定要點

主題	內容
全球暖化	全球暖化升溫應控制在攝氏 2 度以內，各國須在明年 2 月 1 日前闡明 2020 年以前減排目標。
資金	富裕國家承諾，在 2020 年以前，每年出資 1000 億美元援助貧國對抗氣候變遷並改用清潔能源。並在 2010 年至 2012 年的 3 年期間，再出資約 300 億美元，其中日本出資 110 億，歐盟 106 億，美國 36 億。
驗證	富國的承諾，將受到「聯合國氣候變化綱要公約」（UNFCCC）「嚴謹、健全且透明」的檢視。開發中國家將根據一個「確保國家主權獲得尊重」的方式，提出全國減排承諾報告。
減排目標	全年碳污染排放量在 2025 年底減至 1990 年排放量一半的目標，沒有獲得協定背書。

■ 資料來源：「『哥本哈根協定』要點」，《自由時報》，2009 年 12 月 20 日，第 A16 版。

　　2010 年 3 月 9 日，中國與印度雙雙正式接受 2009 年 12 月「聯合國氣候變化會議」達成的《哥本哈根協定》（Copenhagen Accord），至此所有溫室氣體排放大國幾乎都已加入協定。該協定並不具法律約束力，中、印兩國此舉的實質作用有限，但可望增進協定的公信力[38]。

---

38 王嘉源，「中印正式加入《哥本哈根協定》」，《中國時報》，2010 年 3 月 11 日，第 A2 版。

第三節　權力消長

一、經濟

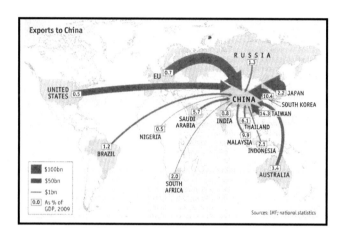

圖 7-3　2009 年各主要國家出口到中國

- 資料來源："Dependence on China the Indispensable Economy?" ***The Economist***, October 30-November 5, 2010, p.73.

　　由圖 7-3 可看出，全球各主要國家出口到中國的情形。亞洲國家對中國貿易依存高。已開發國家歐盟、美國出口到中國也都達 500 億美元以上。

　　為了進一步比較全球各主要國家對中美貿易情況，本書自世界貿易組織（WTO）資料庫（目前只提供 2009 年統計資料）整理如表 7-2。由於前章已提及中美在亞洲的貿易情形，遂不重

複。本表第一列「為出口目的地」表示中國或美國為各主要國
家的第幾大出口國，例如歐盟第三大出口國為中國、最大出口
國為美國。反之，「為進口目的地」表示中國或美國為各主要國
家的第幾大進口國。例如歐盟最大進口國為中國、第二大進口
國為美國。此外，由於WTO提供的資料僅有各主要國家前五大
出口目的地、進口目的地，故空格處表示中國或美國不在該國
該項的前五名排序內。

表 7-2 中美與各主要國家貿易情形

● 數字表示「排名」

	中國		美國	
	為出口目的地	為進口目的地	為出口目的地	為進口目的地
歐洲				
* 歐盟	3	1	1	2
● G-8 成員國				
法國	4	2	2	3
德國	3	2	2	3
義大利	4	2	2	
俄羅斯	2	2		3
英國	3	3	2	2
● 北歐				
丹麥	4	2	3	4
芬蘭	4	3	3	4
挪威	4	2	2	3
瑞典	4	3	3	3
● 其他				
荷蘭	4	3	2	2

西班牙		2	2	3
瑞士	4；5（香港）	3	2	2
美洲				
• 北美				
加拿大	3	3	1	1
墨西哥		2	1	1
• 拉美				
阿根廷	5	4	4	3
*巴西	2	3	3	2
智利	1	3	3	1
巴拿馬	5	5	1	1
祕魯	3	2	1	1
非洲				
肯亞		4	4	
南非	2	2	3	3

■ 資料來源：World Trade Organization (WTO), "Statistics database," <http://stat.wto.org/CountryProfile/WSDBCountryPFHome.aspx?Language=E> (Accessed: May 22, 2011).

■ 說明：本表為作者依據世界貿易組織資料庫各主要國家 2009 年貿易情況整理而成。

　　由表 7-2 可看出，各主要國家與中美都有緊密的貿易關係，不論出口或進口，中美在這些國家的排序都名列前茅。中國急起直追甚至逐漸超越美國的態勢明顯。在美國所謂的後院——拉丁美洲，中國在金融危機後積極投入逐步取代。

表 7-3　中美對世界經濟成長貢獻率

單位：%

	2000-2005 年	2006-2010 年	2011-2015 年
購買力平價法（PPP）			
中國	15.96	23.16	31.84
美國	17.95	12.26	14.30
市場匯率法			
中國	7.12	16.23	21.11
美國	17.95	13.19	17.52

■ 資料來源：胡鞍鋼、鄢一龍著，《紅色中國綠色錢潮：十二五規劃的大翻轉》（台北市：天下雜誌出版，2010 年），頁 48。

二、外交

　　承前述兩小節，在國際金融體系改革與氣候變遷議題上，可看出華府積極將中國納入國際建制，期望中國承擔更大的國際義務與責任。北京對於國際事務的態度化被動為主動、化消極為積極。金融危機後更有成為制定者的姿態出現，但對於自己在全球的定位仍在探索。相對於中美在亞太區域容易形成緊張的態勢，中美在全球議題上有較多的共識與合作。

● 華府積極將中國納入國際體系

　　金融危機之後，華府智庫新美國安全（New American Security, CNAS）在 2009 年 9 月的一份研究報告中，認為美國決策者應

該「鼓勵中國成為『負責任的利益攸關者』與『和平整合進區域與國際秩序中』」。並且強烈建議美國「將中國視為在面對全球問題上的主要夥伴而協力交往（"concerted efforts to engage China as a major partner in confronting global problems"）」[39]。

● 北京說法低調做法積極

金融危機之後，中國領導人在國際會議中的致詞逐漸嶄露中國的自信。

學界與官方不同調

中國實力的提升使其國內的學者，開始有中國應該成為帶頭者或制定方一說。例如曾參與「十二五規劃」的胡鞍鋼說：

> 當不當頭，可能是中國領導人不得不面對、不得不回答的一個尖銳問題。鄧小平 1978 年提出『實現四化，永不稱霸』，並說『這是毛澤東主席、周恩來總理制定的對外政策，我們要用來教育子孫後代』。20 年之後，『不當頭』、少擔責任，仍然是中國領導人的主流意識，但是如果不能與時俱進，就可能與鄧小平的實事求是思想（而不是鄧小平的語言）背道而馳。……中國在重大的國際事務上繼續採取『免費搭車』的策略，既不可行，更不合算。……中國不當頭就無法保障中國在海外的巨大利

---

[39] Wendell Minnick, "Think-Tank Reports Calls on U.S. to Engage, Not Challenge, China," **Defense News**, September 28, 2009, p.28.

益。中國當頭不是搞霸權，而是打破美國獨家霸權，要成為多極共（同）治（理）的國際新秩序中的重要一極，積極參與推動全球治理體系變革，主動參與國際規則構建，引領國際發展潮流，帶頭承擔國際責任[40]。

胡鞍鋼展現的自信一覽無遺。另外，北京清華大學中美關係研究中心出版的《全球金融危機與中美關係變革》書中提到：

從中國在 G20 進程中影響力不斷上升的趨勢來看，中美關係在應對共同經濟安全挑戰方面力量對比的天平正在發生某種根本性的變化，缺少中國的參與和支持，美國和發達國家已經無法對國際經濟和金融體系實施有效的治理。中國不僅不再是世界經濟事務中的『旁觀者』，而是不可忽視的『遊戲參與者』和『規則制定方』[41]。

上述中國學者自信的說法，不禁令人聯想到多年前中國世界貿易組織談判特使曾說：「現在我們必須玩你們的遊戲規則，未來你們要玩我們的[42]！」十幾年後的今天，中國的影響力已逐漸為眾人所見。

40　胡鞍鋼、鄢一龍著，《紅色中國綠色錢潮：十二五規劃的大翻轉》（台北市：天下雜誌出版，2010 年），頁 67-69。

41　孫哲主編，《全球金融危機與中美關係變革》（北京：時事出版社，2010 年），頁 45。

42　原文如下：*"We know we have to play the game your way now but in ten years we will set the rules!"* 參見 C. Fred Bergsten et al., ***China's Rise: Challenges And Opportunities*** (Washington, DC: Peterson Institute For

　　儘管如此，中國官方的說法除了遇到涉及利益的議題外相形低調。例如 2009 年 9 月，胡錦濤在紐約氣候變化峰會上的致詞強調「中國仍是世界上最大發展中國家」[43]。同月，全國人大常委會委員長吳邦國訪美期間的演講不約而同提到：「中國是世界上最大的發展中國家」[44]。2010 年 9 月，中共權威期刊《求是》雜誌上發表一篇名為「中國在相當長時間內仍將是發展中國家」的文章。內容提到：

> 不久前還在炒作『中國即將崩潰』、『誰來養活中國』的一些西方媒體，突然開始大談『中國責任論』，渲染中國『已不再是發展中國家』，要求中國『承擔更多的國際責任』。……國內也有的學者認為，中國現在已經『財大』，可以『氣粗』了。然而，儘管近年來中國的綜合國力有了相當大的提升，但與發達國家的距離仍然很大，中國在相當長時間內仍只是世界上最大的發展中國家[45]。

　　雖然官方口頭上如此說，但由前兩節的討論中可以得知，中國對參與國際事務的做法轉趨積極作為。然而，一如前述文

International Economics & Center For Strategic And International Studies Press, 2008), p.9.

[43] 「胡錦濤在聯合國氣候變化峰會開幕式上的講話（全文）」，《新華網》，2009 年 9 月 23 日，http://news.xinhuanet.com/world/2009-09/23/content_12098887.htm（檢索日期：2010 年 5 月 30 日）。

[44] 「中國的發展和中美關係」，《人民網》，2009 年 9 月 13 日，<http://politics.people.com.cn/GB/1024/10042583.html>（檢索日期：2010 年 5 月 30 日）。

[45] 中國國際問題研究所，「中國在相當長時間內仍將是發展中國家」，《求是》，2010 年第 18 期，2011 年 9 月 16 日，頁 42。

章提到的，中國若承擔愈來愈多的國際義務與責任反而對他們不利。因此，北京說法低調但做法積極。

　　現今，中國偏好選擇在國際體系上成為主要地搭便車者（公共財），其有益於保障貿易通道，航路與相關的區域穩定——允許北京專注於壓制（擠壓）國內的挑戰[46]。對於華府真正的挑戰將是建構一個激勵中國支撐（支援）全球共同體的關係，而使自己能從中受益（The real challenge for Washington will be structuring a relationship that encourages China to support the global commons that it benefits from.）[47]。

第四節　小結

　　北京與華府在全球議題上，相較於亞太區域的互信不足、合作不夠，中美在全球事務上合作大於分歧。華府積極把中國拉入體系，雖然中國說法上低調，但做法上卻積極，因此雙方在全球議題上的合作會多於分歧。這有利於中美雙邊關係的持續穩定。

---

46 Larson, "China and the U.S.: The Indispensable Axis," *Time*.
47 Larson, "China and the U.S.: The Indispensable Axis," *Time*.

結論

金融危機衝擊美國與中國經濟，迄今仍餘波蕩漾。正值華府深陷經濟大衰退泥淖之際，北京已率先突破重圍恢復危機前水平。故華府在經貿上更形依賴北京。一則華府有求於北京，二來雙方深諳合作的利益遠大於分歧，因此在雙邊、區域、全球上相形協調。本書結論為金融危機使華府與北京實力此消彼長，但卻催化中美全面、具體合作並積極協調分歧。

一、金融危機對中美國內的影響

金融危機對中美的實力造成或增或減的影響卻不致於立即呈現大變化。

1. 金融危機削弱美國實力卻不致於跌落谷底

美國自 2007 年 3 月次貸危機開始即深陷囹圄。2008 年 9 月雷曼兄弟宣布破產導致金融危機，使原本低靡的經濟更如雪上

加霜。此波自 2007 年 12 月至 2009 年 6 月的經濟大衰退（The Great Recession），對美國有正反兩面的影響：

● **反面影響**

經濟嚴峻。美國低經濟成長率、高失業率，國債屢創新高、財政赤字居高不下。

政治矛盾。經濟未見起色促使共和黨在 2010 年 11 月奪回眾議院多數黨地位。歐巴馬政府面臨在重大法案上需與共和黨妥協的挑戰。

軍事縮減。美國國防支出高佔全球二分之一。削減財政赤字，由國防預算大刀闊斧勢在必行。因此，美國轉向以裁減軍員、發展預算較低的武器為主。

外交軟化。美國實力弱化，削減它身為全球霸權的自信與作為。不同於小布希政府「單邊主義」，對外尋求合作的前提下，轉而以多邊、柔中帶剛為主。

● **正面影響**

社會反省。從排山倒海、絡繹不絕的檢討聲浪，清楚可見美國社會不容小覷的反省力與包容力。

綜上所述，金融危機雖然重創美國經濟，使其在政治、軍事、外交上面臨艱難挑戰。追本溯源，經濟衰退是美國由盛而衰的肇因。但若依此篤定美國會如歷史上帝國衰亡時迅速崩潰，可能會誤判美國綜合實力。因為美國社會的反省能力強，它會不斷調整自身的步伐。

2. 金融危機增強中國實力卻不致於一柱擎天

正值美國與全球經濟力圖復甦之際，中國不僅率先脫險並且有多項新突破。然而中國的隱憂卻持續擴大，要解決絕非一蹴可幾。因此，金融危機對中國亦有正反兩面影響：

● 正面影響

<u>經濟突圍</u>。北京祭出 4 兆人民幣振興經濟方案，2009 年第二季止跌回升，再度回復 8%以上高經濟成長率。金融危機後，中國反增多項突破與超越。包括 2009 年超越德國成為最大出口國、2010 年超越日本成為第二大經濟體。

<u>外交強化</u>。中國實力強化，讓它多了一份大國的自信與作為。順利渡過金融危機使中國手上戰略籌碼增加，對外政策更積極作為。

● 反面影響

<u>社會矛盾</u>。雖然中國渡過金融危機，但隨之而來的通貨膨脹使得物價、房價上漲，民怨不斷。日益擴大的貧富差距。追求經濟快速發展而強制拆遷，民怨四起。北京維穩支出超越國防預算，可見中國社會矛盾加劇。

綜上所述，金融危機大幅提升中國綜合實力，許多經濟指標突破歷史規模、超越傳統強權而名列前茅。中國的進步舉目共睹且屢屢創造紀錄。但若依此斷言金融危機後的中國已與美國並駕齊驅，可能會誤判中國的實力。因為中國國內經濟發展

不均、政治體制不全、社會矛盾加劇，使中國邁入已開發國家之林尚有一段距離。加上北京以鞏固共黨政權為先，國內穩定與經濟發展仍為首要利益。真正主宰國家的社會力量仍處在萌芽階段。

二、金融危機對中美雙邊關係的影響

金融危機使北京與華府將合作置於分歧之前並改變態度積極處理分歧。

1. 金融危機使北京與華府深諳合作利益遠大於分歧

經濟的好壞決定中共政權的鞏固及民主黨政權的延續與否。因此，共同對抗金融危機並促進雙邊經貿關係的穩定與成長，成為北京與華府的當務之急。

● **解決危機的經濟方案互補**

對照北京與華府實施的刺激經濟方案，美國力求擴大出口，中國則力求擴大內需。回顧歐巴馬在 2008 年 11 月 4 日甫宣布當選，北京旋即在隔日宣布四兆人民幣刺激經濟方案，無疑作為歐巴馬上任的賀禮。華府與北京各取所需：華府穩定國內經濟、創造就業機會；北京調整經濟結構以達十二五規劃目標。雙邊經濟的互補使中美關係愈形密切、穩定。

● **經濟是最重要的共同利益**

　　金融危機後，在貿易上，中美互為第二大貿易夥伴。在國債上，中國在 2008 年 9 月首度超越日本成為美債最大持有國。迄今中國手上持有至少 1 兆美元以上的美債。在匯率上，中國在 2010 年 6 月重啟匯改機制，人民幣兌美元大幅升值。在投資上，中國投資美國首度超越美國投資中國。據此，中美經貿關係雖然複雜卻成為雙邊關係穩固的基礎。

● **高層互動與會晤漸機制化**

　　金融危機後，中美雙邊高層互訪次數頻繁、對話增加。單是 2009 年至 2011 年歐巴馬與胡錦濤的元首會晤已有 8 次，史無前例。雙方互動特徵為會晤頻率增加、形式機制化；官員層級延伸、種類增加；議題層面擴展。因此，中美雙邊外交關係上的密切、緊密形成穩定雙邊關係的第二個基石。

　　綜上所述，金融危機後經濟復甦與穩定成為北京與華府最大的共同利益。因此，經濟關係遂成為中美雙邊關係穩定的推手。高層互動頻繁促進中美外交關係機制化，形成以經促交、以交促經的良性循環。

2. 金融危機使北京與華府面對分歧的態度轉向積極協調

● 從「擱置」到「減少」至「處理」分歧

在 2011 年 1 月簽署的《中美聯合聲明》裡，提到分歧時用「處理」一詞。此外，相對於前一份的聲明，「協調」一詞出現次數增加 6 次。這與過去中美雙方面對分歧時的態度不同。從以往各執一辭、互不相讓的「擱置分歧」到互相默許、堅守立場的「減少分歧」，到如今互相尊重、積極調解的「處理分歧」。意味著中美關係不僅鞏固合作，而且在分歧上要積極溝通以求增進了解。可以從雙邊已建立 60 多個對話磋商機制驗證。對於中美關係而言，可謂跨出一步。

● 分歧議題增加，但歷時縮短不致於破局

金融危機後開啟北京與華府全面交往的關係。合作與分歧議題皆同時增加。本書探討的分歧議題主要著重於人權議題、經貿摩擦、對台軍售。然而中美關係的分歧層面卻逐漸擴大，例如 Google 的網路議題。探討中美在主要分歧上的處理態度，發現其共同點為：剛開始雙方高調互相抨擊甚至白熱化。但爭執的時程縮短，最後風波逐漸平息。雙方控管分歧的表態，然而卻不至於擴張為一發不可收拾的衝突與危機。

綜合上述，北京與華府合作擴增，分歧亦增。但雙方面對分歧的態度出現變化，開始協調、處理而非擱置、不理。對以往遇到分歧時容易停滯不前、陷入迴圈的中美雙邊關係為一助力。

三、金融危機對中美區域關係的影響

金融危機導致北京與華府的亞太影響力此長彼消且歧見增多卻不致決裂。

1. 金融危機使北京亞太主導權漸增而華府亞太影響力漸減

美國「重返東亞」或說是對亞太的影響力，隨著國內經濟問題纏身、伊拉克與阿富汗戰爭情勢未明朗而遞減。反之，北京與亞太國家因日益密切的經貿往來、基礎建設合作，而保持良好互動。

• 日、韓最大貿易夥伴皆為中國

金融危機後，中國逐步取代美國成為其在亞洲的親密盟友日本、南韓的最大貿易夥伴。美國經濟復甦緩慢趨使亞太國家紛紛擴大並加深與中國的經貿往來。因此，在金融危機後致力於經濟復甦的前提下，亞太國家即便連美國的盟友日、韓，皆會以與中國的經濟利益為優先考量。長期以往，北京的亞太影響力將逐漸增加，而華府將逐漸減少。

- ● 東協國家不願在中美間選邊站

　　2010 年 1 月，東協與中國的自由貿易協定正式生效而形成東協──中國自由貿易區。中國隨即取代日本與歐盟成為東協最大貿易夥伴。因此，無論在經濟、外交、軍事上，東協國家皆不願為華府轉與北京正面交鋒而損傷利益。由此可見，北京影響力短期、長期仍將持續增加，而華府長期而言將逐步遞減。

2. 金融危機使北京與華府在亞太的分歧增加但不致於決裂

- ● 戰略互信不足

　　金融危機後，北京在亞太影響力提升卻同時也增加華府的疑慮。華府將北京在亞太區域的擴張視為對美國利益的威脅甚至侵犯；北京將華府在亞太區域的結盟視為對中國形成無形的包圍甚至孤立。各自臆測彼此的意圖而有華府 C 型包圍中國、北京各個擊破之舉。不僅影響亞太區域穩定且容易衝擊中美雙邊關係向前推進。

- ● 具體合作不夠

　　北京與華府在 2011 年 5 月第三輪中美戰略與經濟對話中，雙方首度建立「亞太事務磋商機制」。然而與中美雙邊磋商機制數量相比，差距甚遠。北京與華府在亞太區域的互信不足加以

磋商機制不夠，容易造成雙方對彼此意圖的誤判，使分歧不降反升。例如南海爭議。

● **雙邊關係調節**

　　儘管北京與華府在亞太區域的分歧容易造成雙邊緊張。但是雙方深知如果為此破壞中美雙邊關係的穩定將得不償失。再者，亞太區域的和平穩定符合雙方共同利益。不僅有利於北京持續發展經濟以壓制社會矛盾，也有益於華府把更多心力放在處理國內問題上。

四、金融危機對中美全球關係的影響

1.　金融危機使華府積極鼓勵北京參與國際建制

　　在全球上，當美國正因經濟問題而焦頭爛額，對氣候變遷、能源安全等問題力不從心，就是北京對主動權再下一城時。積極參與國際建制，為發展中國家發聲以拉攏多數國家。北京「因勢利導」塑造有利於己的國際環境。然而，北京現階段的大戰略目標仍是「求發展」。北京不願承擔更多的國際責任與義務，因為這樣不利於發展。因此，北京不斷對外對內強調自己還是「發展中國家」。中國希望美國繼續扮演全球霸主的角色，方便它「利益均霑」，有更多的時間「先為不可勝」。壯大自己為下一階段大戰略目標做最好的準備。

五、從金融危機看中美彼此原則運用

1. 金融危機利於北京對美運用「鬥而不破」原則更臻嫻熟靈活

金融危機後中國綜合實力不降反升，其經濟實力成為對美關鍵戰略籌碼。

● 鬥而不破原則由來已久

毛澤東在 1937 年作「矛盾論」，其核心思想是矛盾為一體兩面、相互依存。他舉國共兩黨為例，雙方既鬥爭又聯合。雖然他並未創造「鬥而不破」一語，但雛型已清晰可見。北京與華府建交不久後，1982 年鄧小平針對當時美國對台軍售案，於時任副總統老布希訪華前，曾下達「對美鬥爭、爭取不破」的指令。直到 1999 年，江澤民在十五屆四中全會閉幕對內明確說：對美要「鬥而不破」。2002 年，錢其琛接受《學習時報》訪問時說：對美鬥爭與合作兩手都同等重要。綜上所述，北京對美「鬥而不破」原則的運用歷時已久並貫徹至今。金融危機後，北京對華府政策鬥而不破主軸不變，且因北京手上籌碼增加而運用自如並更加靈活、成熟。

- 掌握「致人而不致於人」

　　金融危機之後，中國率先脫離險境。故在經濟上，美國依賴中國，如前述提及貿易、國債、投資。尤其中國是美國最大外債持有國，美國媒體憂心未來增減美債可能成為中國懲罰美國的手段。北京藉此牽制華府，獲得中美關係裡更多的主動權。因此，人權議題、經貿摩擦、對台軍售等分歧，不再如往昔棘手而逐漸淡化。

2. 金融危機使華府調整對華政策

- 華府「調適派」興起

　　金融危機之後，華府對華政策產生變化。單純的遏制或交往不夠與對手交手。因此，「調適派」逐漸萌芽並嶄露頭角。在雙邊關係上，更多的合作符合雙方利益，尤其對病入膏肓的美國經濟而言。藉著與中國更多的經貿合作，美國可以再一次的經濟轉型。在區域上，保持與東亞各國尤其日、韓、東協等國合作。為使經濟好轉，繼續維護中東能源安全穩定仍是重要的國家利益。在全球上，把中國拉入國際建制。歡迎中國的崛起、繁榮、強盛。使它承擔更多的國際責任和義務，並藉由國際建制以西方價值觀為中心的遊戲規則逐步使中國產生質變。而華府能有更多的時間專注於處理國內問題。

六、超越中美關係——給台灣的建議

1. 金融危機使台灣議題已非中美關係棘手問題

● 北京與華府不會因小失大

金融危機之後，台北與北京、北京與華府各自逐步擴大交流與合作。前述提及華府有求於北京，北京業已取得中美關係裡更多的主動權。因此，北京與華府關係漸趨密切、穩固，加以兩岸關係互動今非昔比、規模空前，台灣問題不再是問題。北京利用金融危機，以經貿、外交、文化等非軍事途徑與受金融危機重創的華府深化關係，間接使得華府因素在兩岸關係中的影響力下降。北京對台北的戰略目標是多重的——政治統一是公開的目標，而經濟利益是最終目標。中共最希望的是透過政治談判，不用武力兵不血刃的攫取一個完整而富有的台灣。

● 台灣須夕惕若厲兢兢業業

台灣需誠實面對自身在中美關係裡的式微。即便如此，台灣更需致力於研究中美國內、雙邊、全球的發展。台灣自身需有認知，海峽兩岸軍力失衡，加以美國內部經濟慘澹，其不會因「小」失「大」的可能遽增。然而台灣切勿妄自菲薄，因為我們本身尚有許多優勢可以善加利用。另外，台北與北京、華府有許多利益匯合點，例如經貿、綠能發展。除了「先為不可

勝」以精進實力外，更可利用地緣戰略位置，積極建設中心據
點包括金融、貿易、港口等。台灣應積極尋求成為中美之間的
平衡點。

北京與華府高層互訪

時間：2008/9-2011/2　　　　　　　　　　　　　　　事件總數：45

序號	時間	地點	雙方代表		主要議題內容
			北京	華府	
總理、副總理級					
1	2008/9/16	美國洛杉磯	國務院副總理王岐山	商務部長古鐵雷斯（Carlos M. Gutiérrez）、貿易代表施瓦布（Susan C. Schwab）	第 19 屆中美商貿聯委會；五項協議、備忘錄換文簽字
2	2008/12/4-5	中國北京	國務院副總理王岐山	財政部長鮑爾森（Henry M. Paulson, Jr.）	第五次中美戰略經濟對話；達成 40 多項具體成果
3	2008/12/10-17	美國華府	國務委員戴秉國	常務副國務卿內格羅蓬特（John D. Negroponte）	戴秉國對美進行工作訪問；第六次中美戰略對話

4	2009/4/11-22	美國華府	中共中央政治局委員、國務委員劉延東	國務卿希拉蕊等人	劉延東訪美簽署9個教育和科技合作文件
5	2009/6/5	中國	國務委員戴秉國等人	常務副國務卿斯坦伯格（James B. Steinberg）	中美關係、朝鮮半島局勢等問題
6	2009/7/9-10	義大利拉奎拉	胡錦濤代表國務委員戴秉國	總統歐巴馬	在八國集團同發展中國家領導人對話期間會晤
7	2009/7/27-28	美國華府	國務院副總理王岐山、國務委員戴秉國	國務卿希拉蕊、財政部長蓋特納（Timothy F. Geithner）	首輪中美戰略與經濟對話
8	2009/9/7-8	中國	國務委員戴秉國等人	阿富汗和巴基斯坦問題特別代表霍爾布魯克（Richard Holbrooke）	霍爾布魯克訪華
9	2009/9/28-29	中國	國家副主席習近平等人	常務副國務卿斯坦柏格	斯坦柏格訪華
10	2009/10/11-12	中國北京	前國務委員唐家璇	前國務卿季辛吉（Henry A. Kissinger）	中美二軌高層對話會議

11	2009/10/11-17	美國	中共中央政治局委員、中央書記處書記、中共中央組織部部長李源潮	代理國務卿斯坦柏格、財政部長蓋特納（Timothy F. Geithner）等	
12	2009/10/24-11/3	美國	中共中央政治局委員、中央軍委副主席徐才厚	美國總統歐巴馬、國防部長蓋茨（Robert M. Gates）等	徐才厚與蓋茨達成加強兩軍交流與合作等七項共識
13	2009/10/29	中國杭州	國務院副總理王岐山	商務部長駱家輝、貿易代表柯克（Ron Kirk）	第 20 屆中美商貿聯委會
14	2009/12/18	丹麥哥本哈根	國務院總理溫家寶	總統歐巴馬	雙方在哥本哈根氣候峰會期間會晤；討論氣候變化議題
15	2010/4/8	中國北京	國務院副總理王岐山	財政部長蓋特納	中美經濟關係、世界經濟情勢、第二輪中美戰略與經濟對話等
16	2010/9/5-8	中國北京	國務院副總理王岐山、國務委員戴秉國	國家經濟委員會主席桑默斯（Larry Summers）、助理國務卿唐尼倫（Thomas Donilion）等	人民幣匯率、軍事等議題[1]

1　劉屏，「美官員今赴京 喬軍事再匯談」，《中國時報》，2010 年 9 月 5 日，第 A13 版。劉千郁編譯，「桑默斯訪中 人民幣匯率端上桌」，《自由時報》，2010 年 9 月 5 日，第 A12 版。

17	2010/9/22	美國 紐約	國務院總理 溫家寶	總統歐巴馬	在聯合國會議期間會晤；討論全球經濟復甦、人民幣匯率、朝核、伊核等問題[2]
18	2010/10/23	美國紐約、華府	國台辦主任 王毅	國務卿希拉蕊、副國務卿斯坦柏格等	對台軍售等議題[3]
19	2010/10/24	中國山東青島機場	國務院副總理 王岐山	財政部長 蓋特納	中美經濟關係、首爾 G20 峰會準備工作；雙方未公布細節[4]
20	2010/10/30	中國 海南島	國務委員 戴秉國	國務卿希拉蕊	中日釣島風波、南海爭議、稀土議題等[5]
21	2011/1/10	中國 北京	國防部長 梁光烈	國防部長蓋茨	軍事交流、對台軍售、北韓問題、領土爭議、軍事發展、稀土議題等[6]

---

[2] 傅依傑等，「歐溫會 談人民幣 也談朝鮮問題」，《聯合報》，2010 年 9 月 22 日，第 A4 版。王良芬，「人民幣匯率 歐溫高來高去」，《中國時報》，2010 年 9 月 25 日，第 A4 版。

[3] 劉永祥、汪莉絹，「王毅會美高層 關切對台軍售」，《聯合報》，2010 年 10 月 23 日，第 A21 版。

[4] 盧永山編譯，「蓋納會王岐山 未公布細節」，《自由時報》，2010 年 10 月 25 日，第 A9 版。

[5] 楊芬瑩，「希拉蕊會戴秉國 再促中日對話」，《中國時報》，2010 年 10 月 31 日，第 A17 版。

[6] 亓樂義，「美中戰略互信 先看美台軍售」，《中國時報》，2011 年 1 月 11 日，第 A13 版。

				外交部長級		
22	2008/9/22	美國紐約	外交部長楊潔篪		國務卿萊斯（Condoleezza Rice）	在第 63 屆聯合國大會期間會晤；討論中美關係、台灣問題、食品安全、朝核等問題
23	2009/2/20-22	中國北京	外交部長楊潔篪		國務卿希拉蕊‧柯林頓（Hillary R. Clinton）	希拉蕊訪華
24	2009/3/9-13	美國華府	外交部長楊潔篪		國務卿希拉蕊	楊潔篪訪美
25	2009/7/22	東南亞	外交部長楊潔篪		國務卿希拉蕊	在東協論壇外長會期間會晤；討論中美關係、首輪中美戰略與經濟對話等
26	2009/9/15-17	中國	外交部長楊潔篪等人		白宮國安會亞洲事務高級主任貝德（Jeffrey A. Bader）	貝德與美國總統歐巴馬訪華先遣組共同訪華
27	2009/11/14	新加坡	外交部長楊潔篪		國務卿希拉蕊	在 APEC 期間會晤；討論中美關係、歐巴馬訪中、氣候變化、G20 合作、朝核、伊核等

28	2010/3/3-4	中國	外交部長楊潔箎、國務委員戴秉國	常務副國務卿斯坦柏格、白宮國安會亞洲事務高級主任貝德	斯坦柏格、貝德訪華；討論中美關係相關問題
29	2010/10	越南河內	外交部長楊潔箎	國務卿希拉蕊	在東亞峰會期間會晤[7]
30	2011/1/5	美國	外交部長楊潔箎	國務卿希拉蕊、商務部長駱家輝	籌備胡錦濤訪美事宜；討論多項雙邊經貿議題[8]
副外長級					
31	2009/1/7-8	中國北京	外交部副部長王光亞	常務副國務卿內格羅蓬特	內格羅蓬特受布希、萊斯委派來華參加中美建交30週年紀念活動
32	2009/5/12-14	美國華府	外交部副部長何亞非	常務副國務卿斯坦伯格等人	中美副外長級政治磋商
33	2009/12/9	中國	外交部長楊潔箎等人	副國務卿伯恩斯（William J. Burns）	伯恩斯訪華
34	2010/2/1	中國	外交部副部長何亞非	美國城市聯盟代表團首席執行官莫里爾	莫里爾率團訪華
35	2010/3/22-23	美國華府	外交部副部長崔天凱	總統國家安全事務助理瓊斯（James L. Jones）等人	

7　楊芬瑩，「希拉蕊會戴秉國 再促中日對話」，《中國時報》。

8　劉屏，「為胡錦濤鋪路 楊潔箎會見希拉蕊」，《中國時報》，2010 年 1 月 7 日，第A18 版。

			國會、議員		
36	2009/9/5-13	美國	全國人大常委會委員長吳邦國	總統歐巴馬等人	吳邦國對美進行正式友好訪問；為 20 年來全國人大常委會委員長第一次訪美
37	2009/5/23-28	中國北京	國家副主席習近平等人	國會參議院外委會主席克里（John F. Kerry）	克里訪華並出席中美清潔能源論壇
38	2009/5/24-30	中國北京、上海等地	全國人大常委會委員長吳邦國等人	國會眾議院議長佩洛西（Nancy Pelosi）	佩洛西率美國國會眾議院代表團訪華；討論中美關係、能源安全、氣候變化等問題
39	2009/5/25-6/1	中國	國務院副總理王岐山等人	國會眾議院「美中工作小組」主席拉森（Rick Larsen）、柯克（Mark Kirk）	拉森、柯克率團訪華
40	2009/6/9-14	美國	全國人大外事委員會主任委員李肇星		李肇星率全國人大代表團訪美，參加中美議會（眾院）交流機制第 10 次會議

41	2009/8/19-20	中國	全國人大常委會委員長吳邦國等人	加州民主黨聯邦眾議員、眾院外委會主席伯曼（Howard L. Berman）	伯曼率眾院外委會代表團訪華
42	2009/9/1-6	中國北京、上海	曾培炎等人	弗吉尼亞州聯邦眾議員、眾院撥款委成員莫蘭（Jim Moran）等	莫蘭等率團訪問北京、上海
43	2009/9/3-9	中國北京、上海	國務院副總理王岐山等人	華盛頓州聯邦參議員坎特書爾（Maria Cantwell）	坎特書爾訪問北京、上海
44	2009/12/7-12	美國	全國政協副主席董建華	眾議長佩洛西等人	董建華訪美
45	2010/1/12-15	中國	全國人大副委員長路甬祥	國會參議院美中議會交流小組共同主席默里、邦德	默里、邦德率參院代表團訪華；舉行中美議會會議機制（參院）第五次會議

■ 資料來源：中華人民共和國外交部，「中國同美國的關係」，<http://www.fmprc.gov.cn/chn/pds/gjhdq/gj/bmz/1206_22/sbgx/>（檢索日期：2011 年 1 月 17 日）。 中國外交部網站資料整理至 2011 年 4 月 29 日為止。後續為作者自各大報導整理，請參見腳註。
■ 製表：陳奕儒，2011 年 1 月 27 日。

北京與華府大事紀

時間：2007/3-2011/2 　　　　　　　　　　　　　　　　　事件總數：50

2007 年，事件數：5					
序號	時間	地點	雙方代表		主要議題內容
			北京	華府	
1	2007/3/3-5	中國北京	外交部副部長戴秉國	常務副國務卿內格羅蓬特（John D. Negroponte）	新任常務副國務卿內格羅蓬特訪華
2	2007/6/2-9	美國華府	全國人大常委會副委員長兼秘書長盛華仁	國會參院交流機制美方主席井上健、副主席史蒂文斯（Ted Stevens）	盛華仁率團訪美；中美議會（參院）會議機制第四次正式會議
3	2007/6/12-15	美國華府	全國人大外事委主任委員姜恩柱	國會眾院交流機制美方主席克勞利、副主席曼祖洛	中美議會（眾院）交流機制第九次會議

4	2007/8/24-28	中國北京等地	全國人大常委會委員長吳邦國等人	國會眾議院軍事委員會主席斯凱爾頓（Rep. Ike Skelton）	斯凱爾頓率眾議院軍事委員會代表團訪華
5	2007/8/25-9/1	中國北京等地	全國人大常委會委員長吳邦國等人	國會眾議院「美中工作小組」主席拉森（Rick Larsen）、柯克（Mark Kirk）	美國會眾議院「美中工作小組」代表團訪華
2008 年，事件數：10					
1	2008/1/17-18	中國貴陽	外交部副部長戴秉國	常務副國務卿內格羅蓬特（John D. Negroponte）	第五次中美戰略對話
2	2008/2/26-27	中國北京	國家主席胡錦濤等人	國務卿萊斯（Condoleezza Rice）	萊斯訪華
3	2008/5/12	中國北京	國家副主席習近平等人	常務副國務卿內格羅蓬特	內格羅蓬特訪華
4	2008/6/29-30	中國北京	國家主席胡錦濤等人	國務卿萊斯	萊斯訪華
5	2008/7/27-30	美國華府	外交部長楊潔篪	總統布希（George W. Bush）等人	楊潔篪訪美
6	2008/8/7-11	中國北京	國家主席胡錦濤等人	總統布希	布希伉儷及家人來華觀摩北京奧運會並出席相關活動

7	2008/8/8-15	中國北京	國務院副總理王岐山等人	財政部長鮑爾森（Henry M. Paulson, Jr.）	鮑爾森來華觀摩北京奧運會
8	2008/8/21-28	中國北京	國務院總理溫家寶等人	勞工部長趙小蘭	趙小蘭率美國總統代表團來華出席北京奧運會閉幕式及相關活動
9	2008/9/4-9	中國北京	國家副主席習近平等人	退伍軍人事務部長皮克（James Benjamin Peake）	皮克率美國總統代表團來華觀摩北京殘奧會開幕式
10	2008/12/10-16	美國華府	國務委員戴秉國	常務副國務卿內格羅蓬特	戴秉國對美進行工作訪問；第六次中美戰略對話
2009 年，事件數：23					
1	2009/1/7-8	中國北京	國家副主席習近平等人	常務副國務卿內格羅蓬特（John D. Negroponte）	內格羅蓬特受布希、萊斯委派來華參加中美建交30 週年紀念活動
歐巴馬（Barack H. Obama）政府上任					
2	2009/2/20-22	中國北京	外交部長楊潔篪	國務卿希拉蕊・柯林頓（Hillary Rodham Clinton）	希拉蕊訪華
3	2009/3/9-13	美國華府	外交部長楊潔篪	國務卿希拉蕊	楊潔篪訪美進行工作訪問

4	2009/4/11-22	美國華府	中共中央政治局委員、國務委員劉延東	國務卿希拉蕊等人	劉延東訪美簽署9個教育和科技合作文件
5	2009/5/12-14	美國華府	外交部副部長何亞非	常務副國務卿斯坦伯格（James B. Steinberg）等人	中美副外長級政治磋商
6	2009/5/23-28	中國北京	國家副主席習近平等人	國會參議院外委會主席克里（John F. Kerry）	克里訪華並出席中美清潔能源論壇
7	2009/5/25-6/01	中國	國務院副總理王岐山等人	國會眾議院「美中工作小組」主席拉森（Rick Larsen）、柯克（Mark Kirk）	拉森、柯克率團訪華
8	2009/5/24-30	中國北京、上海等地	全國人大常委會委員長吳邦國等人	國會眾議院議長佩洛西（Nancy Pelosi）	佩洛西率美國國會眾議院代表團訪華；討論中美關係、能源安全、氣候變化等問題
9	2009/6/5	中國	國務委員戴秉國等人	常務副國務卿斯坦伯格	中美關係、朝鮮半島局勢等問題

10	2009/6/9-14	美國	全國人大 外事委員會 主任委員 李肇星		李肇星率全國人 大代表團訪美， 參加中美議會 （眾院）交流機 制第 10 次會議
11	2009/7/27-28	美國 華府	國務院副總理 王岐山、 國務委員 戴秉國	國務卿希拉 蕊、財政部長 蓋特納 （Timothy F. Geithner）	首輪「中美戰略 與經濟對話」
12	2009/8/19-20	中國	全國人大 常委會委員長 吳邦國等人	加州民主黨聯 邦眾議員、眾 院外委會主席 伯曼（Howard L. Berman）	伯曼率眾院外委 會代表團訪華
13	2009/9/1-6	中國 北京、 上海	曾培炎等人	弗吉尼亞州聯 邦眾議員、眾 院撥款委成員 莫蘭（Jim Moran）等	莫蘭等率團訪問 北京、上海
14	2009/9/2	中國	外交部長 楊潔篪	新任駐華大使 洪博培 （Jon M. Huntsman, Jr.）	楊潔篪祝賀洪博 培履新
15	2009/9/3-9	中國 北京、 上海	國務院副總理 王岐山等人	華盛頓州 聯邦參議員 坎特書爾 （Maria Cantwell）	坎特書爾訪問北 京、上海

16	2009/9/6-12	美國	全國人大常委會委員長吳邦國	總統歐巴馬等人	吳邦國對美進行正式友好訪問；為 20 年來全國人大常委會委員長第一次訪美
17	2009/9/7-8	中國	國務委員戴秉國等人	阿富汗和巴基斯坦問題特別代表霍爾布魯克（Richard Holbrooke）	霍爾布魯克訪華
18	2009/9/15-17	中國	外交部長楊潔篪等人	白宮國安會亞洲事務高級主任貝德（Jeffrey A. Bader）	貝德與美國總統歐巴馬訪華先遣組共同訪華
19	2009/9/28-29	中國	國家副主席習近平等人	常務副國務卿斯坦柏格	斯坦柏格訪華
20	2009/10/11-12	中國北京	前國務委員唐家璇	前國務卿季辛吉（Henry A. Kissinger）	中美二軌高層對話會議
21	2009/11/15-18	中國	國家主席胡錦濤	總統歐巴馬	歐巴馬對中國進行國事訪問；發表《中美聯合聲明》
22	2009/12/7-12	美國	全國政協副主席董建華	眾議長佩洛西等人	董建華訪美
23	2009/12/9	中國	外交部長楊潔篪等人	副國務卿伯恩斯（William J. Burns）	伯恩斯訪華

2010 年，事件數：10					
1	2010/1/12-15	中國	全國人大副委員長路甬祥	國會參議院美中議會交流小組共同主席默里、邦德	默里、邦德率參院代表團訪華；舉行中美議會會議機制（參院）第五次會議
2	2010/2/1	中國	外交部副部長何亞非	美國城市聯盟代表團首席執行官莫里爾	莫里爾率團訪華
3	2010/3/3	中國	外交部長楊潔篪	常務副國務卿斯坦柏格、白宮國安會亞洲事務高級主任貝德	斯坦柏格、貝德訪華；討論中美關係相關問題
4	2010/3/22-23	美國華府	外交部副部長崔天凱	總統國家安全事務助理瓊斯（James L. Jones）等人	
5	2010/4/8	中國北京	國務院副總理王岐山	財政部長蓋特納	中美經濟關係、世界經濟情勢、第二輪中美戰略與經濟對話等
6	2010/9/5-8	中國北京	國務院副總理王岐山、國務委員戴秉國	國家經濟委員會主席桑默斯（Larry Summers）、助理國務卿唐尼倫（Thomas Donilion）等	人民幣匯率、軍事等議題[1]

---

[1] 劉屏，「美官員今赴京 喬軍事再匯談」，《中國時報》，2010 年 9 月 5 日，第 A13 版。劉千郁編譯，「桑默斯訪中 人民幣匯率端上桌」，《自由時報》，2010 年 9 月 5 日，第 A12 版。

7	2010/9/22	美國 紐約	國務院總理 溫家寶	總統歐巴馬	在聯合國會議期間會晤；討論全球經濟復甦、人民幣匯率、朝核、伊核等問題[2]
8	2010/10/23	美國 紐約、 華府	國台辦主任 王毅	國務卿希拉蕊、副國務卿斯坦柏格等	對台軍售等議題[3]
9	2010/10/24	中國山東 青島機場	國務院副總理 王岐山	財政部長 蓋特納	中美經濟關係、首爾 G20 峰會準備工作；雙方未公布細節[4]
10	2010/10/30	中國 海南島	國務委員 戴秉國	國務卿希拉蕊	中日釣島風波、南海爭議、稀土議題等[5]
至 2011 年 2 月，事件數：2					
1	2011/1/10	中國 北京	國防部長 梁光烈	國防部長蓋茨（Robert M. Gates）	軍事交流、對台軍售、北韓問題、領土爭議、軍事發展、稀土議題等[6]

2　傅依傑等，「歐溫會 談人民幣 也談朝鮮問題」，《聯合報》，2010 年 9 月 22 日，第 A4 版。王良芬，「人民幣匯率 歐溫高來高去」，《中國時報》，2010 年 9 月 25 日，第 A4 版。

3　劉永祥、汪莉絹，「王毅會美高層 關切對台軍售」，《聯合報》，2010 年 10 月 23 日，第 A21 版。

4　盧永山編譯，「蓋納會王岐山 未公布細節」，《自由時報》，2010 年 10 月 25 日，第 A9 版。

5　楊芬瑩，「希拉蕊會戴秉國 再促中日對話」，《中國時報》，2010 年 10 月 31 日，第 A17 版。

6　亓樂義，「美中戰略互信 先看美台軍售」，《中國時報》，2011 年 1 月 11 日，第 A13 版。

| 2 | 2010/2/1 | 中國 | 外交部副部長何亞非 | 美國城市聯盟代表團首席執行官莫里爾 | 莫里爾率團訪華 |

■ 資料來源：中華人民共和國外交部，「中國同美國的關係」，<http://www.fmprc.gov.cn/chn/pds/gjhdq/gj/bmz/1206_22/sbgx/>（檢索日期：2011 年 1 月 17 日）。
■ 製表：陳奕儒，2011 年 6 月 1 日。

中美聯合聲明（2009 年 11 月）

- ● 中文版

資料來源：中華人民共和國外交部
下載網站：<http://www.fmprc.gov.cn/chn/pds/ziliao/1179/t627468.htm>
檢索日期：2009 年 12 月 9 日
備註：原文為簡體中文，為便於讀者閱讀，茲整理為繁體中文

- ● 英文版

Source: The White House
Website: <http://www.whitehouse.gov/the-press-office/us-china-joint-statement>
Accessed: December 9, 2009

中美聯合聲明
二〇〇九年十一月十七日，北京

U.S.-China Joint Statement
Beijing, China

應中華人民共和國主席胡錦濤邀請，美利堅合眾國總統貝拉克·奧巴馬於二〇〇九年十一月十五日至十八日對中國進行國事訪問。兩國元首就中美關係和其他共同關心的問題進行了深入、坦誠的會談，成果豐富。雙方積極評價中美建交三十年來兩國關係取得的巨大發展，並就推進新時期中美關係發展達成一致。奧巴馬總統將分別與中國全國人大常委會委員長吳邦國、

At the invitation of President Hu Jintao of the People's Republic of China, President Barack Obama of the United States of America is paying a state visit to China from November 15-18, 2009. The Presidents held in-depth, productive and candid discussions on U.S.-China relations and other issues of mutual interest. They highlighted the substantial progress in U.S.-China relations over the past 30 years since the establishment

國務院總理溫家寶舉行會見。奧巴馬總統還與中國青年人進行了交流並回答他們的提問。

of diplomatic ties, and they reached agreement to advance U.S.-China relations in the new era. President Obama will have separate meetings with Wu Bangguo, Chairman of the Standing Committee of the National People's Congress and Premier Wen Jiabao. President Obama also spoke with and answered questions from Chinese youth.

一、中美關係

雙方認為,兩國領導人保持密切交往對確保中美關係長期健康穩定發展至關重要。雙方認為兩國元首今年以來的三次會晤和兩國其他重要雙邊交往加強了兩國關係。奧巴馬總統邀請胡錦濤主席於明年訪問美國,胡主席愉快地接受了邀請。兩國領導人將繼續通過互訪、會晤、通話、書信等方式保持密切溝通。

雙方高度評價中美戰略與經濟對話機制的重要作用,認為對話為兩國增進理解、擴大共識、減少分歧、尋求對共同問題的解決辦法提供了獨特的平台。雙方認為今年七月在華盛頓舉行的首輪對話成果豐碩,同意切實履行雙方在首輪對話中所作承諾並將於二〇一〇年夏天在北京舉行第二輪對話。雙方同意繼續利用高層領導人的直接聯繫渠道就重大敏感問題保持及時溝通,將兩國外長年度互訪機制化,並鼓勵兩國其他部門高級官員經常互訪。

I. The U.S.-China Relationship

The United States and China agreed that regular exchanges between leaders of the two countries are essential to the long-term, sound, and steady growth of U.S.-China relations. The two sides are of the view that the three meetings between the two presidents and other important bilateral exchanges this year have strengthened relations. President Obama invited President Hu to make a visit to the United States next year, and President Hu accepted the invitation with pleasure. Leaders of the two countries will continue to maintain close communication through mutual visits, meetings, telephone conversations and correspondence.

The United States and China spoke highly of the important role of the U.S.-China Strategic and Economic Dialogue and recognized that the Dialogue offers a unique forum to promote understanding, expand common ground, reduce differences, and develop solutions to common problems. Both sides believed that the first round of the Dialogue held in Washington, D.C., in July this year was a fruitful one and agreed to honor in good faith the commitments made and hold the second round in Beijing in the summer of 2010. The two sides agreed that they will continue to use the direct communication links among senior leaders to maintain timely communication on major and sensitive issues, institutionalize the annual exchange of visits by the two foreign ministers and encourage senior officials of other departments of the two countries to exchange visits on a regular basis.

雙方積極評價中國中央軍事委員會副主席徐才厚上將今年十月訪美成果，表示將採取具體措施推進兩軍關係未來持續、可靠地向前發展。雙方將共同做好二〇一〇年中國人民解放軍總參謀長陳炳德上將訪美和美國國防部長羅伯特・蓋茨、美軍參謀長聯席會議主席邁克爾・馬倫上將訪華有關準備工作，積極落實兩軍已商定的各項交流與合作計畫，包括提高兩軍交往的級別和頻率。上述措施旨在加強雙方開展務實合作的能力，增進對彼此意圖和國際安全環境的理解。

The United States and China commended the outcomes of the visit to the United States by General Xu Caihou, Vice Chairman of the Chinese Central Military Commission, in October this year, and stated that they will take concrete steps to advance sustained and reliable military-to-military relations in the future. The two sides will prepare for the visit to the United States by General Chen Bingde, Chief of the General Staff of China's People's Liberation Army, and the visits to China by Robert Gates, the U.S. Secretary of Defense, and Admiral Michael Mullen, Chairman of the U.S. Joint Chiefs of Staff. The two sides will actively implement various exchange and cooperation programs agreed between the two militaries, including by increasing the level and frequency of exchanges. The goal of these efforts is to improve their capabilities for practical cooperation and foster greater understanding of each other's intentions and of the international security environment.

雙方同意在平等互利基礎上深化反恐磋商與合作，加強執法合作。雙方同意以對等的方式及時就執法事務交換證據和情報。雙方將就共同關心的案件開展聯合調查，

The United States and China agreed to deepen counter-terrorism consultation and cooperation on an equal and mutually beneficial basis and to strengthen law-enforcement cooperation. They

並為對方提供調查協助。雙方將加強在刑事調查方面的合作，深化在打擊貪污、禁毒和前體化學品控制、打擊非法移民活動方面的合作，加強在打擊跨國犯罪和犯罪集團以及反洗錢和包括打擊製造偽鈔、追討非法資金在內的反恐融資領域的共同努力，並打擊走私和販賣人口。

agreed to exchange evidence and intelligence on law enforcement issues in a timely and reciprocal manner. The two countries will undertake joint investigations and provide investigative assistance on cases of mutual interest. The United States and China will strengthen cooperation on criminal investigations and deepen collaboration in combating embezzlement as well as in counter-narcotics and pre-cursor chemical control and in combating unlawful migration. They also will boost joint efforts to combat transnational crime and criminal organizations as well as money laundering and the financing of terrorism including counterfeiting and recovery of illicit funds. They will work to combat smuggling and human trafficking.

美方重申支持中國上海舉辦二〇一〇年世博會。

The United States reaffirmed its support for Expo 2010 Shanghai.

雙方積極評價《中美科技合作協定》簽署三十年來兩國科技合作與交流取得的豐碩成果，同意通過中美科技合作聯委會進一步提升兩國在科技創新領域交流與合作的水平。

The United States and China applauded the rich achievements in scientific and technological cooperation and exchanges between the two countries over the past 30 years since the signing of the U.S.-China Agreement on Cooperation in Science and Technology and agreed to further upgrade the level of exchanges and cooperation in scientific and technological innovation through the U.S.-China Joint Commission on Science and Technology Cooperation.

雙方期待本著透明、對等和互利原則，就航天科學合作加強討論並在載人航天飛行和航天探索方面開啟對話。雙方歡迎美國國家航空航天局局長和中方相應官員在二〇一〇年實現互訪。

The United States and China look forward to expanding discussions on space science cooperation and starting a dialogue on human space flight and space exploration, based on the principles of transparency, reciprocity and mutual benefit. Both sides welcome reciprocal visits of the NASA Administrator and the appropriate Chinese counterpart in 2010.

雙方同意加強民用航空領域合作，確認願擴大《中國民用航空局與美國聯邦航空局民航技術合作協議備忘錄》。雙方歡迎兩國公共和私營機構在高速鐵路基礎設施建設方面進行合作。

The United States and China agreed to strengthen their cooperation on civil aviation, and confirmed their intent to expand the *Memorandum of Agreement for Technical Cooperation in the field of Civil Aviation between the Federal Aviation Administration of the United States of America and the Civil Aviation Administration of China (CAAC)*. The two sides welcomed cooperation by public and private bodies on the development of high speed railway infrastructure.

雙方承諾將落實最近簽署的《中美兩國農業部關於農業合作的諒解備忘錄》。

The United States and China undertook to implement the newly signed *Memorandum of Understanding Between the Department of Agriculture of the United States of America and the Ministry of Agriculture of the People's Republic of China on Cooperation in Agriculture and Related Fields*.

雙方同意就衛生健康領域進一步開展聯合研究，包括幹細胞聯合研究等。雙方將深化在全球公共衛生領域的合作，包括甲型 H1N1 流感的預防、監控、報告和控制以及禽流感、愛滋病毒及愛滋病、肺結核、瘧疾。雙方還將加強在食品安全和產品質量方面的合作。

The two countries agreed to collaborate further in joint research in the health sector including on stem cells. They will deepen cooperation on global public health issues, including Influenza A (H1N1) prevention, surveillance, reporting and control, and on avian influenza, HIV/AIDS, tuberculosis, and malaria. They will also enhance cooperation on food and product safety and quality.

雙方強調各國及各國人民都有權選擇自身發展道路。各國應相互尊重對方對於發展模式的選擇。雙方都認識到，中國與美國在人權領域存在分歧。雙方本著平等和相互

The United States and China underlined that each country and its people have the right to choose their own path, and all countries should respect each other's choice of a development model. Both

尊重的精神處理有關分歧，並按照國際人權文書促進和保護人權，決定於二〇一〇年二月底前在華盛頓舉行下一輪中美人權對話。雙方認為在法律領域促進合作並就法治問題交流符合兩國人民和政府的利益和需要。雙方決定儘早舉行中美法律專家對話。

雙方認為，人文交流對促進更加緊密的中美關係具有重要作用。為促進人文交流，雙方原則同意建立一個新的雙邊機制。雙方高興地看到近年來彼此國家留學的人數不斷增加。目前在美國的中國留學人員已接近十萬人，美方將接受更多中國留學人員赴美學習並為中國留學人員赴美提供簽證便利。美國在華留學人員約有兩萬名。美方將啟動一個鼓勵更多美國人來華留學的新倡議，今後四年向中國派遣十萬名留學人員。中方歡迎美方上述決定。雙方同意加緊商談並於二〇一〇年續簽《中華人民共和國政府和美利堅合眾國政府文化協定二〇一〇至二〇一二年執行計畫》，並適時在美合作舉辦第二屆「中美文化論壇」。

sides recognized that the United States and China have differences on the issue of human rights. Addressing these differences in the spirit of equality and mutual respect, as well as promoting s agreed to hold the next round of the official human rights dialogue in Washington D.C. by the end of February 2010. The United States and China agreed that promoting cooperation in the field of law and exchanges on the rule of law serves the interests and needs of the citizens and governments of both countries. The United States and China decided to convene the U.S.-China Legal Experts Dialogue at an early date.

The two countries noted the importance of people-to-people and cultural exchanges in fostering closer U.S.-China bilateral relations and therefore agreed in principle to establish a new bilateral mechanism to facilitate these exchanges. The two sides are pleased to note the continued increase in the number of students studying in each other's country in recent years. Nearly 100,000 Chinese are now studying in the United States, and the U.S. side will receive more Chinese students and facilitate visa issuance for them. The United States has approximately 20,000 students in China. The United States seeks to encourage more Americans to study in China by launching a new initiative to send 100,000 students to China over the coming four years. China welcomed this decision by the United States. The two sides agreed to expedite negotiations to renew in 2010 the *Implementing Accord for Cultural Exchange for the Period Through 2010-2012 under the Cultural Agreement Between the Government of the United States of*

America and the Government of the *People's Republic of China.* The United States and China agreed to jointly hold the Second U.S.-China Cultural Forum in the United States at an appropriate time.

二、建立和深化雙邊戰略互信

雙方認為，二十一世紀全球性挑戰日益增多，世界各國相互依存不斷加深，對和平、發展與合作的需求增強。中美在事關全球穩定與繁榮的眾多重大問題上，擁有更加廣泛的合作基礎，肩負更加重要的共同責任。兩國應進一步加強協調與合作，共同應對挑戰，為促進世界和平、安全、繁榮而努力。

雙方認為，培育和深化雙邊戰略互信對新時期中美關係發展至關重要。在雙方討論中，中方表示，中國始終不渝走和平發展道路，始終不渝奉行互利共贏的開放戰略，致力於推動建立持久和平、共同繁榮的和諧世界。美方重申，美方歡迎一個強大、繁榮、成功、在國際事務中發揮更大作用的中國。美方表示，美國致力於與其他國家共同努力應對所面臨的最困難的國際問題。中方表示，歡迎美國作為一個亞太國家為本地區和平、穩定與繁榮作出努力。雙方重申致力於建設二十一世紀積極合作全面的中美關係，並將採取切實行動穩步建立應對共同挑戰的夥伴關係。

II. Building and Deepening Bilateral Strategic Trust

The United States and China are of the view that in the 21st century, global challenges are growing, countries are more interdependent, and the need for peace, development, and cooperation is increasing. The United States and China have an increasingly broad base of cooperation and share increasingly important common responsibilities on many major issues concerning global stability and prosperity. The two countries should further strengthen coordination and cooperation, work together to tackle challenges, and promote world peace, security and prosperity.

The two countries believe that to nurture and deepen bilateral strategic trust is essential to U.S.-China relations in the new era. During their discussions, the Chinese side said that it resolutely follows the path of peaceful development and a win-win strategy of opening-up, and is committed to promoting the building of a harmonious world of enduring peace and common prosperity. The United States reiterated that it welcomes a strong, prosperous and successful China that plays a greater role in world affairs. The United States stated that it is committed to working with other countries in addressing the most difficult international problems they face. China welcomes the United States as an

Asia-Pacific nation that contributes to peace, stability and prosperity in the region. The two sides reiterated that they are committed to building a positive, cooperative and comprehensive U.S.-China relationship for the 21st century, and will take concrete actions to steadily build a partnership to address common challenges.

雙方強調台灣問題在中美關係中的重要性。中方強調，台灣問題涉及中國主權領土完整，希望美方信守有關承諾，理解和支持中方在此問題上的立場。美方表示奉行一個中國政策，遵守中美三個聯合公報的原則。美方歡迎台灣海峽兩岸關係和平發展，期待兩岸加強經濟、政治及其他領域的對話與互動，建立更加積極、穩定的關係。

The United States and China underscored the importance of the Taiwan issue in U.S.-China relations. China emphasized that the Taiwan issue concerns China's sovereignty and territorial integrity, and expressed the hope that the United States will honor its relevant commitments and appreciate and support the Chinese side's position on this issue. The United States stated that it follows its one China policy and abides by the principles of the three U.S.-China joint communiqués. The United States welcomes the peaceful development of relations across the Taiwan Strait and looks forward to efforts by both sides to increase dialogues and interactions in economic, political, and other fields, and develop more positive and stable cross-Strait relations.

雙方重申，互相尊重主權和領土完整這一根本原則是指導中美關係的中美三個聯合公報的核心。雙方均不支持任何勢力破壞這一原則的任何行動。雙方一致認為，尊重彼此核心利益對確保中美關係穩定發展極端重要。

The two countries reiterated that the fundamental principle of respect for each other's sovereignty and territorial integrity is at the core of the three U.S.-China joint communiqués which guide U.S.-China relations. Neither side supports any attempts by any force to undermine this principle. The two sides agreed that respecting each other's core interests is extremely important to ensure steady progress in U.S.-China relations.

雙方認為，中美兩國在共同應對全球挑戰方面開展合作，有助於促進世界繁榮與安全。雙方重申一九九八年六月二十七日作出的關於不把各自控制下的戰略核武器瞄準對方的承諾。雙方認為，兩國在推動和平利用外空方面擁有共同利益，雙方同意採取步驟加強外空安全。雙方同意通過中美戰略與經濟對話、兩軍交往等渠道就具有戰略重要性的問題進行討論。

雙方同意通過現有磋商和對話渠道，根據國際法準則，在相互尊重管轄權和利益的基礎上妥善處理軍事安全和海上安全問題

三、經濟合作和全球復甦

雙方決心共同努力，推動全球經濟實現更加可持續和平衡的增長。為此，雙方注意到彼此強有力和及時的政策措施有助於遏制全球產出下降和穩定金融市場。雙方同意延續現有舉措以確保強健、可持續的全球經濟復甦和金融體系。雙方重申將繼續在宏觀經濟政策領域加強對話與合作。雙方承諾履行在首輪中美戰略與經濟對話、二十國集團峰會和在新加坡舉行的亞太經合組織會議中作出的所有承諾。

The United States and China believe that bilateral cooperation on common global challenges will contribute to a more prosperous and secure world. They reaffirmed their commitment made on 27 June 1998 not to target at each other the strategic nuclear weapons under their respective control. The two sides believed that the two countries have common interests in promoting the peaceful use of outer space and agree to take steps to enhance security in outer space. The two sides agreed to discuss issues of strategic importance through such channels as the U.S.-China Strategic and Economic Dialogue and military-to-military exchanges.

The United States and China agreed to handle through existing channels of consultations and dialogue military security and maritime issues in keeping with norms of international law and on the basis of respecting each other's jurisdiction and interests.

III. Economic Cooperation and Global Recovery

The two sides are determined to work together to achieve more sustainable and balanced global economic growth. To that end, the two sides noted that their forceful and timely policy responses helped stem the decline in global output and stabilized financial markets. The two sides agreed to sustain measures to ensure a strong and durable global economic recovery and financial system. The two sides reiterated that they will continue to strengthen dialogue and cooperation on macro-economic policies. The two sides pledge to honor all commitments made at the inaugural meeting of the Strategic and Economic Dialogue, the G-20 summits, and APEC in Singapore.

雙方積極評價二十國集團三次金融峰會在應對國際金融危機方面所發揮的重要作用，願與二十國集團其他成員一道努力提高作為國際經濟合作主要論壇的二十國集團的效力。雙方同意共同努力，包括通過合作推動二十國集團的「相互評估進程」，推動二十國集團「為了實現強有力、可持續、平衡增長框架」取得成功。雙方歡迎二十國集團近期達成的共識，即確保國際金融機構享有充分資源，改革其治理機制以提高國際金融機構的可信性、合法性和有效性。雙方強調應及早落實國際金融機構份額和投票權量化改革目標，按照匹茲堡峰會領導人聲明增加新興市場和發展中國家在這些機構中的發言權和代表性。雙方同意共同加強這些國際金融機構的能力，以防範和應對未來的危機。

The two sides commended the important role of the three G-20 summits in tackling the global financial crisis, and committed to work with other members of the G-20 to enhance the G-20's effectiveness as the premier forum for international economic cooperation. The two sides agreed to work together, including through a cooperative process on mutual assessment to make the G-20 Framework for Strong, Sustainable and Balanced Growth a success. The two sides welcomed recent agreements by the G-20 to ensure that the International Financial Institutions (IFIs) have sufficient resources and to reform their governance structures in order to improve IFIs credibility, legitimacy and effectiveness. The two sides stressed the need to follow through on the quantified targets for the reform of quota and voting shares of IFIs as soon as possible, increasing the voice and representation of emerging markets and developing countries in these institutions consistent with the Pittsburgh Summit Leaders Statement. They also agreed to work together to strengthen the capacity of these institutions to prevent and respond to future crises.

雙方將進一步加強宏觀經濟政策的溝通與信息交流，共同努力採取調整國內需求和相關價格的政策，促進更加可持續和平衡的貿易與增長。中方將繼續落實政策，調整經濟結構，提高家庭收入，擴大內需，增加消費對國內生產總值的貢獻，改革社會保障體系。美國將採取措施提高國內儲蓄佔國內生產

The two sides will further enhance communication and the exchange of information regarding macro-economic policy, and work together to pursue policies of adjusting domestic demand and relative prices to lead to more sustainable and balanced trade and growth. China will continue to implement the policies to adjust economic structure,

總值的比重，推動可持續的、非通貨膨脹式的增長。為此，美方致力於將聯邦預算赤字降到一個可持續發展的水平並採取措施鼓勵私人儲蓄。雙方將採取前瞻性的貨幣政策，並適當關注貨幣政策對國際經濟的影響。

雙方認識到開放貿易和投資對本國經濟和全球經濟的重要性，並致力於共同反對各種形式的保護主義。雙方同意本著建設性、合作性和互利性的態度，積極解決雙邊貿易和投資爭端。雙方將加快《雙邊投資協定》談判。雙方承諾推動多哈回合在二〇一〇年達成一個積極、富有雄心、平衡的最終成果。

雙方積極評價第二十屆中美商貿聯委會會議成果。雙方重申在會議中所作承諾並期待其得到全面落實。

raise household incomes, expand domestic demand to increase contribution of consumption to GDP growth and reform its social security system. The United States will take measures to increase national saving as a share of GDP and promote sustainable non-inflationary growth. To achieve this, the United States is committed to returning the federal budget deficit to a sustainable path and pursuing measures to encourage private saving. Both sides will also pursue forward-looking monetary policies with due regard for the ramifications of those policies for the international economy.

The two sides recognize the importance of open trade and investment to their domestic economies and to the global economy, and are committed to jointly fight protectionism in all its manifestations. The two sides agreed to work proactively to resolve bilateral trade and investment disputes in a constructive, cooperative, and mutually beneficial manner. Both sides will expedite negotiation on a bilateral investment treaty. The two sides are committed to seeking a positive, ambitious, and balanced conclusion to the Doha Development Agenda in 2010.

The two sides spoke highly of the outcomes of the 20th Meeting of the U.S.-China Joint Commission on Commerce and Trade. The two sides reaffirmed the commitment at this JCCT meeting and look forward to their full implementation.

四、地區及全球性挑戰

　　雙方認識到，在當前國際形勢發生複雜深刻變化的情況下，中美在合作應對地區和全球安全挑戰方面擁有共同責任。雙方強調中美在亞太地區擁有廣泛共同利益，支持構建和完善開放、包容、共贏的地區合作框架。雙方將努力推動亞太經合組織在促進地區貿易投資自由化和經濟技術合作以及東盟地區論壇在促進地區安全合作方面發揮更有效作用。

　　雙方認為遵守《不擴散核武器條約》、國際原子能機構相關規定以及實施聯合國安理會所有相關決議對兩國合作阻止核武器擴散的努力取得成功至關重要。兩國元首憶及二〇〇九年九月二十四日出席聯合國安理會核不擴散與核裁軍峰會，表示歡迎峰會成果並堅決支持聯合國安理會一八八七號決議。

　　雙方重申繼續推動六方會談進程並落實二〇〇五年「九·一九」共同聲明的重要性，包括朝鮮半島無核化、關係正常化及在東北亞地區建立永久和平機制。雙方表示，

IV. Regional and Global Challenges

The two sides noted that, at a time when the international environment is undergoing complex and profound changes, the United States and China share a responsibility to cooperatively address regional and global security challenges. The two sides stressed that they share broad common interests in the Asia-Pacific region and support the development and improvement of an open and inclusive regional cooperation framework that is beneficial to all. The two sides will work to encourage APEC to play a more effective role in promoting regional trade and investment liberalization and economic and technical cooperation and for the ASEAN Regional Forum to play a more effective role in strengthening regional security cooperation.

The two sides agreed that respect for the Treaty on the Non-proliferation of Nuclear Weapons, IAEA mandates, and implementation of all relevant UN Security Council resolutions are essential for the success of our joint efforts to stem the spread of nuclear weapons. The two presidents recalled their participation at the September 24, 2009, UN Security Council Summit on nuclear nonproliferation and nuclear disarmament. They welcomed the outcome of the Summit and expressed their strong support for UN Security Resolution 1887.

The two sides reaffirmed the importance of continuing the Six-Party Talks process and implementing the September 19, 2005, Joint Statement, including denuclearization of the Korean

願與有關各方共同努力，通過協商對話，全面實現六方會談宗旨和總體目標。中方對美朝開始高級別接觸表示歡迎。雙方希望六方會談多邊機制早日重啟。

Peninsula, normalization of relations and establishment of a permanent peace regime in Northeast Asia. The two sides stated that they will work together with other parties concerned to comprehensively achieve the purpose and overall goal of the Six-Party Talks through consultations and dialogues. The Chinese side welcomed the start of high-level contacts between the United States and the DPRK. The two sides expressed the hope that the multilateral mechanism of the Six Party Talks would convene at an early date.

　　雙方關切地注意到伊朗核問題的最新動向。雙方同意，伊朗根據《不擴散核武器條約》擁有和平利用核能的權利，同時伊朗也應履行該條約規定的相應國際義務。六國與伊朗於十月一日在日內瓦舉行的會晤對解決國際社會對伊朗核項目的關切是一個有希望的開端，雙方對此表示歡迎，並表示願儘快繼續此類接觸。雙方強調應全力採取建立信任措施，呼籲伊朗對國際原子能機構總幹事的提議作出積極反應。雙方重申大力支持通過談判尋求全面、長期解決伊核問題的辦法，呼籲伊朗繼續與六國進行建設性接觸，並與國際原子能機構全面合作，以取得令人滿意的結果。

The two sides noted with concern the latest developments with regard to the Iranian nuclear issue. The two sides agreed that Iran has the right to peaceful uses of nuclear energy under the NPT and it should fulfill its due international obligations under that treaty. They welcomed the talks in Geneva on October 1st between the P5+1 and Iran as a promising start towards addressing international concerns about Iran's nuclear program, and expressed their readiness to continue that engagement as soon as possible. The two sides emphasized that all efforts should be made to take confidence building steps and called on Iran to respond positively to the proposal of the IAEA Director General. The two sides reaffirmed their strong support for a comprehensive and long-term solution to the Iranian nuclear issue through negotiations, and called on Iran to engage constructively with the P5+1 and to cooperate fully with the IAEA to facilitate a satisfactory outcome.

雙方歡迎一切有助於南亞和平、穩定、發展的努力，支持阿富汗、巴基斯坦為打擊恐怖主義、維護國內穩定、實現經濟社會可持續發展作出的努力，支持印度和巴基斯坦改善和發展關係。雙方願就南亞問題加強溝通、對話與合作，共同促進南亞和平、穩定和發展。

The two sides welcomed all efforts conducive to peace, stability and development in South Asia. They support the efforts of Afghanistan and Pakistan to fight terrorism, maintain domestic stability and achieve sustainable economic and social development, and support the improvement and growth of relations between India and Pakistan. The two sides are ready to strengthen communication, dialogue and cooperation on issues related to South Asia and work together to promote peace, stability and development in that region.

雙方強調致力於最終實現無核武器世界。雙方重申反對大規模殺傷性武器擴散，將共同維護國際核不擴散體系。雙方同意在相互尊重和平等的基礎上加強防擴散領域的合作。雙方將共同努力確保二〇一〇年《不擴散核武器條約》審議大會取得成功。雙方致力於儘早批准《全面禁止核試驗條約》，並將共同努力推動該條約早日生效。雙方支持日內瓦裁談會儘早啟動「禁止生產核武器用裂變材料條約」談判，願加強在核安全和打擊核恐怖主義領域的溝通與合作。中方重視美方有關於二〇一〇年四月舉行核安全峰會的倡議，將積極參加峰會籌備進程。

The two sides underlined their commitment to the eventual realization of a world free of nuclear weapons. They reiterated their opposition to the proliferation of weapons of mass destruction and will jointly uphold the international nuclear non-proliferation regime. They agreed to enhance non-proliferation cooperation on the basis of mutual respect and equality. They will work together to achieve a successful Review Conference of Parties to the *Treaty on the Non-Proliferation of Nuclear Weapons* in 2010. They committed to pursue ratification of the *Comprehensive Nuclear-Test-Ban Treaty* as soon as possible, and will work together for the early entry into force of the CTBT. They support the launching of negotiations on the Fissile Material Cut-off Treaty at an early date in the Conference on Disarmament, and stand ready to strengthen communication and cooperation in nuclear safety and security and in combating nuclear terrorism. China attaches importance to the U.S. initiative to hold a nuclear security summit in

April 2010 and will actively participate in the preparations for the summit.

雙方還討論了聯合國維和行動對維護國際和平與安全的重要性。

The two sides also discussed the importance of UN peacekeeping operations in promoting international peace and security.

雙方同意就發展問題加強對話，探討雙方就此開展協調與合作的領域，並確保兩國有關努力有利於取得可持續成果。

The two sides agreed to enhance dialogue on development issues to explore areas of cooperation and coordination and to ensure that both countries' efforts are conducive to achieving sustainable outcomes.

五、氣候變化、能源與環境

V. Climate Change, Energy and Environment

雙方就氣候變化問題進行了建設性核富有成效的對話。雙方強調氣候變化是我們時代的重大挑戰之一。雙方認為應對這一挑戰需要強有力的回應，國際合作是不可或缺的組成部份。雙方相信，應對氣候變化應該尊重發展中國家把經濟和社會發展作為優先事項，並相信向低碳經濟轉型是促進所有國家經濟持續增長和可持續發展的機會。

The two sides held a constructive and productive dialogue on the issue of climate change. They underscored that climate change is one of the greatest challenges of our time. The two sides maintain that a vigorous response is necessary and that international cooperation is indispensable in responding to this challenge. They are convinced of the need to address climate change in a manner that respects the priority of economic and social development in developing countries and are equally convinced that transitioning to a low-carbon economy is an opportunity to promote continued economic growth and sustainable development in all countries.

關於即將召開的哥本哈根會議，雙方同意，依據「巴厘行動計畫」積極促進《聯合國氣候變化框架公約》全面、有效和可持續實施具有重要意義。雙方決心根據各自國情採取重要減緩行動，並認識到兩國在促成加強世界應對氣候變化

Regarding the upcoming Copenhagen Conference, both sides agree on the importance of actively furthering the full, effective and sustained implementation of the United Nations Framework Convention on Climate Change in accordance with the Bali Action Plan.

能力的可持續成果方面具有重要作用。雙方決心支持這些承諾。

The United States and China, consistent with their national circumstances, resolve to take significant mitigation actions and recognize the important role that their countries play in promoting a sustainable outcome that will strengthen the world's ability to combat climate change. The two sides resolve to stand behind these commitments.

在此背景下，雙方致力於在哥本哈根會議達成最終的法律協議，同時相信，在共同但有區別的責任原則和各自能力的基礎上，達成的成果應包括發達國家的減排目標和發展中國家的國內適當減緩行動。該項成果也應實質性地增加給發展中國家的資金幫助，促進技術開發、推廣和轉讓，尤其應該注意最貧窮國家和最脆弱國家適應氣候變化的需要，促進保護和增強森林作用的措施，並在執行減緩措施以及提供資金、技術和能力建設支持方面保持充分的透明度。

In this context both sides believe that, while striving for final legal agreement, an agreed outcome at Copenhagen should, based on the principle of common but differentiated responsibilities and respective capabilities, include emission reduction targets of developed countries and nationally appropriate mitigation actions of developing countries. The outcome should also substantially scale up financial assistance to developing countries, promote technology development, dissemination and transfer, pay particular attention to the needs of the poorest and most vulnerable to adapt to climate change, promote steps to preserve and enhance forests, and provide for full transparency with respect to the implementation of mitigation measures and provision of financial, technology and capacity building support.

雙方將共同並與其他國家一道在未來幾周內為哥本哈根會議的成功而努力。

The two sides are committed to working together and with other countries in the weeks ahead for a successful outcome at Copenhagen.

雙方一致認為，向綠色經濟、低碳經濟轉型十分關鍵，未來數年清潔能源產業將為兩國民眾提供大量機會，歡迎在今年七月首輪中美戰略與經濟對話期間宣布並於奧巴

The two sides agreed that the transition to a green and low-carbon economy is essential and that the clean energy industry will provide vast opportunities for citizens of both countries in the years

馬總統訪華期間正式簽署的《中美關於加強氣候變化、能源和環境合作的諒解備忘錄》基礎上，雙方為推進氣候變化、能源和環境的政策對話和務實合作採取重要步驟。

ahead and welcomed significant steps forward to advance policy dialogue and practical cooperation on climate change, energy and the environment, building on the U.S.-China Memorandum of Understanding to Enhance Cooperation on Climate Change, Energy and Environment announced at the first round of U.S.-China Strategic and Economic Dialogue this July and formally signed during the Presidential visit.

雙方認識到《能源和環境合作十年框架》的重要性，並致力於加強清潔的大氣、水、交通、電力和資源保護領域的合作。根據在十年合作框架下新制訂的中美能效行動計畫，中美兩國將通過技術合作、示範和政策交流，共同努力以成本效益高的方式提高工業、建築和消費品領域的能效。注意到兩國在能效領域的巨大投資，雙方強調，通過能源節約將帶來創造就業和促進經濟增長的大量機遇。

The two sides recognized the importance of the *Ten Year Framework on Energy and Environment Cooperation (TYF)* and commit to strengthen cooperation in promoting clean air, water, transportation, electricity, and resource conservation. Through a new *U.S.-China Energy Efficiency Action Plan* under the TYF, the United States and China will work together to achieve cost-effective energy efficiency improvements in industry, buildings and consumer products through technical cooperation, demonstration and policy exchanges. Noting both countries significant investments in energy efficiency, the two Presidents underscored the enormous opportunities to create jobs and enhance economic growth through energy savings.

雙方歡迎《中國科技部、國家能源局與美國能源部關於中美清潔能源聯合研究中心合作議定書》的簽署。中美清潔能源聯合研究中心將為兩國科學家和工程技術人員從事清潔能源聯合研發提供便利，並為兩國研究人員提供交流平台。雙方同意在未來五年對中美清潔能源聯合研究中心投入至少 1.5 億美元，兩國各出資一半。中心在兩國

The two sides welcomed the signing of the *Protocol Between the Department of Energy of the United States of America and the Ministry of Science and Technology and the National Energy Administration of the People's Republic of China on a Clean Energy Research Center*. The Center will facilitate joint research and development on clean energy by teams of scientists and

各設一總部。優先研究課題將包括建築能效、清潔煤（包括碳捕集與封存）及清潔汽車。

engineers from both countries, as well as serve as clearing house to help researchers in each country, with public and private funding of at least $150 million over five years split evenly between the two countries. The Center will have one headquarters in each country. Priority topics to be addressed will include energy efficiency in buildings, clean coal (including carbon capture and sequestration), and clean vehicles.

雙方歡迎啟動中美電動汽車倡議，使兩國在未來數年有幾百萬量電動汽車投入使用。基於中美兩國在電動汽車領域的巨大投資，兩國政府宣布在十幾個城市開展聯合示範項目，並努力開發共同的技術標準以推動此產業規模快速增長。雙方一致認為兩國對清潔汽車的快速利用擁有很大的共同利益。

The two sides welcomed the launch of a *U.S.-China Electric Vehicles* Initiative designed to put millions of electric vehicles on the roads of both countries in the years ahead. Building on significant investments in electric vehicles in both the United States and China, the two governments announced a program of joint demonstration projects in more than a dozen cities, along with work to develop common technical standards to facilitate rapid scale-up of the industry. The two sides agreed that their countries share a strong common interest in the rapid deployment of clean vehicles.

雙方非常歡迎兩國在發展二十一世紀煤炭技術方面的努力。雙方同意促進大規模碳捕集與封存示範項目方面的合作，並就碳捕集與封存技術的開發、利用、推廣和轉讓立即開展工作。雙方歡迎中美兩國企業、大學和研究機構最近就碳捕集與封存、煤炭高效利用技術開展合作達成的協議。

The two sides strongly welcomed work in both countries to promote 21st century coal technologies. They agreed to promote cooperation on large-scale carbon capture and sequestration (CCS) demonstration projects and to begin work immediately on the development, deployment, diffusion, and transfer of CCS technology. The two sides welcomed recent agreements between Chinese and U.S. companies, universities, and research institutions to cooperate on CCS and more efficient coal technologies.

雙方歡迎《中國國家發展和改革委員會與美國環境保護局關於應對氣候變化能力建設合作備忘錄》的簽署。

The two sides welcomed the signing of *the Memorandum of Cooperation between the Environmental Protection Agency of the United States and the National Development and Reform Commission of China to Build Capacity to Address Climate Change.*

雙方歡迎中美可再生能源夥伴關係的啟動。通過該夥伴關係，兩國將就大規模利用風能、太陽能、先進生物燃料和現代電網制定路線，在設計和執行實現這一遠景所需的政策和技術手段方面進行合作。鑒於兩國相加市場規模巨大，中美可再生能源的加速利用將在全球範圍內極大降低這些技術的成本。

The two sides welcomed the launch of *The U.S.-China Renewable Energy Partnership.* Through this Partnership, the two countries will chart a pathway to wide-scale deployment of wind, solar, advanced bio-fuels, and a modern electric power grid in both countries and cooperate in designing and implementing the policy and technical tools necessary to make that vision possible. Given the combined market size of the two countries, accelerated deployment of renewable energy in The United States and China can significantly reduce the cost of these technologies globally.

雙方歡迎建立中美能源合作項目——一種政府和產業間的夥伴關係，旨在加強能源安全和應對氣候變化。該項目將利用私營部門資源和專長，加快清潔能源技術的應用。

The two sides welcomed the establishment of *The U.S.-China Energy Cooperation Program (ECP),* a partnership between government and industry to enhance energy security and combat climate change. The ECP will leverage private sector resources and expertise to accelerate the deployment of clean energy technology.

雙方對近期舉辦的第四屆中美能源政策對話和第九屆中美石油和天然氣產業論壇表示贊許，並對加速中國非常規天然氣資源發展的中美頁岩氣合作倡議的啟動表示歡迎。該倡議旨在利用美國近期的經驗，以提高中美兩國能源安全，幫助中國向低碳經濟轉型。

The two sides commended the results of the recently-held *Fourth U.S.-China Energy Policy Dialogue* and *Ninth U.S.-China Oil and Gas Industry Forum* and welcomed the launch of a *U.S.-China Shale Gas Resource Initiative* to accelerate the development of unconventional natural gas resources in China. Drawing on recent experience in the United States, this initiative aims to improve energy security in both countries and help China transition to a low-carbon economy.

　　雙方同意促進核能和平利用的全球努力，並歡迎近期舉行的全球核能夥伴關係第三次執行委員會會議，以及該夥伴關係尋求方法強化民用核能合作的國際框架的承諾。雙方同意互相協商，以便尋找包括保障燃料供應和全程核燃料管理的辦法，從而使各國在核擴散風險最小化的同時，能夠和平利用核能。

The two sides agreed to work together to advance global efforts to promote the peaceful use of nuclear energy. They welcomed the recently-concluded *Third Executive Committee Meeting of the Global Nuclear Energy Partnership*, and the commitment of the partnership to explore ways to enhance the international framework for civil nuclear energy cooperation. They agreed to consult with one another in order to explore such approaches -- including assurance of fuel supply and cradle-to-grave nuclear fuel management so that countries can access peaceful nuclear power while minimizing the risks of proliferation.

中美聯合聲明（2011 年 1 月）

- ## 中文版

資料來源：中華人民共和國外交部
下載網站：<http://www.fmprc.gov.cn/chn/pds/gjhdq/gj/bmz/1206_22/1207/t788163.htm>
檢索日期：2011 年 4 月 26 日
備註：原文為簡體中文，為便於讀者閱讀，茲整理為繁體中文

- ## 英文版本

Source: The White House
Website: <http://www.whitehouse.gov/the-press-office/2011/01/19/us-china-joint-statement>
Accessed: April 26, 2011

中華人民共和國與美利堅合眾國 聯合聲明
二〇一一年一月十九日，華盛頓

1. 應美利堅合眾國總統貝拉克・奧巴馬邀請，中華人民共和國主席胡錦濤於二〇一一年一月十八日至二十一日對美國進行國事訪問。訪問期間，胡主席會見了美國副總統約瑟夫・拜登，將會見美國國會領導人，並訪問芝加哥。

U.S. - China Joint Statement

1. At the invitation of President Barack Obama of the United States of America, President Hu Jintao of the People's Republic of China is paying a state visit to the United States of America from January 18-21, 2011. During his visit, President Hu met with Vice President Joseph Biden,

will meet with U.S. Congressional leadership, and will visit Chicago.

2. 兩國元首回顧了自奧巴馬總統二〇〇九年十一月對中國進行國事訪問以來中美關係取得的進展，並重申致力於建設二十一世紀積極合作全面的中美關係，這符合兩國人民和國際社會的利益。雙方重申，中美三個聯合公報為兩國關係奠定了政治基礎，並將繼續指導兩國關係的發展。雙方重申尊重彼此主權和領土完整。兩國元首還重申了對二〇〇九年十一月《中美聯合聲明》的承諾。

2. The two Presidents reviewed the progress made in the relationship since President Obama's November 2009 State Visit to China and reaffirmed their commitment to building a positive, cooperative, and comprehensive U.S. - China relationship for the 21st century, which serves the interests of the American and Chinese peoples and of the global community. The two sides reaffirmed that the three Joint Communiqués issued by the United States and China laid the political foundation for the relationship and will continue to guide the development of U.S. - China relations. The two sides reaffirmed respect for each other's sovereignty and territorial integrity. The Presidents further reaffirmed their commitment to the November 2009 U.S. - China Joint Statement.

3. 中美致力於共同努力建設相互尊重、互利共贏的合作夥伴關係，以推進兩國共同利益、應對二十一世紀的機遇和挑戰。中美正在安全、經濟、社會、能源、環境等廣泛領域開展積極合作，需進一步深化雙邊接觸與協調。兩國領導人還一致認為，需要與國際夥伴和機構進行更加廣泛、深入的合作，以形成和落實可持續的解決方案並促進世界和平、穩定、繁榮和各國人民的福祉。

3. The United States and China committed to work together to build a cooperative partnership based on mutual respect and mutual benefit in order to promote the common interests of both countries and to address the 21st century's opportunities and challenges. The United States and China are actively cooperating on a wide range of security, economic, social, energy, and environmental issues which require deeper bilateral engagement and coordination. The two leaders agreed that broader and deeper collaboration with international partners and institutions is required to develop and implement sustainable

solutions and to promote peace, stability, prosperity, and the well-being of peoples throughout the world.

加強中美關係

Strengthening U.S. - China Relations

4. 鑒於兩國面臨重要的共同挑戰，中美決定繼續建設夥伴關係，以推進共同利益、處理共同關切、強調國際責任。兩國領導人認識到，中美關係既重要又複雜。中美已成為不同政治制度、歷史文化背景和經濟發展水平的國家發展積極合作關係的典範。雙方同意進一步努力培育和深化戰略互信，以加強雙邊關係。雙方重申要深化對話，拓展務實合作，確認需共同努力，處理分歧、擴大共識、加強在一系列問題上的協調。

4. Recognizing the importance of the common challenges that they face together, the United States and China decided to continue working toward a partnership that advances common interests, addresses shared concerns, and highlights international responsibilities. The two leaders recognize that the relationship between the United States and China is both vital and complex. The United States and China have set an example of positive and cooperative relations between countries, despite different political systems, historical and cultural backgrounds, and levels of economic development. The two sides agreed to work further to nurture and deepen bilateral strategic trust to enhance their relations. They reiterated the importance of deepening dialogue aimed at expanding practical cooperation and affirmed the need to work together to address areas of disagreement, expand common ground, and strengthen coordination on a range of issues.

5. 美方重申，美方歡迎一個強大、繁榮、成功、在國際事務中發揮更大作用的中國。中方表示，歡迎美國作為一個亞太國家為本地區和平、穩定與繁榮做出努力。兩國領導人支持通過合作努力建設二十一世紀更加穩定、和平、繁榮的亞太地區。

5. The United States reiterated that it welcomes a strong, prosperous, and successful China that plays a greater role in world affairs. China welcomes the United States as an Asia-Pacific nation that contributes to peace, stability and prosperity in the region. Working together, both leaders support efforts to build a more stable, peaceful, and prosperous Asia-Pacific region for the 21st century.

6. 雙方強調台灣問題在中美關係中的重要性。中方強調，台灣問題涉及中國主權和領土完整，希望美方信守有關承諾，理解並支持中方在此問題上的立場。美方表示奉行一個中國政策，遵守中美三個聯合公報的原則。美方讚揚台灣海峽兩岸《經濟合作框架協議》，歡迎兩岸間新的溝通渠道。美方支持兩岸關係和平發展，期待兩岸加強經濟、政治及其他領域的對話與互動，建立更加積極穩定的關係。

6. Both sides underscored the importance of the Taiwan issue in U.S. - China relations. The Chinese side emphasized that the Taiwan issue concerns China's sovereignty and territorial integrity, and expressed the hope that the U.S. side will honor its relevant commitments and appreciate and support the Chinese side's position on this issue. The U.S. side stated that the United States follows its one China policy and abides by the principles of the three U.S.-China Joint Communiqués. The United States applauded the Economic Cooperation Framework Agreement between the two sides of the Taiwan Strait and welcomed the new lines of communications developing between them. The United States supports the peaceful development of relations across the Taiwan Strait and looks forward to efforts by both sides to increase dialogues and interactions in economic, political, and other fields, and to develop more positive and stable cross-Strait relations.

7. 雙方重申，儘管兩國在人權問題上仍然存在重要分歧，但雙方都致力於促進和保護人權。美方強調，促進人權和民主是美國外交政策的重要組成部份。中方強調，不應干涉任何國家的內政。中美強調，各國及各國人民都有權選擇自身發展道路，各國應相互尊重彼此選擇的發展模式。雙方本著平等和相互尊重的精神處理人權問題上的分歧，按照國際文書促進和保護人權，並同意在第三輪中美戰略與經濟對話前舉行下一輪中美人權對話。

7. The United States and China reiterated their commitment to the promotion and protection of human rights, even as they continue to have significant differences on these issues. The United States stressed that the promotion of human rights and democracy is an important part of its foreign policy. China stressed that there should be no interference in any country's internal affairs. The United States and China underscored that each country and its people have the right to choose their own path, and all countries should respect each

other's choice of a development model. Addressing differences on human rights in a spirit of equality and mutual respect, as well as promoting and protecting human rights consistent with international instruments, the two sides agreed to hold the next round of the U.S.-China Human Rights Dialogue before the third round of the Strategic and Economic Dialogue (S&ED).

8. 中美同意在下一輪人權對話前恢復舉行法律專家對話。雙方還同意將加強兩國的法律合作和法治交流。兩國正積極探討關於加強婦女在社會中作用的交流和討論。

8. The United States and China agreed to hold the next round of the resumed Legal Experts Dialogue before the next Human Rights Dialogue convenes. The United States and China further agreed to strengthen cooperation in the field of law and exchanges on the rule of law. The United States and China are actively exploring exchanges and discussions on the increasing role of women in society.

9. 中美兩國確認，一個健康、穩定、可靠的兩軍關係是胡錦濤主席和奧巴馬總統關於積極合作全面中美關係共識的重要組成部份。雙方一致認為，有必要加強各層次的實質性對話和溝通，以減少誤解、誤讀、誤判，增進了解，擴大共同利益，推動兩軍關係健康穩定可靠發展。雙方注意到美國國防部長羅伯特‧蓋茨本月早些時候對中國進行了成功訪問，美方歡迎中國人民解放軍總參謀長陳炳德上將將於二○一一年上半年訪問美國。雙方重申，中美國防部防務磋商、國防部工作會晤、海上軍事安全磋商機制未來將繼續作為兩軍對話的重要渠道。雙方表示，將繼續推動二○○九年十月中國中央軍委副主席

9. The United States and China affirmed that a healthy, stable, and reliable military-to-military relationship is an essential part of President Obama's and President Hu's shared vision for a positive, cooperative, and comprehensive U.S.-China relationship. Both sides agreed on the need for enhanced and substantive dialogue and communication at all levels: to reduce misunderstanding, misperception, and miscalculation; to foster greater understanding and expand mutual interest; and to promote the healthy, stable, and reliable development of the military-to-military relationship. Both sides noted the successful visit of Secretary of Defense Robert Gates

徐才厚上將與美國國防部長蓋茨就發展兩軍關係達成的七項共識得到落實。

to China earlier this month, and that the United States welcomes Chief of the PLA General Staff General Chen Bingde to the United States in the first half of 2011. Both sides reaffirmed that the Defense Consultative Talks, the Defense Policy Coordination Talks, and the Military Maritime Consultative Agreement will remain important channels of communication in the future. Both sides will work to execute the seven priority areas for developing military-to-military relations as agreed to by Secretary Gates and General Xu Caihou, Vice Chairman of the Central Military Commission in October 2009.

10. 中美同意採取具體行動，深化在航天領域的對話和交流。美方邀請中方代表團於二〇一一年訪問美國國家航空航天局總部和其他合適的設施，以作為對美國國家航空航天局長二〇一〇年對中國富有成果的訪問的回訪。雙方同意繼續在透明、對等、互利的基礎上討論在航天領域開展務實合作的機會。

10. The United States and China agreed to take specific actions to deepen dialogue and exchanges in the field of space. The United States invited a Chinese delegation to visit NASA headquarters and other appropriate NASA facilities in 2011 to reciprocate for the productive visit of the U.S. NASA Administrator to China in 2010. The two sides agreed to continue discussions on opportunities for practical future cooperation in the space arena, based on principles of transparency, reciprocity, and mutual benefit.

11. 《中美科技合作協定》是兩國最早簽署的雙邊協定之一，雙方認可在該協定框架下取得的成果並歡迎簽署該協定延期議定書。中美將繼續在農業、衛生、能源、環境、漁業、學生交流、技術創新等廣泛領域進行合作，以增進雙方福祉。

11. The United States and China acknowledged the accomplishments under the bilateral Agreement on Cooperation in Science and Technology, one of the longest -standing bilateral agreements between the two countries, and welcomed the signing of its extension. The United States and

China will continue to cooperate in such diverse areas as agriculture, health, energy, environment, fisheries, student exchanges, and technological innovation in order to advance mutual well-being.

12. 中美雙方歡迎中美執法合作聯合聯絡小組在反恐等諸多領域加強執法合作取得的進展。雙方同意通過雙邊和其他途徑加強反貪腐合作。

12. The United States and China welcomed progress by the U.S.-China Joint Liaison Group on Law Enforcement Cooperation (JLG) to strengthen law enforcement cooperation across a range of issues, including counterterrorism. The United States and China also agreed to enhance joint efforts to combat corruption through bilateral and other means.

促進高層交往

Promoting High-Level Exchanges

13. 雙方認為，強有力的中美關係離不開高層交往，密切、頻繁、深入的對話推進雙邊關係以及國際和平與發展十分重要。本著這一精神，兩國元首期待在二〇一一年再次會面，包括在美國夏威夷州舉辦的亞太經合組織領導人非正式會議期間會晤。中方歡迎拜登副總統於二〇一一年訪華。美方歡迎習近平副主席此後訪美。

13. The two sides agreed that high-level exchanges are indispensable to strong U.S.-China relations, and that close, frequent, and in-depth dialogue is important to advance bilateral relations and international peace and development. In this spirit, both Presidents look forward to meeting again in the coming year, including in the state of Hawaii for the U.S.-hosted 2011 Asia-Pacific Economic Cooperation (APEC) Leaders' meeting. China welcomed Vice President Biden for a visit in 2011. The United States welcomed a subsequent visit by Vice President Xi Jinping.

14. 雙方積極評價中美戰略與經濟對話這一兩國政府間十分重要的協調機制，同意二〇一一年五月在華盛頓舉行第三輪對話。戰略與經濟對話在幫助兩國建立

14. The two sides praised the S&ED as a key mechanism for coordination between the two governments, and agreed to hold the third round of the S&ED in Washington, D.C.,

互信方面發揮了重要作用。雙方還同意二○一一年春在美國舉行第二輪中美人文交流高層磋商,二○一一年下半年在中國舉行第二十二屆中美商貿聯委會。雙方同意兩國外長通過互訪、會晤等方式保持密切溝通。

in May 2011. The S&ED has played an important role in helping build trust and confidence between the two countries. The two sides also agreed to hold the second meeting of the High-Level Consultation on People-to-People Exchange in the United States in the spring of 2011, and the 22nd meeting of the U.S.-China Joint Commission on Commerce and Trade (JCCT) in China in the second half of 2011. The two sides agreed to maintain close communication between the foreign ministers of the two countries through mutual visits, meetings, and other means.

15. 雙方強調兩國議會繼續保持交往的重要性,包括中國全國人民代表大會與美國參議院和眾議院之間的機制化交流。

15. The two sides emphasized the importance of continued interaction between their legislatures, including institutionalized exchanges between the National People's Congress of China and the U.S. Senate and House of Representatives.

應對地區和全球挑戰

Addressing Regional and Global Challenges

16. 雙方認為,中美兩國在促進亞太及其他地區和平方面擁有共同利益,同意加強溝通與協調,應對緊迫的地區和全球挑戰。雙方致力於採取行動保護全球環境,在全球性問題上協調合作,維護和促進各國及各國人民的可持續發展。具體而言,中美同意在下述領域增進合作:應對暴力極端主義,防止核武器擴散、其他大規模殺傷性武器及其運載工具的擴散,加強核安全,消除傳染性疾病和飢餓,消滅極端貧困,有效應對氣候變化挑戰,打擊海盜,預防和減少災害,應

16. The two sides believe that the United States and China have a common interest in promoting peace and security in the Asia-Pacific region and beyond, and agreed to enhance communication and coordination to address pressing regional and global challenges. The two sides undertake to act to protect the global environment and to work in concert on global issues to help safeguard and promote the sustainable development of all countries and peoples. Specifically, the United States and China agreed

對網絡安全問題，打擊跨國犯罪，打擊販賣人口。中美將與其他各方一道，努力加強合作，應對共同關切、促進共同利益。

to advance cooperation to: counter violent extremism; prevent the proliferation of nuclear weapons, other weapons of mass destruction, and their means of delivery; strengthen nuclear security; eliminate infectious disease and hunger; end extreme poverty; respond effectively to the challenge of climate change; counter piracy; prevent and mitigate disasters; address cyber-security; fight transnational crime; and combat trafficking in persons. In coordination with other parties, the United States and China will endeavor to increase cooperation to address common concerns and promote shared interests.

17. 中美強調致力於最終實現無核武器世界，強調需要加強國際核不擴散體系以應對核擴散和恐怖主義等威脅。在此方面，雙方支持《全面禁止核試驗條約》儘早生效，重申支持日內瓦裁談會儘早啟動「禁止生產核武器用裂變材料條約」談判，並願為此進行合作。雙方注意到在華盛頓核安全峰會後中美在核安全領域合作深化，簽署了關於在華建立核安保示範中心的諒解備忘錄。

17. The United States and China underlined their commitment to the eventual realization of a world without nuclear weapons and the need to strengthen the international nuclear non-proliferation regime to address the threats of nuclear proliferation and nuclear terrorism. In this regard, both sides support early entry into force of the Comprehensive Nuclear Test Ban Treaty (CTBT), reaffirmed their support for the early commencement of negotiations on a Fissile Material Cutoff Treaty in the Conference on Disarmament, and agreed to work together to reach these goals. The two sides also noted their deepening cooperation on nuclear security following the Washington Nuclear Security Summit and signed a Memorandum of Understanding that will help establish a Center of Excellence on Nuclear Security in China.

18. 中美一致認為，正如六方會談
「九‧一九」共同聲明和聯合國
安理會相關決議所強調，保持朝
鮮半島和平穩定至關重要。雙方
對近期事態發展導致半島局勢
緊張表示關切。雙方注意到兩國
在半島問題上保持了密切合
作。中美強調改善半島南北關係
的重要性，都認為朝韓開展真誠
和建設性對話是非常重要的一
步。鑒於半島無核化對維護東北
亞地區和平與穩定至關重要，中
美雙方重申，有必要採取切實有
效步驟實現無核化目標，並全面
落實六方會談「九‧一九」共同
聲明中的其他承諾。在此背景
下，中美對朝鮮宣稱的鈾濃縮計
畫表示關切。雙方反對所有違反
六方會談「九‧一九」共同聲明
和相關國際義務和承諾的活
動。雙方呼籲採取必要步驟，以
儘早重啟六方會談進程，解決這
一問題及其他相關問題。

18. The United States and China agreed on the critical importance of maintaining peace and stability on the Korean Peninsula as underscored by the Joint Statement of September 19, 2005 and relevant UN Security Council Resolutions. Both sides expressed concern over heightened tensions on the Peninsula triggered by recent developments. The two sides noted their continuing efforts to cooperate closely on matters concerning the Peninsula. The United States and China emphasized the importance of an improvement in North-South relations and agreed that sincere and constructive inter-Korean dialogue is an essential step. Agreeing on the crucial importance of denuclearization of the Peninsula in order to preserve peace and stability in Northeast Asia, the United States and China reiterated the need for concrete and effective steps to achieve the goal of denuclearization and for full implementation of the other commitments made in the September 19, 2005 Joint Statement of the Six-Party Talks. In this context, the United States and China expressed concern regarding the DPRK's claimed uranium enrichment program. Both sides oppose all activities inconsistent with the 2005 Joint Statement and relevant international obligations and commitments. The two sides called for the necessary steps that would allow for early resumption of the Six-Party Talks process to address this and other relevant issues.

19. 中美重申，將致力於尋求全面解決伊朗核問題的辦法，以重建國際社會對於伊朗核計畫僅限於和平目的的信心。雙方同意伊朗根據《不擴散核武器條約》擁有和平利用核能的權利，同時伊朗也應履行該條約規定的相應國際義務。雙方呼籲全面執行聯合國安理會所有有關決議。雙方歡迎並將積極參與六國與伊朗進程，強調包括伊朗在內的各方應致力於建設性的對話進程。

20. 雙方同意全力支持蘇丹北南和平進程，包括全面有效落實《全面和平協議》。雙方強調各方應尊重自由、公平和透明的公投結果。中美雙方對達爾富爾問題表示關注，認為應推動達爾富爾地區政治進程取得進一步實質性進展，以促進該問題早日得到全面妥善解決。整個地區繼續保持和平穩定符合中美雙方利益。

19. On the Iranian nuclear issue, the United States and China reiterated their commitment to seeking a comprehensive and long-term solution that would restore international confidence in the exclusively peaceful nature of Iran's nuclear program. Both sides agreed that Iran has the right to peaceful uses of nuclear energy under the Non-Proliferation Treaty and that Iran should fulfill its due international obligations under that treaty. Both sides called for full implementation of all relevant UN Security Council Resolutions. The United States and China welcomed and will actively participate in the P5+1 process with Iran, and stressed the importance of all parties – including Iran – committing to a constructive dialogue process.

20. Regarding Sudan, the United States and China agreed to fully support the North-South peace process, including full and effective implementation of Sudan's Comprehensive Peace Agreement. The two sides stressed the need for all sides to respect the result of a free, fair, and transparent referendum. Both the United States and China expressed concern on the Darfur issue and believed that further, substantive progress should be made in the political process in Darfur to promote the early, comprehensive, and appropriate solution to this issue. Both the United States and China have a continuing interest in the maintenance of peace and stability in the wider region.

21. 雙方同意，本著相互尊重和合作的精神加強在亞太地區的溝通和協調，並通過多邊機構等渠道和其他亞太國家一道促進和平、穩定與繁榮。

21. The two sides agreed to enhance communication and coordination in the Asia-Pacific region in a spirit of mutual respect and cooperation, and to work together with other Asia-Pacific countries, including through multilateral institutions, to promote peace, stability, and prosperity.

建設全面互利的經濟夥伴關係

Building a Comprehensive and Mutually Beneficial Economic Partnership

22. 胡錦濤主席和奧巴馬總統認識到共同努力建設相互尊重、互利共贏的經濟合作夥伴關係對兩國和世界經濟極其重要。兩國領導人同意推進全面經濟合作，並將依托現有對話機制，基於以下要素，到將於今年五月舉行的第三輪中美戰略與經濟對話時進一步確立全面經濟合作框架。

22. President Obama and President Hu recognized the vital importance of working together to build a cooperative economic partnership of mutual respect and mutual benefit to both countries and to the global economy. The two leaders agreed to promote comprehensive economic cooperation, and will develop further a framework of comprehensive economic cooperation, relying on existing mechanisms, by the third round of the S&ED in May, based on the main elements outlined below:

23. 為推進中美兩國和世界經濟強勁、可持續、平衡增長，雙方同意加強宏觀經濟政策溝通與合作：

23. The two sides agreed to strengthen macroeconomic communication and cooperation, in support of strong, sustainable and balanced growth in the United States, China and the global economy:

(1) 美國將重點減少中期聯邦赤字，確保長期財政可持續性，並對匯率過度波動保持警惕。美聯儲近年來已採取重要步驟增強其傳遞未來展望和長期目標的清晰度。

• The United States will focus on reducing its medium-term federal deficit and ensuring long-term fiscal sustainability, and will maintain vigilance against excess volatility in exchange rates. The Federal Reserve has taken important steps in recent years to increase the clarity of its communications regarding its outlook and longer run objectives.

(2) 中國將繼續加大力度擴大內需，促進服務部門的私人投資，更大程度地發揮市場在資源配置中的基礎性作用。中國將繼續堅持推進人民幣匯率形成機制改革，增強人民幣匯率彈性，轉變經濟發展方式。

• China will intensify efforts to expand domestic demand, to promote private investment in the service sector, and to give greater play to the fundamental role of the market in resource allocation. China will continue to promote RMB exchange rate reform and enhance RMB exchange rate flexibility, and promote the transformation of its economic development model.

(3) 雙方同意繼續實施前瞻性貨幣政策並關注其對國際經濟的影響。

• Both sides agree to continue to pursue forward-looking monetary policies with due regards to the ramifications of those policies for the international economy.

兩國支持歐洲領導人為增強市場穩定性和促進可持續長期增長做出的努力。

• The two sides affirmed support for efforts by European leaders to reinforce market stability and promote sustainable, long-term growth.

24. 雙方認識到開放的貿易和投資對促進經濟增長、創造就業、創新和繁榮的重要意義，重申將採取進一步措施推進全球貿易和投資自由化，反對貿易和投資保護主義。雙方也同意願本著建設性、合作性和互利性的態度，積極解決雙邊貿易和投資爭端。

24. The two countries, recognizing the importance of open trade and investment in fostering economic growth, job creation, innovation, and prosperity, affirmed their commitment to take further steps to liberalize global trade and investment, and to oppose trade and investment protectionism. The two sides also agreed to work proactively to resolve bilateral trade and investment disputes in a constructive, cooperative, and mutually beneficial manner.

25. 兩國領導人強調將指示其談判代表進行跨領域的談判，在維護世界貿易組織多哈發展回合授權、鎖定已有成果的基礎上，促使多哈回合談判儘快取得成功、富有雄心、全面和平衡的結果。雙方同意加強和擴大兩國談判代表的參與度以完成談判。

25. The two leaders emphasized their strong commitment to direct their negotiators to engage in across-the-board negotiations to promptly bring the WTO Doha Development Round to a successful, ambitious, comprehensive, and balanced conclusion, consistent with the mandate of the Doha Development Round and built on the progress already achieved. The two sides agreed that engagement between our representatives must intensify and expand in order to complete the end game.

26. 兩國領導人同意實現更加平衡的貿易關係的重要性，並高度讚揚包括近期在華盛頓舉行的第二十一屆中美商貿聯委會在此方面取得的進展。

26. The two leaders agreed on the importance of achieving a more balanced trade relationship, and spoke highly of the progress made on this front, including at the recent 21st Meeting of the JCCT in Washington, D.C.

27. 中方將堅持保護知識產權，包括進行審計以確保各級政府機關使用正版軟件，並依法公布審計結果。中國的創新政策與提供政府採購優惠不掛鉤。美方歡迎中方同意在世界貿易組織政府採購委員會二○一一年最後一次會議前提交一份強有力的新的修改出價，其中包括次中央實體。

27. China will continue to strengthen its efforts to protect IPR, including by conducting audits to ensure that government agencies at all levels use legitimate software and by publishing the auditing results as required by China's law. China will not link its innovation policies to the provision of government procurement preferences. The United States welcomed China's agreement to submit a robust, second revised offer to the WTO Government Procurement Committee before the Committee's final meeting in 2011, which will include sub-central entities.

28. 兩國領導人認識到培育開放、公平和透明的投資環境對兩國經濟和世界經濟的重要性，重申雙方繼續致力於推進雙邊投資協定談判。雙方認識到成功的雙邊投資協定談判將通過促進和保護投資，為雙方投資者增強透明度和可預見性，支持開放的全球經濟。中方歡迎美方承諾通過中美商貿聯委會以一種合作的方式迅速承認中國市場經濟地位。中方歡迎中美雙方討論美國正在推進的出口管制體系改革，以及在符合美國國家安全利益的前提下這一改革對美向包括中國在內的主要貿易夥伴出口的潛在影響。

28. The two leaders acknowledged the importance of fostering open, fair, and transparent investment environments to their domestic economies and to the global economy and reaffirmed their commitment to the ongoing bilateral investment treaty (BIT) negotiations, recognizing that a successful BIT negotiation would support an open global economy by facilitating and protecting investment, and enhancing transparency and predictability for investors of both countries. China welcomed the United States' commitment to consult through the JCCT in a cooperative manner to work towards China's Market Economy Status in an expeditious manner. China welcomed discussion between the two sides on the ongoing reform of the U.S. export control system, and its potential implications for U.S. exports to its major trading partners, including China, consistent with U.S. national security interests.

29. 雙方進一步認識到雙邊商貿關係廣闊和強有力的特點，包括此訪所達成的合同，雙方歡迎雙邊商貿關係經濟上的互利性。

29. The two sides further acknowledged the deep and robust nature of the commercial relationship, including the contracts concluded at this visit, and welcomed the mutual economic benefits resulting from the relationship.

30. 雙方同意繼續通過將要舉行的中美戰略與經濟對話、中美商貿聯委會等進程致力於推進雙邊經濟關係取得具體進展。

30. The two sides agreed to continue working to make concrete progress on the bilateral economic relationship through the upcoming S&ED and the JCCT process.

31. 雙方認識到企業在兩國基礎建設中發揮積極作用的潛力,並願加強在這一領域的合作。

31. The United States and China recognized the potential for their firms to play a positive role in the infrastructure development in each country and agreed to strengthen cooperation in this area.

32. 雙方承諾深化在金融部門投資和監管領域的雙邊和多邊合作,在符合審慎監管與國家安全要求一致的情況下,支持為金融服務和跨境證券領域營造開放的投資環境。美方承諾確保「政府支持企業」具有足夠資本和能力以履行其財務責任。

32. The two countries committed to deepen bilateral and multilateral cooperation on financial sector investment and regulation, and support open environments for investment in financial services and cross-border portfolio investment, consistent with prudential and national security requirements. The United States is committed to ensuring that the GSEs have sufficient capital and the ability to meet their financial obligations.

33. 中美雙方認同納入特別提款權的貨幣應僅為在國際貿易和金融交易中廣泛使用的貨幣。鑒此,美方支持中方逐步推動將人民幣納入特別提款權的努力。

33. The United States and China agree that currencies in the SDR basket should only be those that are heavily used in international trade and financial transactions. In that regard, the United States supports China's efforts over time to promote inclusion of the RMB in the SDR basket.

34. 雙方承諾致力於加強全球金融體系和改革國際金融框架。雙方將繼續強有力的合作以提高國際貨幣基金組織和多邊開發銀行的合法性和有效性。為實現聯合國千年發展目標,雙方將共同促進國際社會援助發展中國家、特別是最不發達國家的努力。雙方還將與多邊開發銀行協作,尋求合作支持包括非洲在內的全球減貧、發展和區域一體化,為包容和可持續的經濟增長做出貢獻。

34. The two countries pledged to work together to strengthen the global financial system and reform the international financial architecture. The two sides will continue their strong cooperation to strengthen the legitimacy and improve the effectiveness of the International Monetary Fund and Multilateral Development Banks (MDBs). The two sides will jointly promote efforts of the international community to assist developing countries, in particular the Least

Developed Countries to achieve the Millennium Development Goals (MDGs). The two sides will also, in partnership with the Multilateral Development Banks, explore cooperation that supports global poverty reduction and development, and regional integration including in Africa, to contribute to inclusive and sustainable economic growth.

35. 雙方重申支持二十國集團強勁、可持續和平衡增長框架，重申在二十國集團首爾峰會公報中的承諾，包括採取一系列措施鞏固全球經濟復甦、減少過度外部失衡並將經常賬戶失衡保持在可持續水平。雙方支持二十國集團在國際經濟和金融事務中發揮更大作用，並承諾加強溝通協調，落實二十國集團峰會承諾，推動戛納峰會取得積極成果。

35. The two countries reiterated their support for the G-20 Framework for Strong, Sustainable and Balanced Growth and reaffirmed their commitments made in the Seoul Summit Declaration, including using the full range of policies to strengthen the global recovery and to reduce excessive imbalances and maintain current account imbalances at sustainable levels. The two sides support a bigger role for the G-20 in international economic and financial affairs, and pledged to strengthen communication and coordination to follow through on the commitments of the G-20 summits and push for positive outcomes at the Cannes Summit.

氣候變化、能源和環境合作

Cooperating on Climate Change, Energy and the Environment

36. 雙方認為氣候變化和能源安全是當今時代兩大重要挑戰。中美同意繼續就應對氣候變化行動進行密切磋商，為實現兩國和世界人民的能源安全而開展協調，加強現有清潔能源合作，確保市場開放，在氣候友好型能源領域互利投資，鼓勵清潔能源，推動先進清潔能源技術開發。

36. The two sides view climate change and energy security as two of the greatest challenges of our time. The United States and China agreed to continue their close consultations on action to address climate change, coordinate to achieve energy security for our peoples and the world, build on existing clean energy cooperation, ensure open markets,

promote mutually beneficial investment in climate friendly energy, encourage clean energy, and facilitate advanced clean energy technology development.

37. 雙方積極評價中美清潔能源研究中心、可再生能源夥伴關係、《中美能源安全合作聯合聲明》和中美能源合作項目啟動以來兩國在清潔能源和能源安全領域合作取得的進展。雙方重申繼續就能源政策進行交流，在石油、天然氣（包括頁岩氣）、民用核能、風能和太陽能、智能電網、先進生物燃料、清潔煤、能效、電動汽車及清潔能源技術標準等領域進行合作。

37. Both sides applauded the progress made in clean energy and energy security since the launch of the U.S.-China Clean Energy Research Center, Renewable Energy Partnership, U.S.-China Joint Statement on Energy Security Cooperation, and Energy Cooperation Program (ECP). Both sides reaffirmed their ongoing exchanges on energy policy and cooperation on oil, natural gas (including shale gas), civilian nuclear energy, wind and solar energy, smart grid, advanced bio-fuels, clean coal, energy efficiency, electric vehicles and clean energy technology standards.

38. 雙方積極評價《中美能源和環境十年合作框架》自二〇〇八年啟動以來取得的進展。雙方同意在該框架下進一步加強務實合作，落實水、大氣、交通、電力、保護區和濕地、能效等優先領域的行動計畫，開展政策對話，實施綠色合作夥伴計畫。雙方高興地宣布兩個新的綠色合作夥伴計畫。雙方歡迎兩國地方政府、企業、研究機構參與十年合作框架，共同探索中美能源環境合作的創新模式。雙方對根據十年合作框架將於二〇一一年開展的合作項目和活動表示歡迎。

38. The two sides commended the progress made since the launch of the U.S.-China Ten Year Framework on Energy and Environment Cooperation (TYF) in 2008. They agreed to further strengthen practical cooperation under the TYF, carry out action plans in the priority areas of water, air, transportation, electricity, protected areas, wetlands, and energy efficiency, engage in policy dialogues, and implement the EcoPartnerships program. The United States and China were also pleased to announce two new EcoPartnerships. The two sides welcomed local governments, enterprises, and research institutes of the two countries to participate in the TYF, and jointly explore

innovative models for U.S.-China energy and environment cooperation. The two sides welcomed the cooperation projects and activities which will be carried out in 2011 under the TYF.

39. 雙方對坎昆協議表示歡迎，認為應對氣候變化的努力也應促進經濟社會發展。雙方同意與其他國家一道，積極推動《聯合國氣候變化框架公約》的全面、有效、持續落實，包括落實坎昆協議，並支持今年的南非會議達成積極成果。

39. The two sides welcomed the Cancun agreements and believed that it is important that efforts to address climate change also advance economic and social development. Working together and with other countries, the two sides agreed to actively promote the comprehensive, effective, and sustained implementation of the United Nations Framework Convention on Climate Change, including the implementation of the Cancun agreements and support efforts to achieve positive outcomes at this year's conference in South Africa.

擴展人文交流

Expanding People-to-People Exchanges

40. 中美兩國一貫支持開展更加廣泛深入的人文交流，這也是雙方建設相互尊重、互利共贏中美合作夥伴關係努力的一部份。雙方同意採取切實步驟加強人文交流。雙方滿意地注意到，二〇一〇年上海世博會取得成功，中方對美國館的成功展示向美方祝賀。雙方宣布建立中美省州長論壇，決定進一步支持兩國地方各級在一系列領域開展交流合作，包括增強友好省州和友好城市關係。中美還同意採取切實措施，特別是通過「十萬人留學中國計畫」，加強兩國青年之間的對話與交流。美方熱忱歡迎更多中國學生赴美留學，並將繼續為他們提供簽證便利。雙方同意討

40. The United States and China have long supported deeper and broader people-to-people ties as part of a larger effort to build a cooperative partnership based on mutual respect and mutual benefit. Both sides agreed to take concrete steps to enhance these people-to-people exchanges. Both sides noted with satisfaction the successful Expo 2010 Shanghai, and the Chinese side complimented the United States on its USA Pavilion. The two sides announced the launch of a U.S.-China Governors Forum and decided to further support exchanges and cooperation at local levels in a variety of fields,

論擴大文化交流的途徑,包括探討舉辦中美文化年及其他活動。雙方強調將進一步推動相互旅遊並為此提供便利。雙方認為,所有上述活動都有助於深化了解、互信與合作。

including support for the expansion of the sister province and city relationships. The United States and China also agreed to take concrete steps to strengthen dialogue and exchanges between their young people, particularly through the 100,000 Strong Initiative. The United States warmly welcomes more Chinese students in American educational institutions, and will continue to facilitate visa issuance for them. The two sides agreed to discuss ways of expanding cultural interaction, including exploring a U.S.-China cultural year event and other activities. The two sides underscored their commitment to further promoting and facilitating increased tourism. The United States and China agreed that all these activities help deepen understanding, trust, and cooperation.

結語

41. 胡錦濤主席感謝奧巴馬總統和美國人民在他訪問期間給予的熱情款待。中美兩國元首認為,此訪進一步推進了兩國關係,雙方決心共同努力建設相互尊重、互利共贏的合作夥伴關係。兩國元首均深信,一個更加強有力的中美關係不僅符合兩國人民的根本利益,也有利於整個亞太地區乃至全世界。

Conclusion

41. President Hu Jintao expressed his thanks to President Obama and the American people for their warm reception and hospitality during his visit. The two Presidents agreed that the visit has furthered U.S.-China relations, and both sides resolved to work together to build a cooperative partnership based on mutual respect and mutual benefit. The two Presidents shared a deep belief that a stronger U.S.-China relationship not only serves the fundamental interests of their respective peoples, but also benefits the entire Asia-Pacific region and the world.

參考書目

（依作者姓氏筆劃排序）

一、中文書目

（一）專書

1. 上海社會科學院當代中國政治研究中心編。《中國政治發展進程2009年》。北京：時事出版社，2009年。
2. 中央銀行編印。《全球金融危機專輯》。台北市：中央銀行，2009年。
3. 中共中央文獻編輯委員會。《毛澤東選集》。第一卷。 北京：人民出版社，1991年。
4. 王立著。《回眸中美關係演變的關鍵時刻》。北京：世界知識出版社，2008年。
5. 丘宏達著。《現代國際法》，修訂二版四刷。台北市：三民書局出版，2010年。
6. 朱浤源主編。《撰寫博碩士論文實戰手冊》。台北市：正中書局，1999年。
7. 余培林注譯。《新譯老子讀本》。台北市：三民書局，2008年。
8. 吳仁傑注譯。《新譯孫子讀本》。台北市：三民書局，2009年。
9. 辛喬利、孫兆東著。《次貸風暴：撼動世界經濟的金融危機，剖析次貸風暴的前因後果》。台北市：梅霖文化，2008年。

10. 林中斌著。《偶爾言中——林中斌前瞻短評》。台北市：黎明文化出版，2008 年。

11. 林中斌著。《劍與花的歲月——林中斌凡塵隨筆》。台北市：商訊文化出版，2009 年。

12. 林中斌編著。《以智取勝：國防兩岸事務》。台北市：全球防衛雜誌社，2005 年。

13. 金歌著。《2009 金融風暴下的中國》。北京：中國社會科學出版社，2009 年。

14. 門洪華、任曉主編。《中國改變世界》。杭州：浙江人民出版社，2009 年。

15. 俞寬賜著。《國際法新論》。台北縣：啟英文化出版，2002 年。

16. 姜皇池著。《國際公法導論》，二版。台北市：新學林出版，2008 年。

17. 胡鞍鋼、鄢一龍著。《紅色中國綠色錢潮：十二五規劃的大翻轉》。台北市：天下雜誌出版，2010 年。

18. 孫哲主編。《全球金融危機與中美關係變革》。北京：時事出版社，2010 年。

19. 楊中美著。《中國即將發生政變：解析政變前夜的九大關鍵人物》。台北市：時報文化出版，2011 年。

20. 趙紫陽著；鮑樸編。《國家的囚徒——趙紫陽的祕密錄音》。台北市：時報文化出版，2009 年。

21. 鄭新立主編。《中國經濟分析與展望（2010-2011）》。北京：社會科學文獻出版社，2011 年。

22. 鍾從定著。《國際談判學》。台北：鼎茂圖書出版，2008 年。

（二）專書譯著

1. Andrew Ross Sorkin 著；潘山卓譯。《大到不能倒：金融海嘯內幕真相始末》。台北市：經濟新潮出版社，2010 年。

2. Fareed Zakaria 著；杜默譯。《後美國世界》。台北市：麥田出版，2008 年。

3. John Milligan-Whyte、戴敏著；邢愛芬譯。《奧巴馬執政後的中美關係——應對共同挑戰》。北京：中共中央黨校出版，2009 年。

4. Joseph E. Stiglitz 著；姜雪影、朱家一譯。《失控的未來：揭開全球中產階級被掏空的真相》。台北市：天下遠見出版，2010 年。

5. Martin Jacques 著；李隆生、張逸安譯。《當中國統治世界》。台北市：聯經出版，2010 年。

6. Niall Ferguson 著；杜默譯。《貨幣崛起：金融資本如何改變世界歷史及其未來之路》。台北市：麥田、城邦文化出版，2009 年。

7. 戰略暨國際研究中心（CSIS）與國際經濟研究院（IIE）著；樂為良、黃裕美譯。《重估中國崛起：世界不能不知的中國強權》。台北市：聯經出版，2006 年。

（三）期刊

1. 馬玲。「穩定是政權的生命線」。《廣角鏡》（香港），第 462 期，2011 年 3 月，頁 22-23。

2. 《非凡新聞周刊》，2008 年 9 月 28 日，頁 26-27。

3. 「倫敦現場：G20 高峰會直擊」。《商業周刊》，第 1115 期，2009 年 4 月 6 日，頁 69-71。

4. 林中斌。「台灣芬蘭化了嗎？」。《財訊》，2010 年 1 月 21 日，頁 66-67。

5. 溫家寶。「關於發展社會事業和改善民生的幾個問題」。《求是》（北京），2010 年第 7 期，2010 年 4 月 1 日，頁 3-16。

6. 「政壇一瞥」。《廣角鏡》（香港），第 462 期，2011 年 3 月，頁 71。

7. 「從中共『兩會』報告看未來走勢」。《中共研究》，第 45 卷第三期，2011 年 3 月，頁 103-122。

8. 中國國際問題研究所。「登高望遠 開啟中美合作夥伴關係新篇章」。《求是》，2011 年第 6 期，2011 年 3 月 16 日，頁 45-47。

9. 王健君。「3 萬億外儲如何『軟著陸』」。《瞭望》（北京），2011 年 4 月 25 日，頁 72-73。

10. 中國國際問題研究所。「中國在相當長時間內仍將是發展中國家」。《求是》，2010 年第 18 期，2011 年 9 月 16 日，頁 42-44。

（四）研討會論文

1. 王高成，「20 國集團高峰會之成果與展望」，「外交部研究設計委員會第 250 次『國際現勢新聞研析座談』」會議。
2. 蘇宏達，「20 國集團（G20）高峰會之成果與展望」，「外交部研究設計委員會第 250 次『國際現勢新聞研析座談』會議」。

（五）學位論文

1. 林穎佑。《解放軍海軍現代化下的戰略》。台北：淡江大學國際事務與戰略研究所碩士論文，2008 年。

（六）官方資料

1. 「中美聯合聲明」。中華人民共和國外交部。<http://www.fmprc.gov.cn/chn/pds/ziliao/1179/t627468.htm>（檢索日期：2009 年 12 月 9 日）。
2. 「中國海關統計資訊網」。<http://www.chinacustomsstat.com/aspx/1/Index.aspx>（檢索日期：2011 年 4 月 11 日）。
3. 「中華人民共和國與美利堅合眾國聯合聲明」。中華人民共和國外交部。<http://www.fmprc.gov.cn/chn/pds/gjhdq/gj/bmz/1206_22/1207/t788163.htm>（檢索日期：2011 年 4 月 26 日）。
4. 中國人民銀行調查統計司。<http://www.pbc.gov.cn/publish/html/2011s09.htm>（檢索日期：2011 年 5 月 4 日）。
5. 中國國家外匯管理局。<http://www.safe.gov.cn/model_safe/tjsj/tjsj_list.jsp?ct_name=%E4%B8????%B9%B4%E5%A4???%A8%E5?&id=5&ID=110400000000000000>（檢索日期：2011 年 4 月 10 日）。
6. 中華人民共和國外交部政策規劃司編。《中國外交：2009 年版》。北京：世界知識出版社，2009 年。
7. 中華人民共和國外交部政策規劃司編。《中國外交：2010 年版》。北京：世界知識出版社，2010 年。

（七）報紙

1. 李玉梅。「9.11 事件後的國際形勢和中美關係」。《學習時報》，2002 年 10 月 15 日。

2. 葉鵬飛。「不戰而主東亞 中國新戰略」。《聯合早報》（新加坡），2004 年 11 月 7 日。

3. 「不動產市場泡沫化連鎖反應──美國金融界『滅頂記』」。《中國時報》，2008 年 9 月 24 日，第 A2 版。

4. 林則宏。「大陸擴大投資 兩年內砸 19 兆元」。《經濟日報》，2008 年 11 月 10 日，第 A6 版。

5. 「時人牙慧」。《聯合報》，2008 年 11 月 23 日，第 AA1 版。

6. 陳澄和、廖玉玲編譯。「美振興案過關 歐巴馬明簽署」。《經濟日報》，2009 年 2 月 15 日，第 A5 版。

7. 「領袖不同調 G-20 恐成大拜拜」。《聯合報》。2009 年 3 月 31 日，第 AA1 版。

8. 編譯朱小明。「爭金融發言 中共動作多」。《聯合報》，2009 年 3 月 31 日，第 A10 版。

9. 林安妮。「海嘯求生 胡錦濤提四急」。《經濟日報》，2009 年 4 月 2 日，第 A5 版。

10. 林安妮。「善用危機 中國搶發話權」。《經濟日報》，2009 年 4 月 2 日，第 A5 版。

11. 朱建陵。「G20 發表談話 胡錦濤倡各國合作 反對保護主義」。《中國時報》，2009 年 4 月 4 日，第 A13 版。

12. 劉煥彥。「大陸基建資金縮水 保八更難」。《經濟日報》，2009 年 4 月 14 日，第 A9 版。

13. 劉煥彥。「經濟救市方案 成美商大補丸」。《經濟日報》，2009 年 5 月 4 日，第 A9 版。

14. 黃文正。「Fed：最糟情況已過 低率確保復甦」。《中國時報》，2009 年 8 月 14 日，第 A20 版。

15. 林克倫。「第三季經濟成長 大陸可望保八」。《中國時報》，2009 年 8 月 22 日，第 A16 版。

16. 黃琮淵。「金融海嘯一波波，一次比一次震撼！」。《中國時報》，2009 年 9 月 6 日，第 A5 版。

17. 潘勛。「20 歲以下美國人 失業率創新高」。《中國時報》，2009 年 9 月 6 日，第 A2 版。

18. 編譯鄭寺音。「金融危機重創 美仍是超強一哥」。《自由時報》，2009 年 9 月 16 日，第 A14 版。

19. 傅依傑。「金融海嘯以來最樂觀評估 柏南克：美經濟衰退結束」。《聯合報》，2009 年 9 月 17 日，第 AA2 版。

20. 黃淑容。「中國增持美債 兩度突破 8 千億美元」。《中國時報》，2009 年 9 月 18 日，第 A17 版。

21. 蔡鵑如。「美國債台高築 逼近 12.1 兆上限」。《中國時報》，2009 年 9 月 18 日，第 A2 版。

22. 蔡鵑如。「美國債台高築 逼近 12.1 兆上限」。《中國時報》，2009 年 9 月 18 日，第 A2 版。

23. 編譯陳成良。「中提 2020 年減碳 美態度保留」。《自由時報》，2009 年 9 月 23 日，第 A10 版。

24. 李道成。「經濟茁壯 外匯存底全球第一」。《中國時報》，2009 年 9 月 24 日，第 A13 版。

25. 編譯羅彥傑。「G8 變 G20 新興大國崛起 國際政治邁入新紀元」。《自由時報》，2009 年 9 月 26 日，第 A18 版。

26. 蕭麗君。「G20 取代 G8 新興國家抬頭」。《工商時報》，2009 年 9 月 26 日，第 A4 版。

27. 「時人時語」。《中國時報》。2009 年 10 月 7 日，第 A2 版。

28. 「工程費近 50 億 建新鴨綠江大橋 中國埋單」。《聯合報》。2009 年 10 月 11 日，第 A14 版。

29. 鍾玉玨。「美預算赤字一‧四兆 創新高」。《中國時報》，2009 年 10 月 18 日，第 A2 版。

30. 楊芬瑩。「湘江最長枯期 300 萬人缺水」。《中國時報》，2009 年 10 月 20 日，第 A17 版。

31. 朱建陵。「胡歐熱線 處理暖化 中美擁有共同利益」。《中國時報》，2009 年 10 月 22 日，第 A17 版。

32. 「長江下游水位 創 20 年新低」。《聯合報》，2009 年 10 月 25 日，第 A10 版。

33. 編譯田思怡。「擺脫經濟衰退 美第三季經濟正成長 3.5%」。《聯合報》，2009 年 10 月 30 日，第 A1 版。

34. 諶悠文。「美 GDP 成長 3.5% 可望走出衰退」。《中國時報》，2009 年 10 月 30 日，第 A2 版。

35. 傅依傑。「1500 萬人沒工作 美失業率破 10% 26 年來最高」。《聯合報》，2009 年 11 月 7 日，第 A1 版。

36. 張宗智。「歐巴馬訪中 不碰台灣地位問題」。《聯合報》，2009 年 11 月 8 日，第 A16 版。

37. 林琮盛。「逾半世紀罕見暴雪 華北動彈不得」。《聯合報》，2009 年 11 月 13 日，第 A19 版。

38. 編譯王麗娟。「美、中壓力下 減碳大逆轉 印度也點頭」。《聯合報》，2009 年 12 月 3 日，第 A18 版。

39. 林中斌。「氣候峰會遽轉樂觀」。《聯合報》，2009 年 12 月 4 日，第 A4 版。

40. 「世界主要國家減碳承諾」。《中國時報》。2009 年 12 月 7 日，第 A3 版。

41. 「氣候峰會 救地球關鍵 14 天」。《自由時報》，2009 年 12 月 8 日，第 A8 版。

42. Martin Wolf 著，吳國卿編譯。「中國操縱匯率 全球不安」。《經濟日報》，2009 年 12 月 10 日，第 A8 版。

43. 馬丁沃夫。「中國操縱匯率 全球不安」。《經濟日報》，2009 年 12 月 10 日，第 A8 版。

44. 馮復華。「哥本哈根會議 中美外交爭吵」。《工商時報》，2009 年 12 月 10 日，第 A7 版。

45. 劉聖芬。「減排利富國 中國怒轟歐美」。《工商時報》，2009 年 12 月 10 日，第 A3 版。

46. 劉純佑。「美眾院通金融監管法案」。《工商時報》，2009 年 12 月 13 日，第 A4 版。

47. 江靜玲。「千億美元抗暖化 美允撒大錢」。《中國時報》，2009 年 12 月 19 日，第 A3 版。

48. 楊明暐。「美中領袖密會 催生峰會協議」。《中國時報》，2009 年 12 月 19 日，第 A3 版。

49. 「『哥本哈根協定』要點」。《自由時報》，2009 年 12 月 20 日，第 A16 版。

50. 陳筑君。「群眾事件多　社科院：民怨太深」。《中國時報》，2009 年 12 月 22 日，第 A15 版。

51. 林琮盛、汪莉絹。「華北暴雪 60 年罕見」。《聯合報》，2010 年 1 月 5 日，第 A1 版。

52. 劉屏。「為胡錦濤鋪路　楊潔箎會見希拉蕊」。《中國時報》，2010 年 1 月 7 日，第 A18 版。

53. 李文輝。「暴雪物價漲　意外催生通膨早到」。《中國時報》，2010 年 1 月 9 日，第 A15 版。

54. 白德華。「全年達 1.2 兆美元　超越德國　官方公告　出口躍升第一」。《中國時報》，2010 年 1 月 11 日，第 A12 版。

55. 「中投資美　首度超越美投資中」。《聯合報》，2010 年 1 月 20 日，第 A11 版。

56. 劉屏。「胡錦濤：人權事業還有很多工作要做」。《中國時報》，2010 年 1 月 21 日，第 A2 版。

57. 賴錦宏。「去年中共經濟數據」。《聯合報》，2010 年 1 月 22 日，第 A15 版。

58. 賴錦宏。「大陸保八成功　去年 GDP 增 8.7%」。《聯合報》，2010 年 1 月 22 日，第 A1 版。

59. 亓樂義。「中國鑽飾消費　全球第 2 大」。《中國時報》，2010 年 1 月 25 日，第 A13 版。

60. 呂昭隆。「老美算盤打得精　永遠不吃虧」。《中國時報》，2010 年 1 月 31 日，第 A4 版。

61. 黃文正。「削減赤字　歐巴馬大砍政府開支」。《中國時報》，2010 年 2 月 1 日，第 A2 版。

62. 劉屏。「經濟回春難救失業　選民轉向」。《中國時報》，2010 年 2 月 2 日，第 A3 版。

63. 黃文正。「美向富人、大企業增稅　難補赤字」。《中國時報》，2010 年 2 月 3 日，第 A2 版。

64. 編譯莊蕙嘉。「美赤字 1.56 兆美元　影響國力」。《聯合報》，2010 年 2 月 3 日，第 A14 版。

65. 王銘義、劉屏。「大陸軍方：中美暫停軍事互訪 立場不變」。《中國時報》，2010 年 2 月 26 日，第 A17 版。

66. 亓樂義。「中美軍事交流 鬥而不破」。《中國時報》，2010 年 2 月 26 日，第 A17 版。

67. 陳文和。「美國債攀高 徵加值稅聲聲催」。《中國時報》，2010 年 3 月 8 日，第 A2 版。

68. 汪莉絹、李春。「中國黃金儲備 1054 噸 世界第五」。《聯合報》，2010 年 3 月 10 日，第 A10 版。

69. 林中斌。「崛起經濟 規模空前 課本失靈」。《聯合報》，2010 年 3 月 10 日，第 A4 版。

70. 王嘉源。「中印正式加入《哥本哈根協定》」。《中國時報》，2010 年 3 月 11 日，第 A2 版。

71. 王銘義。「以屈原詩明志 溫誓言再戰三年」。《中國時報》，2010 年 3 月 15 日，第 A15 版。

72. 編譯范振光。「中國連三月減持美國債券」。《中國時報》，2010 年 3 月 17 日，第 A13 版。

73. 謝瓔竹。「2012 金融末日？22.4 兆垃圾債 恐爆倒閉潮」。《聯合報》，2010 年 3 月 17 日，第 A13 版。

74. 李文輝。「天災南北夾擊 華北沙塵西南旱」。《中國時報》，2010 年 3 月 21 日，第 A13 版。

75. 連雋偉。「旱區災民奉茶 溫家寶不忍喝」。《中國時報》，2010 年 3 月 22 日，第 A13 版。

76. 林琮盛。「大陸西南旱災 糧價聲聲漲」。《聯合報》，2010 年 3 月 24 日，第 A11 版。

77. 陳澄和編譯。「超越美國 中國綠色投資 全球 No.1」。《聯合晚報》，2010 年 3 月 25 日，第 B6 版。

78. 鄭惠元。「黃果樹瀑布 買水撐場面」。《聯合報》，2010 年 3 月 29 日，第 A12 版。

79. 諶悠文。「美多州債台高築 恐步希臘後塵」。《中國時報》，2010 年 4 月 1 日，第 A2 版。

80. 潘勛。「美 3 月就業增 歐巴馬：走出谷底」。《中國時報》，2010 年 4 月 4 日，第 A2 版。

81. 林海、紀麗君。「中共首季 GDP 增 11.9% 經濟恐過熱」。《聯合報》，2010 年 4 月 16 日，第 A20 版。

82. 編譯盧永山。「CDO」。《自由時報》，2010 年 4 月 19 日，第 A8 版。

83. 李道成。「全球之最 北京車展今登場」。《中國時報》，2010 年 4 月 23 日，第 A19 版。

84. 楊芬瑩。「權力擴增，中國成世銀第 3 大股東」。《中國時報》，2010 年 4 月 27 日，第 A13 版。

85. 編譯田思怡。「世銀改革 中國躍居第三大股東」。《聯合報》，2010 年 4 月 27 日，第 A13 版。

86. 編譯田思怡。「每增 10 萬認股金 就增一票 中國可聯合他國 影響決策」。《聯合報》，2010 年 4 月 27 日，第 A13 版。

87. 編譯田思怡。「開發中國家 聲音增加 平等發言？美日歐還是強！」。《聯合報》，2010 年 4 月 27 日，第 A13 版。

88. 黃文正。「美國第一季 GDP 年增率 3.2%」。《中國時報》，2010 年 5 月 1 日，第 A17 版。

89. 朱建陵。「CPI 漲幅攀新高 大陸通膨蠢動」。《中國時報》，2010 年 5 月 12 日，第 A13 版。

90. 賴錦宏。「中斷兩年後……中美重啟人權對話」。《聯合報》，2010 年 5 月 14 日，第 A19 版。

91. 王銘義。「南方 10 省市洪澇 800 萬人受災」。《中國時報》，2010 年 5 月 17 日，第 A13 版。

92. 編譯夏嘉玲、陳家齊。「歐巴馬再下一城 參院通過金改案」。《聯合報》，2010 年 5 月 22 日，第 A22 版。

93. 汪莉絹。「基尼係數>0.5 貧富差距大 陸恐引發動亂」。《聯合報》，2010 年 5 月 22 日，第 A21 版。

94. 「首次跨越可怕門檻 美國債衝破 13 兆」。《聯合報》，2010 年 5 月 28 日，第 A21 版。

95. 楊芬瑩。「全球五百大 中石油首度稱霸」。《中國時報》，2010 年 5 月 31 日，第 A12 版。

96. 「全球超級電腦 大陸奪亞軍」。《中國時報》，2010 年 6 月 2 日，第 A13 版。

97. 鄒秀明。「世界科技百強 中國比亞迪奪冠」。《聯合報》，2010
年 6 月 3 日，第 AA2 版。

98. 陳文和。「NASA 警告 強烈太陽磁暴 2013 來襲」。《中國時報》，
2010 年 6 月 16 日，第 A15 版。

99. 編譯簡國帆。「美准電影期貨 最快下月押注」。《聯合報》，2010
年 6 月 16 日，第 A18 版。

100.「人行宣布彈性匯改 人民幣將緩步升值」。《聯合報》，2010
年 6 月 20 日，第 A1 版。

101. 賴錦宏。「洪水圍城 湖南暴雨 頻率創 300 年紀錄」。《聯合報》，
2010 年 6 月 22 日，第 A13 版。

102. 林上祚。「亞太區超歐趕美 中有 47 萬百萬富豪 全球第 4」。《中
國時報》，2010 年 6 月 24 日，第 A15 版。

103.「G20 會外會 歐巴馬邀訪 胡錦濤說 OK」。《聯合報》，2010
年 6 月 28 日，第 A12 版。

104. 亓樂義。「大陸對美表態：南海是核心利益」。《中國時報》，
2010 年 7 月 5 日，第 A13 版。

105. 編譯林翠儀。「日媒驚爆 中國嗆美：南海是領土核心利益」。《自
由時報》，2010 年 7 月 5 日，第 A12 版。

106. 編譯羅倩宜。「美失業率 9.5% 被披假象」。《自由時報》，2010
年 7 月 5 日，第 A14 版。

107. 王銘義。「打房打投機 大陸 GDP 增幅下滑」。《中國時報》，
2010 年 7 月 16 日，第 A21 版。

108. 李志德。「第 2 季經濟回落 溫：調控結果」。《聯合報》，2010
年 7 月 17 日，第 A19 版。

109. 編譯劉千郁。「美參院 60 票：39 票通過金改 專家唱衰難治本」。
《自由時報》，2010 年 7 月 17 日，第 A14 版。

110. 李道成。「超越韓國 大陸成全球造船霸主」。《中國時報》，2010
年 7 月 20 日，第 A13 版。

111. 編譯魏國金。「南海議題 希拉蕊公開挑戰中國」。《自由時報》，
2010 年 7 月 24 日，第 A16 版。

112. 羅培菁。「09 年外資流入額 中躍居全球第 2」。《中國時報》，
2010 年 7 月 25 日，第 A10 版。

113. 朱建陵。「長江黃河 洪汛告急 溫家寶觀察防災」。《中國時報》，2010 年 7 月 26 日，第 A13 版。

114. 楊芬瑩。「南海主權 中駁斥美多邊協商論」。《中國時報》，2010 年 7 月 26 日，第 A13 版。

115. 「美國要在南海問題上挑戰中國」。《中國時報》。2010 年 7 月 27 日，第 A13 版。

116. 劉永祥、編譯陳世欽。「南海問題惹毛中國 美淡化爭議」。《聯合報》，2010 年 7 月 31 日，第 A19 版。

117. 編譯劉千郁。「美第二季 GDP 成長減緩 只達 2.4%」。《自由時報》，2010 年 7 月 31 日，第 A18 版。

118. 「災民逾億 胡溫下令全力抗洪」。《中國時報》，2010 年 8 月 3 日，第 A15 版。

119. 編譯朱小明。「突破星馬緊箍咒 西南絲路大復活」。《聯合報》，2010 年 8 月 4 日，第 A11 版。

120. 林琮盛。「南寧──新加坡 南新走廊連結南向經貿」。《聯合報》，2010 年 8 月 11 日，第 A11 版。

121. 編譯張沛元。「10 年來最大改革 五角大廈瘦身 美國防部大砍高官」。《自由時報》，2010 年 8 月 11 日，第 A10 版。

122. 李文輝。「大陸 CPI 創 21 個月新高」。《中國時報》，2010 年 8 月 12 日，第 A19 版。

123. 「專家：中國貧富差距已達最高峰」。《旺報》，2010 年 8 月 14 日，第 A10 版。

124. 陳世昌、編譯田思怡。「GDP 超越日本 中國成為世界第 2 大經濟體」。《聯合報》，2010 年 8 月 17 日，第 A1 版。

125. 尹德瀚、黃菁菁。「中對南海強勢 美日憂心」。《中國時報》，2010 年 8 月 19 日，第 A2 版。

126. 編譯夏嘉玲。「中越柬寮泰緬 將合建鐵路網」。《聯合報》，2010 年 8 月 20 日，第 A25 版。

127. 編譯羅倩宜。「美八月失業率 小幅攀升」。《自由時報》，2010 年 9 月 4 日，第 A14 版。

128. 劉屏。「美官員今赴京 喬軍事再匯談」。《中國時報》，2010 年 9 月 5 日，第 A13 版。

129. 編譯劉千郁。「美救失業 本週宣布振興方案」。《自由時報》，2010 年 9 月 5 日，第 A12 版。

130. 編譯劉千郁。「桑默斯訪中 人民幣匯率端上桌」。《自由時報》，2010 年 9 月 5 日，第 A12 版。

131. 張慧英、林上祚。「中國崛起 擴展經貿才是王道」。《中國時報》，2010 年 9 月 7 日，第 A2 版。

132. 編譯田思怡。「歐巴馬談經濟 『復甦慢得痛苦』」。《聯合報》，2010 年 9 月 12 日，第 A13 版。

133. 編譯盧永山。「換取讓出投票權 德要求美 放棄 IMF 否決權」。《自由時報》，2010 年 9 月 16 日，第 A8 版。

134. 「六校闖進 200 大 中國首度超過日本」。《聯合報》，2010 年 9 月 17 日，第 AA4 版。

135. 編譯盧永山。「馬斯金：貧富差距擴大 中國經濟首要挑戰」。《自由時報》，2010 年 9 月 20 日，第 A5 版。

136. 編譯盧永山。「NBER：美經濟衰退 去年六月已結束」。《自由時報》，2010 年 9 月 21 日，第 A12 版。

137. 王嘉源。「NBER：美經濟衰退 去年 6 月結束」。《中國時報》，2010 年 9 月 22 日，第 A15 版。

138. 林博文。「蓋茨要整頓『國防巨獸』」。《中國時報》，2010 年 9 月 22 日，第 A19 版。

139. 傅依傑等。「歐溫會 談人民幣 也談朝鮮問題」。《聯合報》，2010 年 9 月 22 日，第 A4 版。

140. 李道成。「上海 躍居全球第一大貨櫃港」。《中國時報》，2010 年 9 月 24 日，第 A20 版。

141. 王良芬。「人民幣匯率 歐溫高來高去」。《中國時報》，2010 年 9 月 25 日，第 A4 版。

142. 劉永祥、編譯田思怡。「美拉攏東協 聯合聲明倡南海自由航行」。《聯合報》，2010 年 9 月 26 日，第 A13 版。

143. 「美國在南海只會增加麻煩？」。《中國時報》。2010 年 9 月 28 日，第 A13 版。

144. 劉屏。「處理南海爭端 美提冷靜外交」。《中國時報》，2010 年 9 月 30 日，第 A19 版。

145. 編譯劉千郁。「2010 會計年度 美預算赤字 縮減為 1.29 兆美元」。《自由時報》，2010 年 10 月 17 日，第 A16 版。

146. 劉永祥、汪莉絹。「王毅會美高層 關切對台軍售」。《聯合報》，2010 年 10 月 23 日，第 A21 版。

147. 編譯盧永山。「蓋納會王岐山 未公布細節」。《自由時報》，2010 年 10 月 25 日，第 A9 版。

148. 編譯盧永山。「美 Q3 經濟成長率 略高上季」。《自由時報》，2010 年 10 月 30 日，第 A14 版。

149. 楊芬瑩。「希拉蕊會戴秉國 再促中日對話」。《中國時報》，2010 年 10 月 31 日，第 A17 版。

150. 林琮盛。「大陸物價飆漲 民眾怨氣沖天」。《聯合報》，2010 年 11 月 2 日，第 A11 版。

151. 湯斌。「對外投資金額 去年全球第五 雙邊投資保護 陸簽 130 國」。《中國時報》，2010 年 11 月 2 日，第 A13 版。

152. 蔡鵬如。「狂印 6 千億 印美鈔救經濟」。《中國時報》，2010 年 11 月 5 日，第 A1 版。

153. 「中國成 IMF 老三 超德英法」。《聯合報》。2010 年 11 月 7 日，第 A13 版。

154. 陳筑君。「僅次美日 中躍升 IMF 第 3 大國」。《中國時報》，2010 年 11 月 7 日，第 A10 版。

155. 陳穎芃。「省下 4 兆美元降赤字 美提案大砍支出」。《工商時報》，2010 年 11 月 12 日，第 A8 版。

156. 劉永祥、編譯田思怡。「G20 談貨幣 歐胡辯白有志一同」。《聯合報》，2010 年 11 月 12 日，第 A25 版。

157. 蔡鵬如。「美削減赤字 目標 10 年 3.8 兆美元」。《中國時報》，2010 年 11 月 12 日，第 A18 版。

158. 亓樂義。「超級電腦尬速 大陸超越美國」。《中國時報》，2010 年 11 月 16 日，第 A13 版。

159. 亓樂義。「直通印度洋 大陸興建中緬高鐵」。《中國時報》，2010 年 11 月 24 日，第 A17 版。

160. 陳思豪。「樣樣漲 受不了 上千學生砸食堂」。《聯合報》，2010 年 11 月 26 日，第 A15 版。

161. 編譯盧永山。「美國金融危機過後 華爾街奢侈風復燃」。《自由時報》，2010 年 11 月 29 日，第 C3 版。

162. 「中國財富總值 僅次美日」。《聯合報》，2010 年 11 月 30 日，第 A12 版。

163. 林琮盛。「刷新全球 京滬高鐵試車 時速飆 486.1 公里」。《聯合報》，2010 年 12 月 4 日，第 A1 版。

164. 黃文正。「美國各州債台高築 拉警報」。《中國時報》，2010 年 12 月 6 日，第 A8 版。

165. 亓樂義。「物價和房價 陸民最關心話題」。《中國時報》，2010 年 12 月 10 日，第 A22 版。

166. 李道成。「大陸物價高 逾七成民眾不滿」。《中國時報》，2010 年 12 月 16 日，第 A19 版。

167. 編譯管淑平。「2011 年全球十大政治風險 美中角力 2011 年最大政治風險」。《自由時報》，2010 年 12 月 23 日，第 A13 版。

168. 「樂清近千村民集結 近失控邊緣」。《聯合報》，2011 年 1 月 2 日，第 A12 版。

169. 連雋偉。「中國東協 自貿區周年 貿易投資破紀錄」。《中國時報》，2011 年 1 月 3 日，第 A13 版。

170. 編譯張佑生。「美國債破 14 兆 不修法恐破產」。《聯合報》，2011 年 1 月 5 日，第 A13 版。

171. 編譯郭恬君。「去年天災近 30 萬人死 經損千億美元」。《中國時報》，2011 年 1 月 5 日，第 A11 版。

172. 「增強匯率彈性 人民幣將升值」。《中國時報》，2011 年 1 月 7 日，第 A18 版。

173. 王良芬。「胡錦濤 18 日訪美 北韓問題是焦點」。《中國時報》，2011 年 1 月 8 日，第 A16 版。

174. 湯明暐。「12 年來首次 美大刪國防預算」。《中國時報》，2011 年 1 月 8 日，第 A14 版。

175. 亓樂義。「美中戰略互信 先看美台軍售」。《中國時報》，2011 年 1 月 11 日，第 A13 版。

176. 編譯羅倩宜。「創下世界紀錄 中國外匯存底 2.85 兆美元」。《自由時報》，2011 年 1 月 12 日，第 A12 版。

177. 編譯張佑生。「胡錦濤國是訪問 美最高規格迎賓」。《聯合報》，2011 年 1 月 19 日，第 A4 版。

178. 楊芬瑩。「中美將簽 450 億美元採購合約」。《中國時報》，2011 年 1 月 20 日，第 A2 版。

179. 「胡採購 1.3 兆 創 23.5 萬工作」。《聯合報》。2011 年 1 月 20 日，第 A2 版。

180. 劉屏。「歐胡會 美重申台灣關係法」。《中國時報》，2011 年 1 月 21 日，第 A1 版。

181. 陳思豪。「糧價拉警報 北京連 92 天 一滴水不降」。《聯合報》，2011 年 1 月 25 日，第 A3 版。

182. 羅培菁。「遊客青睞度 中國擠下西班牙」。《中國時報》，2011 年 1 月 28 日，第 A17 版。

183. 編譯羅倩宜。「美失業率 9% 新增就業人口 低於預期」。《自由時報》，2011 年 2 月 5 日，第 A8 版。

184. 李宇欣。「北方災情嚴重 中共換人抗旱」。《聯合報》，2011 年 2 月 14 日，第 A13 版。

185. 尹德瀚。「美預算赤字 1.65 兆 創歷史新高」。《中國時報》，2011 年 2 月 15 日，第 A11 版。

186. 黃菁菁。「中國 GDP 超越日 躍進全球第二」。《中國時報》，2011 年 2 月 15 日，第 A11 版。

187. 楊芬瑩。「旱象+低溫 米麥減產價飆漲」。《中國時報》，2011 年 2 月 15 日，第 A13 版。

188. 編譯羅彥傑。「美史上最大減支 聯邦政府 3 月恐關門」。《自由時報》，2011 年 2 月 20 日，第 A12 版。

189. 連雋偉。「吳敬璉：貨幣超發推升通膨」。《中國時報》，2011 年 3 月 21 日，第 A13 版。

190. 劉永祥。「今午最後期限 美聯邦政府瀕臨關閉」。《聯合報》，2011 年 4 月 9 日，第 A1 版。

191. 尹德瀚。「大限前達協議 美政府不打烊」。《中國時報》，2011 年 4 月 10 日，第 A10 版。

192. 陳文和。「全球軍費創新高 美中蟬聯霸主」。《中國時報》，2011 年 4 月 12 日，第 A11 版。

193. 「美國預算赤字」。《聯合報》，2011 年 4 月 15 日，第 A20 版。

194. 編譯張沛元。「削國防預算 蓋茨憂危及軍力」。《自由時報》，2011 年 4 月 15 日，第 A15 版。

195. 編譯陳成良。「12 年砍 4 兆美元 歐巴馬減赤計畫出爐」。《自由時報》，2011 年 4 月 15 日，第 A15 版。

196. 編譯劉千郁。「是『禍』不是福 中國高外匯存底 是通膨包袱」。《自由時報》，2011 年 4 月 17 日，第 A4 版。

197. 劉永祥、編譯于倩若。「史上第一次 美債信展望調負向」。《聯合報》，2011 年 4 月 20 日，第 A5 版。

198. 編譯田思怡。「IMF 數據顯示：大陸經濟 2016 超過美國」。《聯合報》，2011 年 4 月 27 日，第 A1 版。

199. 編譯羅倩宜。「2003 年以來 中外匯存底 匯損 2711 億美元」。《自由時報》，2011 年 5 月 6 日，第 A3 版。

200. 林中斌。「美國重返東亞？」。《聯合報》，2011 年 5 月 12 日，第 A4 版。

201. 曹郁芬。「美中對話落幕 美中擬設亞太新諮商機制」。《自由時報》，2011 年 5 月 12 日，第 A12 版。

202. 劉屏。「戰略經濟對話落幕 中美亞太事務磋商 首度建立機制」。《中國時報》，2011 年 5 月 12 日，第 A13 版。

203. 諶悠文。「舉債逼近上限 美政府恐停擺」。《中國時報》，2011 年 5 月 18 日，第 A12 版。

204. 編譯羅倩宜。「美首季 GDP 成長 1.8% 低於預期」。《自由時報》，2011 年 5 月 27 日，第 A10 版。

205. 編譯陳成良。「中國華中大旱 全球糧價蠢動」。《自由時報》，2011 年 6 月 1 日，第 A13 版。

206. 編譯劉千郁。「美眾院否決舉債上限升至 16.7 兆美元」。《自由時報》，2011 年 6 月 2 日，第 A12 版。

207. 林建甫。「大陸通膨根源在貨幣」。《旺報》，2011 年 6 月 7 日，第 C7 版。

208. 編譯盧永山、劉千郁。「美債危機 惠譽警告降評等」。《自由時報》，2011 年 6 月 10 日，第 A7 版。

209. 陳秀玲。「南方暴雨 12 省市 8 百萬人受災」。《旺報》，2011 年 6 月 20 日，第 A3 版。

210. 「長江水位 全線暴漲」。《中國時報》，2011 年 6 月 21 日，第 A13 版。

211. 編譯羅彥傑。「美 10 年 3 戰爭 軍費逾百兆 奪 25 萬人命」。《自由時報》，2011 年 6 月 30 日，第 A14 版。

（八）網路資料

1. 「G20 元首高峰會專題報導：關於 G20」。《商業周刊網站》，<http://www.businessweekly.com.tw/feature/G-20/about.php>（檢索日期：2009 年 4 月 27 日）。

2. 「中美關係」。《新華網》，<http://big5.xinhuanet.com/gate/big5/news.xinhuanet.com/ziliao/2006-03/21/content_4325921.htm>（檢索日期：2011 年 5 月 11 日）。

3. 「雙語詞彙」。《中央銀行全球資訊網》，<http://www.siteba.net/site/3/15759/www.cbc.gov.tw>（檢索日期：2011 年 8 月 3 日）。

4. 中國國家外匯管理局。「中國外匯儲備──2011 年」，<http://www.safe.gov.cn/model_safe/tjsj/tjsj_detail.jsp?ID=110400000000000000,22&id=5>（檢索日期：2011 年 7 月 30 日）。

5. 謝明瑞。「再談外匯存底」。《財團法人國家政策研究基金會：國政評論》，2004 年 1 月 7 日，<http://old.npf.org.tw/PUBLICATION/FM/093/FM-C-093-008.htm>（檢索日期：2011 年 8 月 4 日）。

6. 楊少強。「金融海嘯：雷曼兄弟破產啟示錄」。《商業周刊》第 1087 期，2008 年 9 月 22 日，<http://www.businessweekly.com.tw/webarticle.php?id=34382&p=9>（檢索日期：2010 年 11 月 14 日）。

7. 吳國卿編譯。「美國金融紓困案要點分析」。《經濟日報》，2008 年 10 月 6 日，<http://money.udn.com/html/rpt/rpt100788.html>（檢索日期：2010 年 3 月 22 日）。

8. 譚晶晶、孫奕。「王岐山：共同應對金融危機是中美面臨的最緊迫任務」。《新華網》，2008 年 12 月 4 日，<http://news.xinhuanet.com/fortune/2008-12/04/content_10455360.htm>（檢索日期：2011 年 5 月 5 日）。

9. 「中國的發展和中美關係」。《人民網》，2009 年 9 月 13 日，
    <http://politics.people.com.cn/GB/1024/10042583.html>（檢索日期：
    2010 年 5 月 30 日）。

10. 「胡錦濤在聯合國氣候變化峰會開幕式上的講話（全文）」。《新
    華網》，2009 年 9 月 23 日，<http://news.xinhuanet.com/world/
    2009-09/23/content_12098887.htm>（檢索日期：2010 年 5 月 30 日）。

11. 劉曉霞。「林中斌：中共 18 大時習近平接班 歐胡會是美中力量
    分水嶺」。《兩岸網》，2009 年 11 月 27 日，<http://news.cnyes.com/
    stock/dspnewsS.asp?fi=\NEWSBASE\20091127\WEB2112&vi=338
    24&date=20091127&time=21:20:21&pagetype=index15&subtype=h
    ome&cls=index15_totalnews>（檢索日期：2009 年 11 月 28 日）。

12. 「溫家寶總理接受新華社獨家專訪」。《新華網》，2009 年 12
    月 27 日，<http://www.news.cn/xhwzb20091227_wz.htm>（檢索日
    期：2009 年 12 月 31 日）。

13. 「未售台 F16C/D 不傷兩岸關係」，《蘋果日報》，2010 年 1 月
    31 日，<http://tw.nextmedia.com/applenews/article/art_id/32271278/
    IssueID/20100131>（檢索日期：2011 年 5 月 4 日）。

14. 「美售台 2 千億武器」。《蘋果日報》，2010 年 1 月 31 日，
    <http://tw.nextmedia.com/applenews/article/art_id/32271263/IssueID/
    20100131>（檢索日期：2011 年 4 月 1 日）。

15. 中央銀行編印。《全球金融危機專輯（增訂版）》。2010 年 3 月，
    <http://www.cbc.gov.tw/content.asp?mp=1&CuItem=36396>（檢索
    日期：2011 年 2 月 23 日）。

16. 「金融危機後的中美實力」。《新華網》（北京），2010 年 12
    月 27 日，<http://big5.xinhuanet.com/gate/big5/news.xinhuanet.com/
    observation/2010-12/27/c_12919991.htm>（檢索日期：2011 年 6 月
    3 日）。

17. 楊明娟。「新聞辭典：國是訪問 State visit」。《中央廣播電臺新
    聞網》，2011 年 1 月 14 日，<http://news.rti.org.tw/index_newsContent.
    aspx?nid=276470>（檢索日期：2011 年 5 月 29 日）。

18. 「2 年 8 次『歐胡會』 中美元首頻密接觸史無前例」。《新浪全
    球新聞網》，2011 年 1 月 18 日，<http://dailynews.sina.com/bg/

news/usa/usnews/chinesedaily/20110118/23042172494.html〉（檢索日期：2011 年 5 月 14 日）。

19. 李書良、潘羿菁。「送歐巴馬大禮……胡錦濤 砸 600 億美元採購」。《工商時報》，2011 年 1 月 22 日，<http://money.chinatimes.com/news/news-content.aspx?id=20110122000007&cid=1208>（檢索日期：2011 年 5 月 12 日）。

20. 相藍欣。「中美關係如何穩定？」。《聯合早報網》，2011 年 2 月 24 日，<http://www.zaobao.com/special/china/sino_us/pages8/sino_us110224.shtml>（檢索日期：2011 年 5 月 11 日）。

21. 曾復生。「美國因應『中國崛起』趨向細緻靈活」。《財團法人國家政策研究基金會：國政分析》，2011 年 3 月 4 日，<http://www.npf.org.tw/post/3/8844>（檢索日期：2011 年 5 月 4 日）。

22. 「2010 年政府工作報告」。《中國網》（北京），2011 年 3 月 15 日，<http://big5.china.com.cn/policy/txt/2010-03/15/content_19612372_3.htm>（檢索日期：2011 年 8 月 12 日）。

23. 「溫家寶總理答中外記者問」。《人民日報》（北京），2011 年 3 月 15 日，頁 1-2，<http://paper.people.com.cn/rmrb/html/2011-03/15/nbs.D110000renmrb_02.htm>（檢索日期：2011 年 8 月 7 日）。

24. 「2011 年政府工作報告」。《中國網》（北京），2011 年 3 月 16 日，<http://big5.china.com.cn/policy/txt/2011-03/16/content_22150608_3.htm>（檢索日期：2011 年 8 月 12 日）。

25. 「泛亞高鐵中線動工 昆明↔星國僅 10 小時」。《蘋果日報》，2011 年 4 月 25 日，<http://tw.nextmedia.com/applenews/article/art_id/33341677/IssueID/20110425>（檢索日期：2011 年 5 月 4 日）。

26. 陳怡慈。「陸央行：外匯存底用途 別動歪腦筋」。《聯合新聞網》，2011 年 7 月 27 日，<http://udn.com/NEWS/MAINLAND/MAI3/6487949.shtml>（檢索日期：2011 年 8 月 3 日）。

27. 田俊榮。「不追求大規模的外匯儲備」。《人民日報》（北京），2011 年 7 月 29 日，頁 10，<http://paper.people.com.cn/rmrb/html/2011-07/29/nbs.D110000renmrb_10.htm>（檢索日期：2011 年 7 月 29 日）。

28. 「周小川首次公開評論美國債務問題」。《華爾街日報中文網》。2011 年 8 月 4 日，<http://chinese.wsj.com/big5/20110804/bch093651.asp?source=Billingual>（檢索日期：2011 年 8 月 6 日）。

二、英文書目

（一）專書

1. Bush, George W. *Decision Points*. New York: Crown Publishers, 2010.
2. C. Fred Bergsten, Charles Freeman, Nicholas R. Lardy, and Derek J. Mitchell. *China's Rise: Challenges and Opportunities*. Washington, DC: Peterson Institute for International Economics & Center For Strategic And International Studies Press, 2008.
3. Kissinger, Henry A. *On China*. New York: The Penguin Press, 2011.

（二）期刊

1. "Another Way China May Beat the U.S." *Time*, April 11, 2011, p.13.
2. "Dependence on China the Indispensable Economy?" *The Economist*, October 30-November 5, 2010, pp.73-74.
3. "Now No.2, Could China Become No.1?" *Time*, February 28, 2011, p.9.
4. "Wall Street bounces back." *Newsweek*, April 18, 2011.
5. Abkowitz, Alyssa. "China Buys the World." *Fortune*, October 26, 2009, pp.60-61.
6. Altman, Roger C. "Globalization in Retreat." *Foreign Affairs*, July/August, 2009, pp.2-7.
7. Chowdhury, Neel. "The China Effect." *Time*, April 25, 2011, pp.43-47.
8. Crowley, Michael and Newton-Small, Jay. "Ryan's Hope." *Time*, April 18, 2011, p.32-35.
9. Crowley, Michael. "The Sacred Cows." *Time*, December 13, 2010, pp.28-31.

10. Ferguson, Niall. "Dr. K's Rx for China." *Newsweek*, May 23 & 30, 2011, pp.34-36.

11. Fingar, Thomas. "What Hu Jintao Wants To Know." *Foreign Policy*, January/February 2011, pp.42-43.

12. Foroohar, Rana and Liu, Melinda. "When China Rules The World." *Newsweek*, March 22, 2010, p.25-28.

13. Foroohar, Rana. *Newsweek*, November 8, 2010, p.21.

14. Gregory, Sean. "A Tale of 600 Cities." *Time*, May 2, 2011, p.20.

15. Kaplan, Robert D. "The Geography of Chinese Power." *Foreign Affairs*, May/June 2010, pp.22-41.

16. Karabell, Zachary. "Should You Put Your Savings in a Chinese Bank Account?" *Time*, April 11, 2011, p.55.

17. Mallaby, Sebastian. "You Are What You Owe Why power built on debt is no power at all." *Time*, May 9, 2011, pp.24-27.

18. *Newsweek*, January 31, 2011, p.14.

19. Paul, Annie Murphy. "The Roar of the Tiger Mom." *Time*, January 31, 2011, pp.24-27.

20. Schell, Orville. "Why China and the U.S. will only get closer." *Newsweek*, Special Edition, Issues 2010, p.38.

21. Thompson, Mark. "How to Save A Trillion Dollars." *Time*, April 25, 2011, pp.20-25.

22. Zoellick, Robert B. 'Multiple Reserve Currencies.'" *Newsweek*, January 31, 2011, p.52.

（三）報紙

1. Andrews, Edmund L. "Broader Group of 20 to replace the elite G-7." *International Herald Tribune*, September 26-27, 2009, pp.1&4.

2. Barboza, David. "China trade now a 2-way street to U.S." *International Herald Tribune*, April 9-10, 2011, p.13.

3. Bennett, John T. "China Language Softened In Final Version of QDR." *Defense News*, February 8, 2010, p.8.

4. Bottelier, Pieter. "Chinese myths." *International Herald Tribune*, March 20-21, 2010, p.6.

5. Hauser, Christine. "April employment data brighten outlook for U.S. economy." *International Herald Tribune*, May 7-8, 2011, p.12&15.

6. Hauser, Christine. "Slow growth in jobs trims hopes for U.S. revival." *International Herald Tribune*, July 9-10, 2011, p.1.

7. Minnick, Wendell. "Think-Tank Reports Calls on U.S. to Engage, Not Challenge, China." *Defense News*, September 28, 2009, p.28.

8. Ott, Marvin. "Asia's clouded horizon." *International Herald Tribune*, September 29, 2010, p.8.

9. Rampell, Catherine. "The U.S. chemistry major is tending bar --- and could be stuck there." *International Herald Tribune*, May 20, 2011, p.17.

10. Wines, Michael and Sanger, David E. "U.S.-China relations increasingly strained." *International Herald Tribune*, December 7, 2010, p.1&3.

（四）官方資料

1. Board of Governors of the Federal Reserve System. <http://www.federalreserve.gov/datadownload/Chart.aspx?rel=H10&series=40a15acb120950674894978e4f74def9&lastObs=&from=01/01/2007&to=03/31/2011&filetype=csv&label=include&layout=seriescolumn&pp=Download> (Accessed April 4, 2011).

2. Bureau of Economic Analysis (BEA), U.S. Department of Commerce. <http://www.bea.gov/national/txt/dpga.txt> (Accessed February 18, 2011).

3. Bureau of Labor Statistics, United States Department of Labor. <http://data.bls.gov/pdq/SurveyOutputServlet> (Accessed December 10, 2010).

4. Bureau of the Public Debt, U.S. Department of the Treasury. "The Daily History of the Debt Results." <http://www.treasurydirect.gov/NP/NPGateway> (Accessed July 11, 2011).

5. The White House. "Fact Sheet: Creating a 21st Century International Economic Architecture." September 24, 2009, <http://www.whitehouse.gov/the-press-office/fact-sheet-creating-a-21st-century-international-economic-architecture> (Accessed: June 6, 2011).

6. U.S. Census Bureau. <http://www.census.gov/foreign-trade/statistics/historical/exhibit_history.prn> (Accessed April 12, 2011).

7. U.S. Department of the Treasury. "Major Foreign Holders of Treasury Securities Holdings 1." <http://www.treasury.gov/resource-center/data-chart-center/tic/Documents/mfh.txt> (Accessed March 30, 2011).

8. U.S. Department of the Treasury. <http://www.treasury.gov/resource-center/data-chart-center/tic/Documents/mfh.txt>, <http://www.treasury.gov/resource-center/data-chart-center/tic/Documents/mfhhis01.txt> (Accessed April 2, 2011).

（五）網路資料

1. The Financial Crisis Inquiry Commission. "The Financial Crisis Inquiry Report." January 27, 2011. <http://cybercemetery.unt.edu/archive/fcic/20110310172443/ http://c0186234.cdn1.cloudfiles.rackspacecloud.com/2011-0127-fcic-releases-report.pdf> (Accessed July 2, 2011).

2. "Trading Economics." <http://www.tradingeconomics.com/Economics/GDP-Growth.aspx?Symbol=CNY> (Accessed March 8, 2011).

3. Goldstein, Jacob. "The U.S. Owes China $1.2 Trillion." *National Public Radio (NPR)*, March 1, 2011. <http://www.npr.org/blogs/money/2011/03/01/134159785/the-u-s-owes-china-1-2-trillion?sc=fb&cc=fp> (Accessed March 30, 2011).

4. Greenspan, Alan. "The Fed Didn't Cause the Housing Bubble." *The Wall Street Journal*, March 11, 2009. <http://online.wsj.com/article/SB123672965066989281.html?mod=article-outset-box> (Accessed November 1, 2010).

5. International Monetary Fund (IMF). *World Economic Outlook (WEO): Sustaining the Recovery*. Washington D.C.: International Monetary Fund,

2009. <http://www.imf.org/external/pubs/ft/weo/2009/02/> (Accessed: July 16, 2011).

6. Larson, Christina. "China and the U.S.: The Indispensable Axis." *Time*, March 10, 2010. <http://www.time.com/time/specials/packages/article/0,28804,1971133_1971110_1971106,00.html> (Accessed March 16, 2010).

7. Mullen, Adm. Mike. "JCS Speech." *Joint Chiefs of Staff Official*, August 26, 2010. <http://www.jcs.mil/speech.aspx?ID=1445> (Accessed July 12, 2011).

8. Muradian, Vago. "Adm. Mike Mullen." *Defense News*, July 10, 2011. <http://www.defensenews.com/story.php?i=7058688&c=FEA&s=INT> (Accessed July 12, 2011).

9. Payack, Paul J. J. "Top Words of 2011, yes 2011." *The Global Language Monitor*, December 6, 2010. <http://www.languagemonitor.com/top-words/top-words-of-2011-yes-2011/> (Accessed December 31, 2010).

10. Rampell, Catherine. "'Great Recession': A Brief Etymology." *The New York Times*, March 11, 2009. <http://economix.blogs.nytimes.com/2009/03/11/great-recession-a-brief-etymology/> (Accessed February 21, 2011).

11. World Trade Organization (WTO). "Statistics database." <http://stat.wto.org/CountryProfile/WSDBCountryPFHome.aspx?Language=E> (Accessed: May 22, 2011).

社會科學類　PF0084

鬥而不破
——北京與華府的後金融危機關係

作　　者 / 陳奕儒、林中斌
責任編輯 / 鄭伊庭
圖文排版 / 楊家齊
封面設計 / 王嵩賀

發 行 人 / 宋政坤
法律顧問 / 毛國樑　律師
印製出版 / 秀威資訊科技股份有限公司
　　　　　114 台北市內湖區瑞光路 76 巷 65 號 1 樓
　　　　　電話：+886-2-2796-3638　傳真：+886-2-2796-1377
　　　　　http://www.showwe.com.tw
劃撥帳號 / 19563868　戶名：秀威資訊科技股份有限公司
　　　　　讀者服務信箱：service@showwe.com.tw
展售門市 / 國家書店（松江門市）
　　　　　104 台北市中山區松江路 209 號 1 樓
　　　　　電話：+886-2-2518-0207　傳真：+886-2-2518-0778
網路訂購 / 秀威網路書店：http://www.bodbooks.com.tw
　　　　　國家網路書店：http://www.govbooks.com.tw
圖書經銷 / 紅螞蟻圖書有限公司
　　　　　114 台北市內湖區舊宗路二段 121 巷 28、32 號 4 樓
　　　　　電話：+886-2-2795-3656　傳真：+886-2-2795-4100

2012 年 6 月 BOD 一版
定價：360 元
版權所有　翻印必究
本書如有缺頁、破損或裝訂錯誤，請寄回更換

國家圖書館出版品預行編目

鬥而不破：北京與華府的後金融危機關係 / 陳奕儒、
林中斌著. -- 一版. -- 臺北市：秀威資訊科技,
2012.06
　　面；　　公分. -- (社會科學類；PF0084)
BOD 版
ISBN 978-986-221-950-8(平裝)

1. 中美關係　2. 金融危機

574.1852　　　　　　　　　　　　　101006246

讀者回函卡

感謝您購買本書，為提升服務品質，請填妥以下資料，將讀者回函卡直接寄回或傳真本公司，收到您的寶貴意見後，我們會收藏記錄及檢討，謝謝！
如您需要了解本公司最新出版書目、購書優惠或企劃活動，歡迎您上網查詢或下載相關資料：http:// www.showwe.com.tw

您購買的書名：＿＿＿＿＿＿＿＿＿＿＿＿＿＿＿＿＿＿＿＿＿＿＿

出生日期：＿＿＿＿＿年＿＿＿＿＿月＿＿＿＿＿日

學歷：□高中 (含) 以下　　□大專　　□研究所 (含) 以上

職業：□製造業　□金融業　□資訊業　□軍警　□傳播業　□自由業
　　　□服務業　□公務員　□教職　　□學生　□家管　　□其它＿＿＿＿

購書地點：□網路書店　□實體書店　□書展　□郵購　□贈閱　□其他

您從何得知本書的消息？

　□網路書店　□實體書店　□網路搜尋　□電子報　□書訊　□雜誌

　□傳播媒體　□親友推薦　□網站推薦　□部落格　□其他＿＿＿＿＿＿

您對本書的評價：(請填代號　1.非常滿意　2.滿意　3.尚可　4.再改進)

　封面設計＿＿＿　版面編排＿＿＿　內容＿＿＿　文／譯筆＿＿＿　價格＿＿＿

讀完書後您覺得：

　□很有收穫　□有收穫　□收穫不多　□沒收穫

對我們的建議：＿＿＿＿＿＿＿＿＿＿＿＿＿＿＿＿＿＿＿＿＿＿＿

＿＿＿＿＿＿＿＿＿＿＿＿＿＿＿＿＿＿＿＿＿＿＿＿＿＿＿＿＿＿＿

＿＿＿＿＿＿＿＿＿＿＿＿＿＿＿＿＿＿＿＿＿＿＿＿＿＿＿＿＿＿＿

＿＿＿＿＿＿＿＿＿＿＿＿＿＿＿＿＿＿＿＿＿＿＿＿＿＿＿＿＿＿＿

11466
台北市內湖區瑞光路 76 巷 65 號 1 樓

秀威資訊科技股份有限公司　　　收

BOD 數位出版事業部

....

（請沿線對折寄回，謝謝！）

姓　　名：＿＿＿＿＿＿＿＿＿　年齡：＿＿＿＿　性別：□女　□男

郵遞區號：□□□□□

地　　址：＿＿＿＿＿＿＿＿＿＿＿＿＿＿＿＿＿＿＿＿＿＿

聯絡電話：(日) ＿＿＿＿＿＿＿＿＿＿　(夜) ＿＿＿＿＿＿＿＿＿

E-mail：＿＿＿＿＿＿＿＿＿＿＿＿＿＿＿＿＿＿＿＿＿＿